SHEHUI ZHILI
CHUANGXIN FAZHAN BAOGAO
(2022)

社会治理创新发展报告 2022

主　编／姜晓萍
副主编／夏志强　李强彬

四川大学出版社
SICHUAN UNIVERSITY PRESS

图书在版编目（CIP）数据

社会治理创新发展报告. 2022 / 姜晓萍主编. — 成都：四川大学出版社，2023.11
ISBN 978-7-5690-6502-2

Ⅰ. ①社… Ⅱ. ①姜… Ⅲ. ①社会管理－研究报告－中国－2022 Ⅳ. ① D63

中国国家版本馆 CIP 数据核字（2023）第 235398 号

书　　名：	社会治理创新发展报告（2022）
	Shehui Zhili Chuangxin Fazhan Baogao（2022）
主　　编：	姜晓萍

选题策划：庄　溢
责任编辑：庄　溢
责任校对：吴连英
装帧设计：墨创文化
责任印制：王　炜

出版发行：四川大学出版社有限责任公司
　　　　　地址：成都市一环路南一段 24 号（610065）
　　　　　电话：（028）85408311（发行部）、85400276（总编室）
　　　　　电子邮箱：scupress@vip.163.com
　　　　　网址：https://press.scu.edu.cn
印前制作：四川胜翔数码印务设计有限公司
印刷装订：四川省平轩印务有限公司

成品尺寸：170 mm×240 mm
印　　张：18
字　　数：288 千字

版　　次：2023 年 12 月 第 1 版
印　　次：2023 年 12 月 第 1 次印刷
定　　价：88.00 元

扫码获取数字资源

四川大学出版社
微信公众号

本社图书如有印装质量问题，请联系发行部调换

版权所有 ◆ 侵权必究

序

美国公共治理专家理德·C.博克斯曾说:"如果说19世纪至20世纪之交的改革家们倡导建立最大限度的中央控制和高效率的组织结构的话,那么21世纪的改革家们则将今天的创新视为是一个创建以公民为中心的社会治理结构的复兴实验过程。"事实上,今天的公共管理不再故步自封于官僚政治的窠臼,不再抱残守缺于市场经济的圈圈,反而更关注社会治理结构的变革,更关注如何利用多种手段实现复杂的多重目标。社会治理过程与结果的好坏,成为衡量一个国家治理能力与治理体系水平的重要标志。

21世纪以来,我国不断完善社会治理体系、提高社会治理效能、拓展社会治理边界,力求维护好最广大人民的根本利益,实现社会稳定、经济发展、民生改善、民族团结的伟大目标。但是,挑战总与机遇并存,在我国社会治理体系取得长足进步的同时,新的时代堵点、痛点、难点也隐隐浮现,尤其是基层治理体系和治理能力不佳、应急管理体系和能力建设水平不高、社会矛盾纠纷预防化解机制不完善等问题日益突出。新问题需要新方法,新挑战呼吁新理念。"不谋万世者,不足谋一时;不谋全局者,不足谋一域。"2013年党的十八届三中全会提出"推进国家治理体系和治理能力现代化"的改革目标,通过系统治理、依法治理、综合治理、源头治理,创新社会治理方式。随后召开的党的十九大针对我国社会主要矛盾已然转变的现实处境,综合国内国际形势提出中国特色社会主义新时代发展的"两个阶段"指导理论,点明在本世纪中叶要实现国家治理体系和治理能力现代化,为社会治理实践及理论创新工作提出了新的发展方向及历史要求。2022年，党的二十大更是提纲挈领、高屋建瓴地强调要"健全共建共治共享的社会治理制度，提升社会治理效能"。为实现这一美好愿景，需要畅通和规范群众诉求表达渠道、完善基层治理平台、健全城乡社区治理体系、强化社会治安整体防控、发展壮大群防群治力量，建设"人人有责、人人尽责、人人享有的社会治理共同体"，最终以中国式现代化全面推进中华民族伟大复兴。

当前，我国正面临百年未有之大变局，世界局势变化错综复杂，国内改革发展任务艰巨繁重，中国共产党既要防范化解重大社会风险，又要不断推动社会治理体制机制创新。"天下之治，有因有革，期于趋时适治而已。"为适应不断变化的社会环境和党在新时期提出的新要求，社会治理研究需要"立足于点""铺开于面"。"立足于点"是要立足于应急管理、风险管理这两个基点。只有将应急管理、风险管理内嵌于社会治理、基层治理之中，才能提高风险化解能力，完善风险治理体系，促进社会治理手段的精细化、智慧化，使社会治理有方法、有依托、有载体。"铺开于面"是要铺开乡村治理、城市治理这两个层面。只有将广大人民群众最关心、最迫切、最忧虑的问题作为研究核心，"想群众之所想，急百姓之所急"，聚焦于土地、住房、医疗、教育等领域，才能使理论研究服务于社会实践，让社会治理研究更贴近现实、贴近生活、贴近民生。我们必须将"点""面"有机结合起来，实现由点及面，由面及点，点面共促、相辅相成，为推动我国国家治理体系及治理能力现代化进程迈出坚实的一步。

新时代社会治理的研究离不开理论界的百花齐放，也离不开实务界的躬耕不辍，更离不开理论界与实务界广泛的对话交流。与这众多的理论探讨与实践探索一起，四川省哲学社会科学重点研究基地社会发展与社会风险控制研究中心集中相关研究力量，整合相关研究资源，形成了《社会治理创新发展报告（2022）》。本书围绕应急管理、风险管理、乡村治理和社会治理等重点领域或重大问题的发展动态开展对策性、前瞻性研究，力求发挥中心在

"社会治理体系完善与社会治理能力现代化"研究领域的决策和政策咨询作用。

本书的撰写和出版得到了四川省社会科学界联合会、四川大学公共管理学院、四川大学社会科学研究处、四川大学出版社的大力支持，在此一并深表谢意。由于水平有限，书中难免存在不足之处，恳请各位专家学者、实务工作者和读者批评指正。

编 者

2022 年 12 月

目 录
CONTENTS

● **第一编　应急管理** ●

中国应急管理研究的演进脉络及关注热点探究
　　——基于文献计量分析视角
　　　　………………………………………………………… 祁　娜　3

突发公共卫生事件协同治理研究
　　——基于2000—2020年国外文献的研究综述与展望
　　　　……………………………………………… 杜　蕾　汪子俊　19

突发事件背景下应急物流信息系统设计与保障机制研究 …… 刘明洋　45

风险社会视角下超大城市突发环境事件应急管理体系和能力建设
　　研究 ……………………………………………………… 陈福江　60

● **第二编　风险管理** ●

能源基础设施项目社会稳定风险的生成机理分析 ………… 袁　婷　81

跨界协同是如何失败的？
　　——基于D县片区应急规划编制的案例分析
　　　　……………………………………………… 贺　璇　胡雪瑶　106

后疫情时期网络舆情应对策略研究 ………………………… 周　文　120

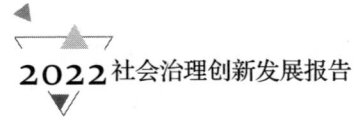

● 第三编 乡村治理 ●

中国乡村社会的结构转型与治理变革的实践逻辑 ………… 李天兵 139

基于基本公共服务的农村低收入人口返贫风险防范机制
………………………………………………………… 康　健　肖智芳 154

全域土地综合整治中农民权益流失风险研究综述 …… 廖喜生　秦绍宜 168

● 第四编 社会治理 ●

信息技术何以赋能基层治理 …………………………… 刘　锐　潘　越 187

疫情背景下社区教育的叙事策略研究 ……… 孟凯宁　孙　宁　姜敏慧 206

儿童青少年创伤后成长的保护性因素研究
　　——以汶川地震幸存者为例
………………………………………………………………………… 徐文健 223

技术依赖、财政支持与府际竞争：政府数据开放绩效的"推拉模型"研究
………………………………………………………… 代佳欣　许　阳 236

适老化改造：进展、挑战和对策 ……………………… 田益豪　许　茜 262

第一编　应急管理

中国应急管理研究的演进脉络及关注热点探究
——基于文献计量分析视角

祁 娜[①]

一、引 言

从 2003 年的"非典"到 2008 年的汶川特大地震,再到 2020 年暴发的新冠肺炎疫情,突发公共事件直接或间接地造成巨大人员伤亡和财产损失,使人民的生命安全与健康遭受严重威胁。应急管理已成为重要的应对手段和认知共识。就源头而言,应急管理的理论雏形形成于 20 世纪 80 年代,Petak[②] 初步指出应急管理是一种包含复杂功能的政策过程。此后,应急管理不断在实践中得以发展,尤其是影响特别重大的非常规突发事件,如"9·11"事件、2003 年"非典"等的发生,在给社会带来严重危害的同时,也促使应急管理的相关研究在机遇和挑战中不断发展。我国以"一案三制"[③] 为核心的应急管理体系便是从 2003 年"非典"后发展起来,并在与实践的交互中不断创

[①] 祁娜,西华大学美术与设计学院副教授、硕士生导师,研究方向为信息交互与用户体验设计、服务设计、应急装备设计、工业设计及理论等。本文系四川省哲学社会科学重点研究基地社会发展与社会风险控制研究中心 2022 年度项目(编号:SR22A10)的阶段性成果。

[②] PETAK W J. Emergency management: A challenge for public administration [J]. Public Administration Review, 1985 (45): 3—7.

[③] "一案"指应急预案,"三制"指应急体制、应急机制和应急法制。

新演进的。这也让我国成功应对了 2008 年汶川特大地震、"7·20"郑州特大暴雨等众多突发公共事件。但在新冠肺炎疫情的冲击下，我国乃至世界各国的应急管理都遭遇了前所未有的不确定性挑战。《中华人民共和国国民经济和社会发展第十四个五年规划和 2035 年远景目标纲要》明确提出了"完善国家应急管理体系"的新要求。[①]

在国家以及各类学者的广泛关注之下，应急管理研究领域涌现出大量有价值的研究成果。部分学者对相关研究进行了梳理总结。例如，闫绪娴等[②]归纳出了应急管理评价的 9 个主题，据此指出了应急管理评价研究的 4 个特点，并提出了未来研究应急管理的建议；穆亚茹等[③]通过对应急管理社会化的现有研究及其成果的回顾，提出了应急管理社会化的发展方向，即加强应急管理社会化的基础理论研究、加强应急管理社会化的法制建设研究等；陈新平[④]对公共应急管理实践进行了综述，内容涵盖应急管理的概念、中国公共应急管理的实践研究等，厘清了公共应急管理概念的内涵和外延。这些学者都为应急管理文献研究做出了重要贡献。

但从研究方法来看，学者大多以内容的主观解读为主，运用科学计量工具进行客观分析的偏少。基于知识图谱视角的量化研究能够更为客观地反映某一研究领域的发展趋势和研究热点。鉴于此，本研究将选用文献计量分析软件 CiteSpace 对我国应急管理文献研究进行可视化呈现，探讨相关文献的演进脉络和主题热点，以期为我国应急管理文献研究提供宏观层面的思考及研究方向，进而促进我国应急管理体系的完善和提升。

---

① 中华人民共和国国民经济和社会发展第十四个五年规划和 2035 年远景目标纲要 [N]. 人民日报，2021-03-13.

② 闫绪娴，董焱. 应急管理评价国内研究文献综述 [J]. 商业时代，2013（36）：102-104.

③ 穆亚茹，张永领. 突发事件应急管理社会化研究综述 [J]. 河南理工大学学报（社会科学版），2022（01）：51-59.

④ 陈新平. 公共应急管理文献综述 [J]. 中国管理信息化，2016（07）：236-239.

二、 研究方法与数据来源

（一）研究方法

笔者基于科学计量学领域的知识图谱理论，在收集大量应急管理相关文献的基础上，利用当前科学计量领域普遍采用的 CiteSpace 软件对文献的高频共被引文献、关键词等进行多维度的梳理分析。

首先，运用中国知网（以下简称 CNKI）自带的可视化分析功能对我国应急管理研究文献的年度发表趋势进行统计，从年度发文量上分析应急管理研究的发展概况；其次，将中文社会科学引文索引（以下简称 CSSCI）来源文献题录数据导入 CiteSpace 软件并生成科学知识图谱。以共被引文献为节点类型生成高频共被引文献知识图谱，并对其中的高被引文献进行分析；最后，以关键词为节点类型生成高频关键词知识图谱，并进一步对关键词进行聚类分析，结合二次文献检索对我国应急管理文献的研究热点进行分析。

（二）数据来源

CNKI 可视化分析的文献来源数据获取方法为：在 CNKI 的高级检索中，选取"学术期刊"，以"应急管理""危机管理"为主题词，逻辑关系为"或"，来源类别为"CSSCI"，共检索到中文文献 4873 篇。

CiteSpace 的题录数据选自 CSSCI 数据库，检索文献日期不限，最终呈现时间阶段为 1998—2022 年。具体操作是在 CSSCI 高级检索中选择文献类型为"论文"，以"应急管理""危机管理"作为关键词，采用逻辑关系"或"进行检索。通过人工浏览的方式删除会议通知、征稿启事、未标注作者的文献和与本研究主题相关性较小的文献，最终得到有效文献 1779 篇，以此作为本研究的研究数据。

三、数据处理与分析

（一）年发文量统计

采用 CiteSpace 软件进行可视化分析前，先利用 CNKI 内的文献可视化分析功能对文献进行年发文量统计，结果如图 1 所示。

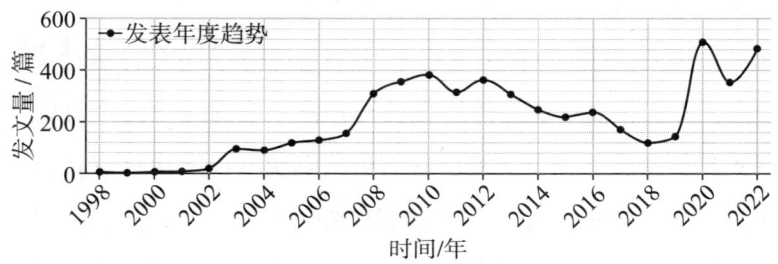

图 1　我国应急管理研究文献年发文量情况

从整体趋势来看，我国的应急管理研究文献自 1998 年开始萌芽，大致经历了"上升→再上升→下降→再上升"的发展阶段。从其增长速度来看，存在 2003 年、2008 年、2020 年 3 个高爆发节点。经过分析不难发现，由于"非典"的作用，应急管理研究在 2003 年开始显著增长，并于之后的 7 年里呈现出持续增长的态势。其间，2008 年较为特殊，由于南方雨雪、汶川特大地震等突发公共事件的发生，应急管理研究文献的数量在这个时间点又一次迎来爆发式增长，直至 2010 年达到这一阶段的峰值。2010 年后，应急管理研究文献的年发表量逐渐下降，但依旧受到学者的关注。直至 2019 年末 2020 年初新冠肺炎疫情暴发，应急管理研究文献的数量再次迎来爆发式增长，应急管理进入研究的新态势。

（二）共被引文献分析

共被引文献分析是共被引分析中的一种，有助于发现某一学科领域的权威学者与经典文献。为更好地探究我国应急管理研究的知识基础及演进脉络，本研究利用共被引文献分析法对其相关文献进行分析，以明确该领域的高被引文献，并对其进行深入分析，以把握我国应急管理研究的现状及侧重点。

将已搜集的 CSSCI 应急管理研究文献数据导入 CiteSpace 软件中，并对重要属性进行设定，将时间范围选取为 1998—2022 年，分区时间间隔（years per slice）为 1 年，节点类型（nodetypes）选用被引作者（cited author），选取阈值 threshold = 9（被引频次≥9），算法策略选用 pruning the sliced network，得到应急管理研究的共被引文献共现知识图谱，如图 2 所示。同时，经人工操作将被引频次在 9 次以上的文献进行排序整理，以便展开分析。

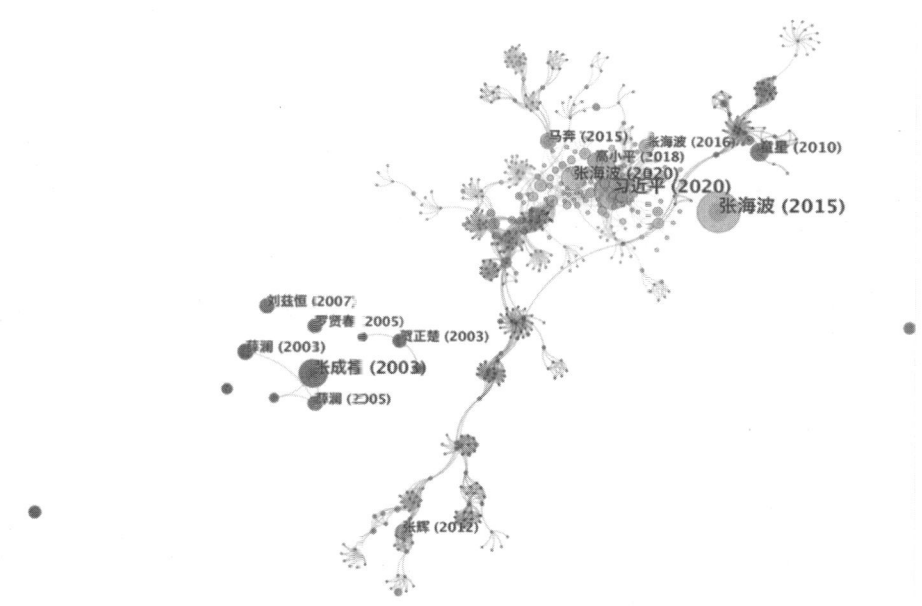

图 2　我国应急管理研究共被引文献共现知识图谱

首先，对共被引文献共现知识图谱展开分析。该图谱主要有 2 个指标：一是节点大小，节点大小与其相对应文献的被引频次呈正相关，节点越大表明该文献的被引次数越多；二是节点颜色，节点颜色能够表示共被引关系年限的远近程度，共被引知识图谱依据年限由远到近呈现出由深至浅的颜色过渡。由此共被引文献共现知识图谱可以看出，近 10 年来，张海波、童星、马奔等学者的研究文献共被引频次较高,在连接其他共被引文献中起到了很强的桥梁作用。2003—2012年,张成福、薛澜、张辉等学者的文献影响范围较广。

其次,选取被引频次≥9的文献作为高频共被引文献,整理结果见表1。通过表1可以发现它们与时代的发展存在内在逻辑关系。

表1 高频共被引文献排序(频次≥9)

序号	作者	频次/次	发文时间/年	文献
1	张海波等	23	2015	中国应急管理结构变化及其理论概化
2	习近平	19	2020	全面提高依法防控依法治理能力 健全国家公共卫生应急管理体系
3	张成福	16	2003	公共危机管理:全面整合的模式与中国的战略选择
4	张海波	13	2020	应急管理的全过程均衡:一个新议题
5	童星等	10	2010	基于中国问题的灾害管理分析框架
6	薛澜等	9	2003	危机管理:转型期中国面临的挑战
7	薛澜等	9	2013	应急管理体系新挑战及其顶层设计
8	马奔等	9	2015	大数据在应急管理中的应用

2003年"非典"的发生促使当时的一批学者对危机管理与中国公共管理的发展展开了讨论。张成福[①]提出了建立一个全面整合的危机管理体系来不断提升政府和社会的危机管理能力,并详细分析了全面整合模式的基本特征和主要构成要素,进而提出了相关的政策建议,对后来学者的研究具有极大的启发意义;薛澜等[②]也认为处理好危机事件对于转型期的中国十分重要,并对危机事件的概念及特征进行了界定,在分析中国转型期的危机形态的基础上,

---

① 张成福. 公共危机管理:全面整合的模式与中国的战略选择[J]. 中国行政管理, 2003(07):6−11.

② 薛澜,张强,钟开斌. 危机管理:转型期中国面临的挑战[J]. 中国软科学, 2003(04):6−12.

从社会、组织、个人3个层面深刻分析了中国转型期危机的诱因,进而提出了中国建立现代危机管理体系的政策建议。

2010年,童星等①在应急管理研究传统的基础上深刻分析了风险、危机和突发事件3种概念的内在逻辑,以此为解释与应对中国当前面临的灾害建构了新的框架,并运用该框架对当时应急管理领域的若干热点问题进行了探讨。

在其后的时代进程中,我国应急管理体系既遇到了风险,也迎来了时代机遇。在风险方面,薛澜等②于2013年针对当时我国应急管理体系在应急管理实践中显现出的一系列结构性缺陷,呼吁加强自上而下的顶层设计,并从理念、体制、机制、工具等4大方面出发,详细地为我国构建新一代具有中国特色的应急管理体系提出了建议。张海波等③于2015年通过比较案例研究,从社会变迁、治理转型、政府架构、政策体系、运行机制5个维度探讨了中国应急管理的结构变化,进而对中国应急管理的结构固化进行了理论概化,提出了"彗星"结构与"彗尾"效应,有力推动了我国应急管理的结构演进。在机遇方面,马奔等④于2015年结合时代前沿将大数据引入我国的应急管理建设中,在充分总结欧美国家在应急管理中的大数据应用实践案例的基础上,从应急管理的事前准备、事中响应、事后恢复3阶段归纳了大数据在应急管理中的应用方式和基本框架,为进一步促进大数据在我国应急管理中的应用提供了有质量的研究成果。

---

① 童星,张海波.基于中国问题的灾害管理分析框架[J].中国社会科学,2010(01):132—146,223—224.
② 薛澜,刘冰.应急管理体系新挑战及其顶层设计[J].国家行政学院学报,2013(01):10—14,129.
③ 张海波,童星.中国应急管理结构变化及其理论概化[J].中国社会科学,2015(03):58—84,206.
④ 马奔,毛庆铎.大数据在应急管理中的应用[J].中国行政管理,2015(03):136—141,151.

2019年底2020年初新冠肺炎疫情暴发，我国疫情防控及应急管理尤其是突发公共卫生事件应急管理在彰显中国共产党领导和中国特色社会主义制度优势的同时，也暴露出其中存在的问题。习近平总书记[①]针对我国在新冠肺炎疫情中暴露出的公共卫生领域法治建设、应急管理方面的问题，从强化公共卫生法治保障、改革完善疾病预防控制体系、改革完善重大疫情防控救治体系、健全重大疾病医疗保险和救助制度、健全统一的应急物资保障体系5个方面，为健全国家公共卫生应急管理体系做出了重要指示。张海波[②]指出中国应急管理的全过程机制存在的主要问题是不均衡，于是对应急管理实践急需的共同知识基础展开了讨论，强调中国应急管理中7种过程机制的均衡发展，通过实践分析构建出"6＋1"理论框架，即中国应急管理的全过程均衡可同时强调准备、预防、减缓、响应、恢复、学习6项分阶段机制和监测1项跨阶段机制，为应急管理体系（包括公共卫生应急体系）"补短板"、应急管理"促整合"和应急管理现代化"强基础"提供了一种共同的知识基础。

（三）关键词共现分析与聚类分析

关键词是对文献内容和主题的精炼。在CiteSpace软件分析中，关键词共同出现的频次越高，越表明该主题是某一领域的研究热点，所以可对已搜集的CSSCI应急管理文献题录数据进行高频次关键词可视化分析，以探究我国应急管理研究的热点及演进趋势。

1. 关键词共现分析

CiteSpace软件基本属性设置参照前文方法，主要的属性变化是节点类型（nodetypes），选用关键词（keyword），得到我国应急管理文献研究的关键词共现知识图谱，如图3所示。关键词节点的大小表示该关键词出现的频次。

---

① 习近平. 全面提高依法防控依法治理能力 健全国家公共卫生应急管理体系[J]. 当代党员，2020（增刊1）：14-15.
② 张海波. 应急管理的全过程均衡：一个新议题[J]. 中国行政管理，2020（03）：123-130.

某一节点越大,则这一关键词出现的频次越高,反之则越低。

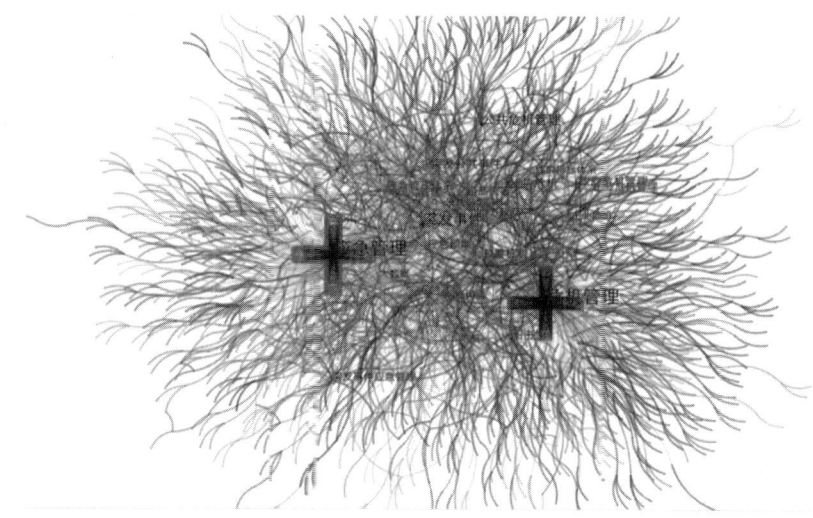

图 3　我国应急管理文献研究的关键词共现知识图谱

通过人工操作剔除部分无意义术语,将出现频次在 20 次及以上的关键词进行排序,结果见表 2。去掉"应急管理""危机管理""突发事件""公共危机管理"等涵盖范围较大的应急管理语义,对其余高频关键词进行分析得出:在研究对象上,学者们更偏向于"政府""企业""图书馆"等三方机构;在研究目的上,学者们更倾向于对"应急管理体系"展开探讨,"一案三制"中的"应急预案"更是学者们探讨的重点;在研究热点上,学者们往往跟随社会、科技发展的热点,如根据"大数据""新冠肺炎疫情"等展开对应急管理的研究,以顺应时代需求,完善和提升我国的应急管理体系。

表 2　我国应急管理文献研究的关键词排序（频次≥20）

序号	关键词	频次/次
1	应急管理	670
2	危机管理	634
3	突发事件	116
4	公共危机管理	120

续表2

序号	关键词	频次/次
5	政府危机管理	56
6	企业应急管理	48
7	图书馆	38
8	应急管理体系	33
9	应急预案	26
10	大数据	24
11	新冠肺炎疫情	22

2. 关键词聚类分析

为更好地认识我国应急管理研究热点主题的分布，深化主题共现关系，本研究在关键词共现知识图谱的基础上依据相似度对关键词进行聚类，并通过对数似然比算法对聚类进行命名，由此得到我国应急管理研究的关键词聚类，如图4所示。选取前10个聚类排序（聚类排序越靠前，聚类规模越大）进行整理，结果见表3。

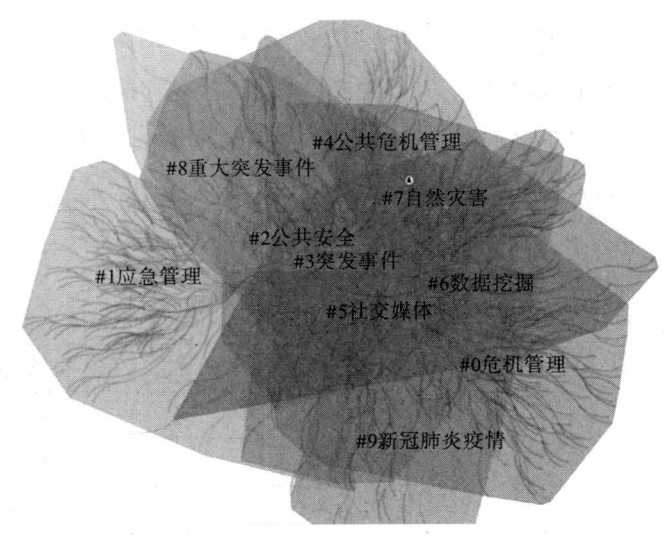

图4 我国应急管理研究的关键词聚类

表 3　我国应急管理研究的关键词聚类排序

序号	聚类
0	危机管理
1	应急管理
2	公共安全
3	突发事件
4	公共危机管理
5	社交媒体
6	数据挖掘
7	自然灾害
8	重大突发事件
9	新冠肺炎疫情

结合相关文献对各聚类进行分析发现，部分聚类的概念存在重叠，将危机管理、应急管理、公共安全、突发事件、公共危机管理、自然灾害、重大突发事件、新冠肺炎疫情合并成突发公共事件的应急管理，其余聚类保持不变。经过人工整合，最终形成 3 个聚类主题，即突发公共事件的应急管理、社交媒体嵌入的应急管理、数据挖掘。

（1）突发公共事件的应急管理

突发公共事件指的是突然发生的，已经造成或者可能会造成重大人员伤亡、财产损失、生态环境破坏，或者危害社会正常运转的紧急事件[①]。根据《国家突发公共事件总体应急预案》，突发公共事件主要可分为自然灾害、事故灾难、公共卫生事件、社会安全事件等 4 类；按照其性质、严重程度、可控性和影响范围等因素可分为 4 级（特别重大的是Ⅰ级，重大的是Ⅱ级，较大的是Ⅲ级，一般的是Ⅳ级）。应急管理体系的建设与人民的生命安全及健康

---

① 周芳名. 公共突发事件视阈下的社会治理机制与实施路径研究[J]. 经济师，2022（02）：17－18，21.

息息相关。我国学者们从不同研究视角对国内突发公共事件应急管理展开了研究。

从研究对象上来看，部分学者对某一具体省市的应急管理能力进行了分析。例如，于越姝[①]在"一案三制"应急管理体系框架之下，结合吉林省实际情况，从健全预防与应急准备机制、完善应急管理法制建设等多个方面提出了完善吉林省突发公共事件应急管理的对策建议；万杰[②]以沈阳市苏家屯的大面积断电事件作为典型，剖析了事件的起因、过程以及应对措施，总结了沈阳市电力突发公共事件应急管理存在的不足，进而提出了改进对策。

从研究方法上来看，学者们多采用对比借鉴的方法，如通过对比分析欧美国家的综合应急管理模式或我国不同地区的应急管理实践，优化我国突发公共事件应急管理体系。崔秋荣[③]对比分析了中日两国在应急管理上的优缺点，以"7·21"北京特大暴雨为例，指出了北京市应急管理体系的不足之处，结合日本应急管理方面的经验，从应急预案编写优化、应急预警机制优化2个方面提出了应急管理模式优化方案；赵翔[④]对比分析了国内外对于突发公共事件的应急管理模式，认真梳理了我国政府在处置突发事件时的工作流程，指出了处置过程中存在的管理弊端。

从总的研究成果来看，近年来的研究主要有3个路径：一是侧重描述风险治理工作的重要性，研究转型期中国面临风险的基本形态与特点等；二是侧重分析风险治理的基本流程和方法，主要包括构建风险治理体系、完善风险防控机制，以及风险治理的实证研究；三是侧重对实现风险治理目标的能力建设。

---

① 于越姝. 吉林省突发公共事件应急管理研究 [D]. 长春：长春工业大学，2020.
② 万杰. 沈阳市电力突发公共事件应急管理研究 [D]. 大连：大连理工大学，2020.
③ 崔秋荣. 中日突发公共事件应急管理模式对比与能力评价研究 [D]. 青岛：山东科技大学，2017.
④ 赵翔. 我国政府突发公共事件应急管理的现状与对策研究：以"11·22"中石化东黄输油管道泄露爆炸特别重大事故为例 [D]. 西安：西北大学，2016.

(2) 社交媒体嵌入的应急管理

社交媒体是人们日常交流的一部分。从近年突发公共事件中可以看出，社交媒体在应急管理中扮演了重要的角色。它在应急管理中的创新应用为应急管理提供了前所未有的机会。它的重要性也已经成为全球共识。但如若随意地使用社交媒体，可能会产生消极影响。为此，国内外学者对社交媒体嵌入的应急管理做了许多研究。Doer等①指出社交媒体可以更快地将危机信息传播给各方，可以有效地提高应急管理的透明性和效率；Palen等②在肯定社交媒体重要性的同时，指出了社交媒体在实时收集与分析大数据方面具有一定难度，在技术层面上需要进一步的突破；杨康等③以新冠肺炎疫情为例，通过对微博的研究，指出了社交媒体可以准确追踪公众信息需求并向公众提供所需信息，并最终促使公众自发参与危机治理；周利敏等④分析了社交媒体嵌入应急管理的4个基本内涵。尝试将社交媒体嵌入应急管理的应急预防、应急准备、应急响应、应急恢复模型，并透过6个维度对国内外典型案例中社交媒体的应用进行了分析，为社交媒体的创新性应用提供了参考。

总结而言，虽然社交媒体在传播信息的可靠性、传播渠道的复杂性等方面有一定的局限性，但与传统信息传播方式相比，它通过无处不在的计算网络和移动终端大大提升了政府在应急管理中的灵活性和效率，同时也使得群众能够更及时地参与应急管理。它已成为应急管理实践中的有力工具。未来的应急管理研究学者应该积极地探讨如何发挥社交媒体的潜在力量，以及社

---

① DOER B, FOUZ M, FRIEDRICH T. Why rumors spread so quickly in social networks [J]. Communications of the ACM, 2012 (06): 70—75.

② PALEN L, ANDERSON K M. Crisis informatics: New data for extraordinary times [J]. Science, 2016 (6295): 224—225.

③ 杨康，杨超，朱庆华. 基于社交媒体的突发公共卫生事件公众信息需求与危机治理研究 [J]. 情报理论与实践，2021 (03): 59—68.

④ 周利敏，钟娇文. 应急管理中社交媒体的嵌入：理论构建与实践创新 [J]. 中国行政管理，2022 (01): 121—127.

交媒体在我国应急管理实践中的应用。

（3）数据挖掘

突发公共事件具有海量分散的多样信息。当前，"互联网＋"时代的大数据作为新一轮科技革命和管理变革的重要驱动力，给应急管理注入了新的活力。大数据技术可以对海量的数据进行集成、筛选、分类和处理。这使得大数据在突发公共事件的预防、处置和恢复过程中具有强大的应用潜力。[1] 国内外学者们已经从多个视角对大数据在应急管理中的应用展开了研究。Mousavi 等[2]认为大数据技术对社会安全起到了重要作用，不仅能够进行风险预警，还能实现对信访事件的治理；袁玉等[3]认为大数据技术改变了应急资源布局的管理思维和决策模式，并为此展开了大数据视角下的应急风险网格划分、资源规划配置、资源需求计算和储备补给等应急资源布局研究，其理论探讨为国家应对重大突发事件的应急资源布局提供了参考框架；寇刚等[4]基于数据仓库、管理信息系统、数据挖掘、智能知识和多目标决策等技术，尝试建立了基于数据挖掘和智能知识的突发公共事件信息管理框架，以提高突发公共事件的处理效率和决策水平。

总的来说，大数据技术的应用是现代应急管理中必不可少的一环，这已成为国内外学者的共识。大数据技术打破了传统数据因时效性差、准确性欠缺等问题而对应急管理能力的制约。通过数据挖掘和人工智能等技术，智

---

[1] AKASH S, PRABHAT K, NRIPENDRA P R, et al. Impact of internet of things (IoT) in disaster management: A task－technology fit perspective [J]. Annals of Operations Research, 2019 (03): 759－794.

[2] MOUSAVI S M, ELLSWORTH W L, ZHU W, et al. Earthquake transformer－an attentive deep－learning model for simultaneous earthquake detection and phase picking [J]. Nature Communications, 2020 (01): 3952.

[3] 袁玉, 樊博. 大数据驱动的应急资源布局研究 [J]. 信息资源管理学报, 2022 (03): 35－43.

[4] 寇纲, 彭怡, 石勇. 突发公共事件应急信息系统框架与功能 [J]. 管理评论, 2011 (03): 56－59.

能收集、抓取、汇总与分析大数据，不仅能提升应急管理资源的布局优化，还能提升应急管理的实行效率，极大地增强我国的应急管理能力。例如，新冠肺炎疫情期间，支付宝上线了防疫物资信息服务平台，通过大数据帮助各级政府有序地完成了物资调配，为应急管理提供了巨大的便利。当出现突发公共事件时，大数据每每能发挥重要作用。这一新兴数字技术在应急管理中的应用探究，是我国应急管理研究亟须深入的方向。

四、结论及研究局限

（一）结　论

本研究基于文献计量视角，选用 CSSCI 和 CNKI 来源文献，对我国 1998—2022 年的应急管理研究文献进行了可视化呈现，依次对我国应急管理研究的发展趋势、高频共被引文献及热点主题展开了详细分析，为我国未来的应急管理研究提供了参考和启发。

透过分析可知，我国应急管理研究的发展趋势与高频共被引文献存在一定的相关关系，原因在于我国的应急管理研究存在着跟随时代发展的内在逻辑，如在 2003 年、2010 年、2020 年等重要的时间节点，张海波、薛澜等作者都做出了重要研究，极大地推动了我国应急管理体系的转型。同时，从 20 余年的发展历程可以看出，我国的应急管理研究从理论构建、结构转变、技术运用等多方面进行了自我完善和提升。未来，应急管理研究学者应在把握我国应急管理发展脉络的基础上，充分关注该领域内的权威文献，以厘清我国应急管理的体系及其演进脉络，更好地落实应急管理的实践研究。

在研究热点方面，根据关键词共现及词频分布可知，我国学者的应急管理研究侧重从政府、企业、图书馆等机构展开，并着重探讨应急管理体系尤其是应急预案。为更加客观、公平地分析研究热点，通过对关键词进行聚类分析发现，除了侧重于对各类突发公共事件的应急管理研究，近年来，我国学者开始关注社交媒体、大数据在应急管理中的创新应用,并尝试构建理论框架以为我国的应急管理体系提供参考。对当前研究热点的分析可以为后续研究人员提供新的研究视角及分析思路,同时为进一步开展应急管理研究提供启示。

(二)研究局限

本研究主要存在以下局限:第一,研究所使用的文献来源主要为CSSCI数据库,尽管CSSCI数据库具有很高的权威性,但在文献数据方面仍存在不足,未来可以采用更全面、完善的文献数据,以获得更加精确的结论;第二,所搜集的文献数据均来自国内对应急管理的研究,未来可以拓展到国外相关文献数据,进行国内外的对比研究;第三,仅探讨了应急管理研究文献的发展趋势、高频共被引文献、研究热点,未对研究热点的突变进行研究,未来可以加强;第四,所用软件CiteSpace不可避免地存在一定局限性,后续可以选用VOSviewer、COOC等不同的文献计量软件展开研究,增强研究的说服力。

突发公共卫生事件协同治理研究
——基于2000—2020年国外文献的研究综述与展望

杜 蕾 汪子俊[①]

一、引 言

突发公共卫生事件是指突然发生的,由病原体、自然现象或人为因素引起的突发事件。[②] 此类事件的频繁发生对人类生命健康、经济增长和社会稳定造成了严重威胁,亟须有效应对。新冠肺炎疫情的暴发与传播,可谓21世纪以来全球最严重的突发公共卫生事件之一。以单一组织为中心的传统应急管理模式难以有效应对此类具有高度复杂性和不确定性的突发公共卫生事件,需不同类型组织参与以协同治理。[③]

---

① 杜蕾,西南财经大学讲师、硕士生导师,研究方向为应急管理与城市治理。汪子俊,西南财经大学硕士研究生,研究方向为应急管理与城市治理。本文系四川省哲学社会科学重点研究基地社会发展与社会风险控制研究中心2022年度课题(编号:SR22A01)的成果。
② CAULFORD P. Sars: aftermath of an outbreak [J]. Lancet, 2003 (S1): s2-s3.
③ KAPUCU N, BRYER T, GARAYEV V, et al. Interorganizational network coordination under stress caused by repeated threats of disasters [J]. Journal of Homeland Security & Emergency Management, 2010 (01): 276-292.

协同治理指涉及多个公共机构和非国家利益相关者的集体决策过程①，是当前应急管理领域学者们关注的重点。学者们普遍认同加强协同治理是降低突发公共卫生事件风险、提升治理效果的重要途径。此外，有研究进一步指出突发公共卫生事件协同治理除可以有效打破单一组织应急能力不足的局限外②，还能更好地共享信息、调动资源、分配人力。因此，协同治理是应对突发公共卫生事件的有效模式已成为学界共识。然而，尽管众多学者对突发公共卫生事件协同治理已展开了一系列研究，但尚缺乏对这些研究成果的系统性综述与展望。对此，本研究试图对2000—2020年国外学者对突发公共卫生事件协同治理的相关研究进行回顾，具体回答以下问题：

①突发公共卫生事件协同治理研究的发展趋势是什么？
②突发公共卫生事件协同治理研究中常用的方法是什么？
③突发公共卫生事件协同治理研究的热点话题是什么？
④未来突发公共卫生事件协同治理的研究方向是什么？

二、研究设计

为回答上述问题，本研究借鉴 Du ③的三阶段文献综述研究框架，系统回顾了突发公共卫生事件协同治理相关研究。三阶段文献综述研究框架见图1。

---

① ANSELL C, GASH A. Collaborative governance in theory and practice [J]. Journal of public administration research and theory, 2008 (04): 543-571.
② HUANG I Y. Fighting against covid through government initiatives and collaborative governance: taiwan experience [J]. Public Administration Review, 2020 (04): 665-670.
③ DU L, TANG Y B, LI Y K, et al. Networks in disaster emergency management: A systematic review [J]. Natural Hazards, 2020 (01): 1-27.

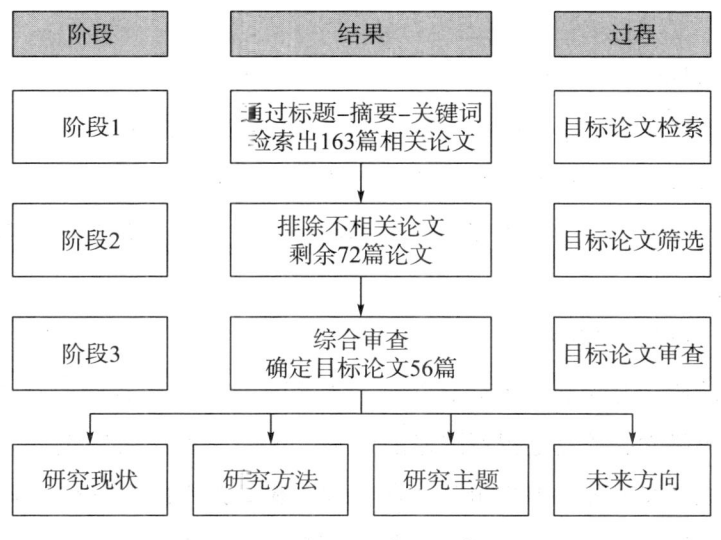

图 1　三阶段文献综述研究框架

（一）目标论文检索

第一阶段，利用文献检索引擎 Scopus 数据库检索相关学术论文。Scopus 是一种科学的文献资源检索引擎，涵盖不同领域的各类文献出版物。①Hosseini 等②曾提出，期刊论文和文献综述是学术研究最为可靠和有价值的信息来源，这已成为学术界的共识。因此，本研究将文献检索类型限于"期刊论文"或"文献综述"，语言限制为英语。此外，目标论文检索的关键词根据以往相关文献确定。同时，考虑到"突发公共卫生事件"和"协同治理"的英文表达方式多样，笔者将"public health event""infectious disease""collaborative management""cooperative governance"等均确定为目标论文检索的关键词。最终，通过"标题－摘要－关键词"检索确定了 163 篇相关论文（检索日期为

---

① HONG Y, CHAN D. Research trend of joint ventures in construction: A two-decade taxonomic review [J]. Journal of Facilities Management, 2014 (02): 118-141.
② HOSSEINI M R, MARTEK L, ZAVADSKAS K E, et al. Critical evaluation of off-site construction research: A scientometric analysis [J]. Automation in Construction, 2018 (87): 235-247.

2020年10月23日）。

（二）目标论文筛选

第二阶段，对检索到的目标论文进行筛选，以剔除无关论文。尽管搜索词出现在某些论文的标题、摘要或关键词中，但其研究的主体内容属于医学、农学或生物学等领域，与本研究主题不相关，故剔除此类论文。最终，共有72篇论文被保留。

（三）目标论文审查

第三阶段，对剔除后的目标论文进行深入审查，以排除研究内容相似、研究方法不科学、研究过程不严谨的论文。此外，为进一步确保基于Scopus数据库检索"突发公共卫生事件协同治理"相关论文的完整性，本研究还从PubMed和Web of Science数据库中添加了12篇相关论文。最终，本研究共确定了56篇有效目标论文。

三、研究结果

（一）发表趋势

21世纪以来，协同治理理论在公共安全和公共卫生治理领域得到了广泛应用。因此，本研究将2000—2020年确定为文献综述的时间区间。图2显示了2000—2020年国外突发公共卫生事件协同治理领域相关论文的发表情况。

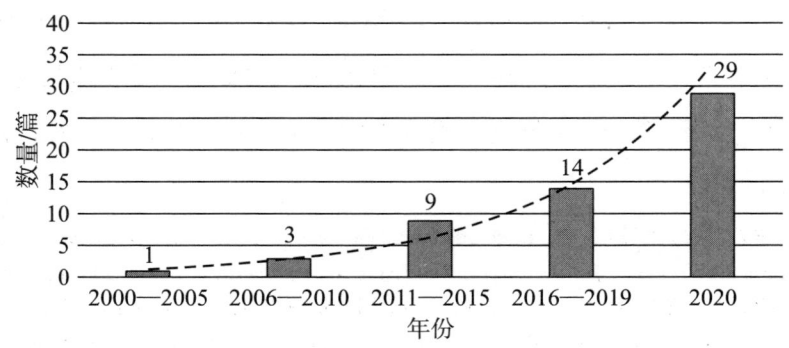

图2 2000—2020年国外突发公共卫生事件协同治理相关论文发表情况

根据图 2 可知，2000—2020 年国外突发公共事件协同治理相关论文发表数量整体呈不断增长的趋势。2000—2010 年，相关论文的发表总量相对较少。此时，突发公共卫生事件协同治理的研究尚处于起步阶段。2011 年以后，相关论文发表数量快速增长。这可能与其间全球范围内连续暴发的突发公共卫生事件有关，如 2009 年的甲型 H1N1 流感、2012 年的中东呼吸综合征、2014 年的西非埃博拉疫情。这些焦点性突发公共卫生事件促使更多的研究者开始意识到传统的以单一政府为主体的层级应急结构已经失效，多组织协同成为最佳选择。特别是在 2020 年，全球新冠肺炎疫情的暴发致使突发公共卫生事件协同治理相关研究急剧增加。突发公共卫生事件协同治理研究成为当前以及未来一段时间应急管理领域的热点。

（二）研究方法

科学研究建立在适当的研究方法之上。为全面了解突发公共卫生事件协同治理的研究成果，本研究对所选论文的研究方法进行了系统回顾，发现主要包括案例研究法、内容分析法、社会调查法和社会网络分析法等（见表 1）。

表 1 突发公共卫生事件协同治理论文的研究方法

方法	数量 a/篇	比例 a/%
案例研究法	37	66
内容分析法	23	41
社会调查法	9	16
社会网络分析法	12	21
其他研究方法	10	18

注：a 表示部分论文包含多种研究方法。

1. 案例研究法及其在突发公共卫生事件协同治理领域中的应用

案例研究法是针对特定环境或群体的一种研究方法。① 该方法在相关行为无法控制和研究问题解释高度依赖情境的情况下具有优势，可通过对一个或多个案例的详细描述来获得第一手信息或资料。② 从表1可以发现，案例研究法是突发公共卫生事件协同治理研究领域采用最多的方法，占比66%。该领域研究者常以典型突发公共卫生事件为研究对象。例如，Hossain 等③基于澳大利亚甲型 H1N1 流感展开了对公共卫生突发事件治理的研究，研究结果表明，公共卫生组织间的沟通频率可能会影响政府应对突发公共卫生事件的效率；Comfort 等④选取了美国加利福尼亚州甲型 H1N1 流感作为研究的典型案例，研究发现，应急的组织结构及过往经验可能会促进或抑制卫生部门间的沟通效率。然而，单一案例研究法有时并不能得出有力和令人信服的结论。因此，多案例研究法也被学者们频繁采用。例如，Yan 等⑤对瑞士、中国、法国和日本新冠肺炎疫情应急响应措施进行了多案例比较研究，并指出不同国家应对同一突发公共卫生事件所采取的措施存在差异，这主要取决于每个国家的制度与文化取向。

---

① RUSSELL K S. Investigating the social world: The process and practice of research [M]. Los Angeles: Sage Publications, 2015.

② ROBERT K Y. Case study research: Design and methods [M]. Los Angeles: Sage Publications, 2013.

③ HOSSAIN L, BDEIR F, CRAWFORD W J, et al. Networks of preparedness and response during Australian H1N1 outbreak [J]. Disaster Medicine and Public Health Preparedness, 2015 (02): 155-165.

④ COMFORT L K, YEO J, SCHEINERT S R, et al. Organizational adaptation under stress: Tracing communication processes in four California county health departments during the H1N1 threat, April 28, 2009, to march 11, 2011 [J]. The American Review of Public Administration, 2019 (02): 159-173.

⑤ YAN B, ZHANG X M, WU L, et al. Why do countries respond differently to Covid-19? A comparative study of Sweden, China, France, and Japan [J]. The American Review of Public Administration, 2020 (6-7): 762-769.

2. 内容分析法及其在突发公共卫生事件协同治理领域中的应用

内容分析法是从文本资料、音频、视频等中提取关键内容用以研究的一种数据分析方法。如表 1 所示，41%的论文采用了该研究方法。在突发公共卫生事件协同治理领域，内容分析法经常被用于从新闻报道、应急预案、档案材料、政策文件等文本资料中获取有价值的研究数据。例如，Kim 等[1]通过对韩国主流报纸和白皮书的内容分析，调查了中东呼吸综合征暴发期间个人和组织应对突发公共卫生事件的方式；Zhao 等[2]基于中国新冠肺炎疫情防控的相关政策文件开展了突发公共卫生事件应急管理的研究，研究发现中国政府和公民通过社区、非营利组织和自组织三种渠道共同抗击新冠肺炎疫情；Turrini 等[3]也采用了同样的方法来研究纽约和米兰的新冠肺炎疫情干预措施。

3. 社会调查法及其在突发公共卫生事件协同治理领域中的应用

社会调查法是一种从特定样本对特定问题的回答中获得研究数据的方法。在突发公共卫生事件协同治理领域，社会调查法也是常用方法，占比 16%。社会调查法通常以问卷调查或访谈的形式进行。问卷调查是一种通过预先设置的调查工具向目标调查对象提出标准问题的一种数据收集方式。在突发公共卫生事件协同治理领域，问卷调查常用于探究突发公共卫生事件响应中的跨组织协作。例如，Hossain 等[4]通过问卷调查对澳大利亚甲型 H1N1 流感期

---

[1] KIM Y, KIM J, OH S S, et al. Community analysis of a crisis response network [J]. Social Science Computer Review, 2019 (03): 371-390.

[2] ZHAO T, WU Z S. Citizen-state collaboration in combating covid-19 in China: Experiences and lessons from the perspective of co-production [J]. The American Review of Public Administration, 2020 (6-7): 777-783.

[3] TURRINI A, CRISTOFOLI D, VALOTTI G. Sense or sensibility? Different approaches to cope with the Covid-19 pandemic [J]. The American Review of Public Administration, 2020 (6-7): 746-752.

[4] HOSSAIN L, BDEIR F, CRAWFORD W, et al. Networks of preparedness and response during AustralianH1N1 outbreak [J]. Disaster Medicine and Public Health Preparedness, 2015 (02): 155-165.

间的组织间协作有了全面的了解。访谈是问卷调查的有效补充，可以获得更加全面的数据信息。与问卷调查不同的是，访谈是通过与受访者进行深入的交谈来进行的。例如，Kim等[1]对韩国国家和地方政府官员进行了半结构式访谈，以研究2015年韩国应对中东呼吸综合征期间跨组织公共卫生应急管理网络的动态演化过程。需要指出的是，由于突发公共卫生事件的专业性较强，需要选择具有丰富突发公共卫生事件知识和良好实践经验的受访者，以获得可靠数据。类似地，Comfort等[2]对美国卫生专业人员和政府官员进行了面对面的采访，以确定在H1N1流感期间影响公共卫生组织行动的积极或消极因素。

4. 社会网络分析法及其在突发公共卫生事件协同治理领域中的应用

社会网络分析法是一套通过网络参数对网络进行可视化分析的数学工具[3]，可用于探索不同单位（个人或群体）形成的社会关系和结构属性。网络的密度、中心性、集中度等指标是社会网络分析法常用的测量指标。在突发公共卫生事件协同治理领域，社会网络分析法在数据处理中占据重要地位。本研究选定的文献中有21%体现出使用了社会网络分析法。部分文献采用社会网络分析法以识别应急网络的关键节点。例如，De Vries等[4]在一项关于荷兰耐多药微生物（multiple drug-resistant organism，简称MDRO）疫情响应

---

[1] KIM K, JUNG K. Dynamics of interorganizational public health emergency management networks: following the 2015 MERS response in South Korea [J]. Asia Pacific Journal of Public Health, 2018 (03): 207-216.

[2] COMFORT L K, YEO J, SCHEINERT S R. Organizational adaptation under stress: tracing communication processes in four California county health departments during the H1N1 threat, April 28, 2009, to march 11, 2011 [J]. The American Review of Public Administration, 2019 (02): 159-173.

[3] ABBASI A. Link formation pattern during emergency response network dynamics [J]. Natural Hazards, 2014 (03): 1957-1969.

[4] DE VRIES M, KENIS P, et al. Collaborative emergency preparedness and response to cross-institutional outbreaks of multidrug-resistant organisms: A scenario-based approach in two regions of the Netherlands [J]. BMC Public Health, 2019 (01): 52-64.

的研究中,采用社会网络分析法确定了突发事件跨机构协作网络的关键行动者和网络结构。此外,社会网络分析法还被用于衡量网络治理绩效。Kapucu 等①采用社会网络分析法来评估协同应急管理网络的绩效。这拓展了该方法在突发公共卫生事件协同治理研究中的实际应用。

5. 其他研究方法及其在突发公共卫生事件协同治理领域中的应用

在突发公共卫生事件协同治理领域中,还存在一些不太常用却十分有用的研究方法,占本研究选定论文的 18%。例如,扎根理论被一些研究者认为是突发公共卫生事件协同治理研究的有效方法。它是一种系统的数据分析方法,根据观察结果,总结概念类别,并链接到其他概念类别。Yang 等②也采用该方法探讨了社交媒体在突发公共卫生事件协同治理中的作用。此外,回归模型、相关性模型、结构方程、指数随机图模型等的分析,也是突发公共卫生事件协同治理领域的研究方法。Kim 等③采用指数随机图模型研究了韩国应对中东呼吸综合征期间应急组织之间的合作行为。

(三) 研究主题

通过对国外 56 篇相关论文的梳理,本研究发现在突发公共卫生事件协同治理研究领域,学者们主要聚焦于协同治理参与主体、协同治理参与主体间的关系、协同治理结构与协同治理绩效影响因素四大主题开展研究。

1. 突发公共卫生事件协同治理参与主体研究

突发公共卫生事件协同治理涉及诸多类型的参与主体。政府、医疗机构、

---

① KAPUCU N, DEMIROZ F. Measuring performance for collaborative public management using network analysis methods and tools [J]. Public Performance & Management Review,2011 (04):549-579.

② YANG Y, SU Y Y. Public voice via social media:Role in cooperative governance during public health emergency [J]. International Journal of Environmental Research and Public Health,2020 (18):6840.

③ KIM K W, YOON H Y. Resilience in risk communication networks:Following the 2015 mers response in South Korea [J]. Journal of Contingencies and Crisis Management,2017 (03):148-159.

企业、媒体、非营利组织、社区、专家等主体均受到了研究者的广泛关注。他们在应对大规模突发公共卫生事件时扮演着不同的角色①，如图3所示。

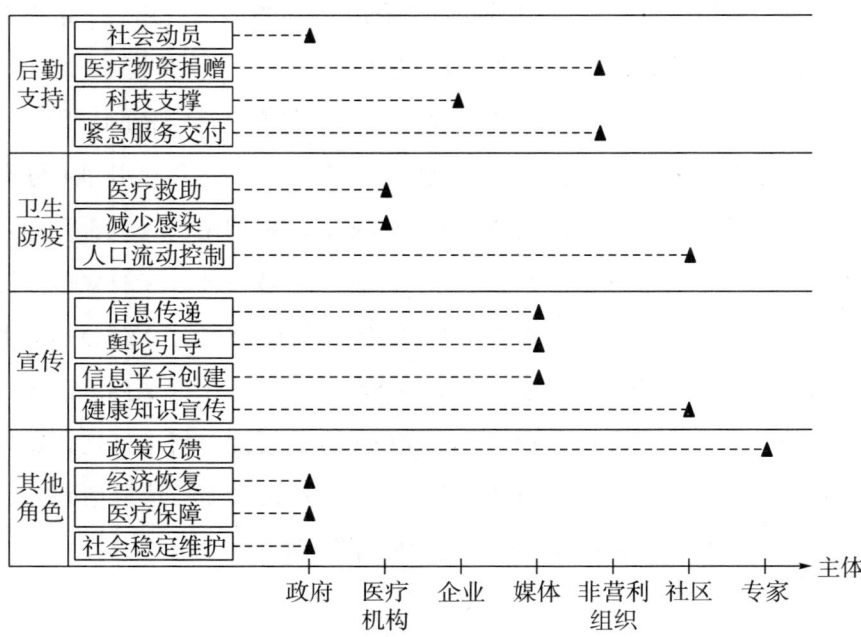

图3 突发公共卫生事件协同治理参与主体

（1）政　府

政府是国家意志表达、命令发布、社会治理的主体，是突发公共卫生事件协同治理的核心力量。政府可以在短时间内迅速调动人员和物资。Hu等② 在对中国抗击新冠肺炎疫情的对口支援政策研究中强调，政府在调集专业医疗队伍和防疫物资方面发挥了重要作用。同时，政府可以通过公共政策设计，

---

① HARRIS J K，CLEMENTS B. Using social network analysis to understand Missouri's system of public health emergency planners [J]. Public Health Reports，2007（04）：488－498.

② HU Q，ZHANG H，KAPUCA N，et al. Hybrid coordination for coping with the medical surge from the Covid－19 pandemic：Paired－assistance programs in China [J]. Public Administration Review，2020（05）：895－901.

有效控制人口流动，减少疫情传播。此外，政府还承担隔离的责任。正如 Huang[①]所说，隔离是控制新冠肺炎疫情传播的重要手段。

(2) 医疗机构

医疗机构是从事疾病诊断和治疗的卫生组织。疾病预防控制中心作为医疗机构的重要组成部分，承担着寻找感染源、切断感染路径的作用，如 Schwartz 等[②]所说，减少感染是控制突发公共卫生事件的重要手段。

(3) 企　业

企业是指利用劳动力、资本、技术或其他生产要素提供商品或服务的组织。在突发公共卫生事件应急响应过程中，需要在短时间内有效满足市场对口罩、防护服等医用物资的大量需求。此外，企业是人工智能、大数据等先进技术的重要开发者。例如，"健康码"——中国抗击新冠肺炎疫情的重要工具，便是由阿里巴巴集团和腾讯公司联合开发的。[③] 企业还具有资金优势，可以通过应急物资捐赠等方式积极承担社会责任。Choi[④]指出，在新冠肺炎疫情期间，韩国企业开发并捐赠了大量用于量产的疫情诊断试剂，为应对突发公共卫生事件提供了有力支持。

(4) 非营利组织

非营利组织指除政府部门和营利企业外的自愿性团体、社会组织或民间

---

① HUANG I Y. Fighting against covid through government initiatives and collaborative governance: Taiwan experience [J]. Public Administration Review, 2020 (04): 665-670.

② SCHWARTZ J, YEN M Y. Toward a collaborative model of pandemic preparedness and response: Taiwan's changing approach to pandemics [J]. Journal of Microbiology, Immunology and Infection, 2017 (02): 125-132.

③ YANG Y, SU Y Y. Public voice via social media: Role in cooperative governance during public health emergency [J]. International Journal of Environmental Research and Public Health, 2020 (18): 6840.

④ CHOI Y J. The power of collaborative governance: The case of South Korea responding to COVID-19 pandemic [J]. World Medical & Health Policy, 2020 (04): 430-442.

团体。非营利组织能够有效解决"市场失灵"和"政府失灵"的问题。非营利组织捐赠的防护物资、医疗设备和生活用品可以极大缓解突发公共卫生事件期间重要物资供应的压力。例如，Huang①强调了非营利组织中的药剂师和小贩协会在台湾抗击新冠肺炎疫情中发挥的补充作用。在这些非营利组织的帮助下，口罩被邮寄到当地药店并及时提供给公众。然而，一些非营利组织可能会因为公信力较弱被质疑②。Liu等③指出湖北省红十字会和武汉红十字会在应对新冠肺炎疫情期间于医疗物资管理和信息披露方面存在漏洞，引起了公众的广泛质疑。此外，他们建议非营利组织可通过建立市场化体系和引入区块链技术来重建公众信任。

（5）媒　体

媒体是储存和传播信息的重要主体，在突发公共卫生事件暴发时起着传递信息、引导舆论的重要作用。中国能有效应对新冠肺炎疫情离不开媒体公开、透明、及时、真实地向公众传播信息。更重要的是，媒体是政府与其他参与主体合作互助的桥梁。在应对新冠肺炎疫情时，韩国和新西兰政府都利用社交媒体帮助公众了解政府的疫情防控政策。④ 同样，通过对埃博拉疫情的

---

① HUANG I Y. Fighting against covid through government initiatives and collaborative governance：Taiwan experience［J］. Public Administration Review，2020（04）：665－670.

② DONG Q，LU J H. In the shadow of the government：The Chinese nonprofit sector in the Covid－19 crisis［J］. The American Review of Public Administration，2020（6－7）：784－789.

③ LIU J，HAO J Y，SHI Z W，et al. Building the Covid－19 collaborative emergency network：A case study of Covid－19 outbreak in Hubei province，China［J］. Natural Hazards，2020（03）：31.

④ JAMIESON T. "Go hard，go early"：Preliminary lessons from New Zealand's response to Covid－19［J］. The American Review of Public Administration，2020（6－7）：598－605.

回顾，Saxon等①发现，在危机时刻，媒体报道是公众获取风险信息的主要来源。然而，虚假的媒体报道也可能会引起恐慌和谣言传播，需严格警惕。②

(6) 社　区

社区是由具有共同习俗和价值观的人组成的紧密联系群体。在突发公共卫生协同治理中，社区组织的日常服务是一项重要贡献。Cheng等③分析了浙江省的社区在应对新冠肺炎疫情中的作用，并总结了社区的三大角色职能，包括跟踪和联系确诊病例或疑似病例的密切接触者、收集应对突发公共卫生事件的捐款物资、为居家隔离者提供社区服务以帮助他们获得基本生活支持。

(7) 专　家

在突发公共卫生事件协同治理中，应充分尊重专家的意见。尤其对于新冠肺炎此类新发疾病，专业知识对公共卫生决策和抗击病毒至关重要。Jamieson④的研究称，新西兰政府的努力得到了科学家的协助，向公众传播了应对新冠肺炎疫情的最佳实践。同样，在应对新冠肺炎疫情方面，挪威加强了政治领导人与公共卫生专家之间的密切合作。此外，基于对美国新冠肺炎疫情应对策略的研究，Kettl⑤强调了危机情况下非政治决策的重要性，以

---

① SAXON B, BASS S B, WRIGHT T, et al. Ebola and the rhetoric of US newspapers: Assessing quality risk communication in public health emergencies [J]. Journal of Risk Research, 2019 (10): 1309-1322.

② HATCHER W. A failure of political communication not a failure of bureaucracy: The danger of presidential misinformation during the Covid-19 pandemic [J]. The American Review of Public Administration, 2020 (6-7): 614-620.

③ CHENG Y D, YU J X, SHEN Y D, et al. Coproducing responses to Covid-19 with community-based organizations: Lessons from Zhejiang Province, China [J]. Public Administration Review, 2020 (05): 866-873.

④ JAMIESON T. "Go hard, go early": Preliminary lessons from New Zealand's response to Covid-19 [J]. The American Review of Public Administration, 2020 (6-7): 598-605.

⑤ KETTL D F. States divided: The implications of American federalism for covid-19 [J]. Public Administration Review, 2020 (04): 595-602.

及在突发公共卫生事件协同治理中，政府决策应基于科学证据，而并非基于政治利益。

2. 突发公共卫生事件协同治理参与主体间的关系研究

突发公共卫生事件协同治理参与主体间的关系一直受到学者们的关注。在突发公共卫生事件协同治理中，参与主体之间是竞争与合作并存的。Bowman等[①]提出，新冠肺炎疫情暴露了美国联邦体制内中央政府与州政府之间的冲突。他们会相互合作实现互利，但同时也会互相争夺个人防护装备、呼吸机等稀缺资源。此外，Xu等[②]在研究美国应对新冠肺炎疫情的过程中发现，美国联邦政府疏于努力促使州政府与地方政府间积极加强了协同应急。然而，在应对突发公共卫生事件的早期阶段，州政府与地方政府之间的合作并未得到很好实施。Hu等[③]提出突发公共卫生事件协同治理的推进需要依托治理机制与治理过程的制度化。

Darrin等[④]指出，契约是突发公共卫生事件协同治理主体之间的关系制度化的体现，在应对突发公共卫生事件时是可靠的。Mallinson[⑤]则通过分析美国新冠肺炎疫情应对期间州政府与地方政府之间的合作关系发现，州际契约

---

① BOWMAN A O, MCKENZIE J H. Managing a pandemic at a less than global scale：Governors take the lead [J]. The American Review of Public Administration，2020 (6-7)：551-559.

② XU H D, BASU R. How the United States flunked the Covid-19 test：Some observations and several lessons [J]. The American Review of Public Administration，2020 (6-7)：568-576.

③ HU Q, ZHANG H, KAPUCU N, et al. Hybrid coordination for coping with the medical surge from the Covid-19 pandemic：Paired-assistance programs in China [J]. Public Administration Review，2020 (05)：895-901.

④ DARRIN W, BRAD A M J, ERIC S, et al. Institutional collective action during Covid-19：Lessons in local economic development [J]. Public Administration Review，2020 (05)：862-865.

⑤ MALLINSON D J. Cooperation and conflict in state and local innovation during Covid-19 [J]. The American Review of Public Administration，2020 (6-7)：543-550.

是治理主体在应对疫情时进行谈判与合作的重要依据。此外，联席会议，特别是政府间的联席会议，也被认为是突发公共卫生事件协同治理主体间的一种合作形式。除了政府内部的协同治理关系外，学者们还研究了政府组织与其他类型组织之间的关系。例如，Hur 等[1]阐述，韩国疾病预防控制中心采用了一种公私伙伴关系模式以加快疫情诊断和医疗方案制订。此外，Cheng 等[2]在对浙江省新冠肺炎疫情应对研究中探讨了社区组织、地方政府与私营企业间的协作关系。同样，Jamieson[3]提出，新西兰应对新冠肺炎疫情的工作由卫生部门、民防和应急管理部门、专家、警察、企业共同完成。Li 等[4]对新冠肺炎疫情期间政府与媒体的关系进行了研究，发现媒体不仅可以帮助政府解决信息超载问题，还可以减少各级政府之间的摩擦。

3. 突发公共卫生事件协同治理结构研究

突发公共卫生事件协同治理结构是指突发公共卫生事件不同参与主体之间建立的一种相互关联模式，可分为垂直结构、水平结构和混合结构。现有突发公共卫生事件协同治理结构的研究主要致力于寻求应急管理的最优结构模式，但尚未形成统一认知。

（1）垂直结构

突发公共卫生事件协同治理的垂直结构主要体现为基于行政制度的上级

---

[1] HUR J Y, KIM K W. Crisis learning and flattening the curve: South Korea's rapid and massive diagnosis of the Covid-19 infection [J]. The American Review of Public Administration, 2020 (6-7): 605-613.

[2] CHENG Y D, YU J X, SHEN Y D, et al. Coproducing responses to Covid-19 with community-based organizations: Lessons from Zhejiang Province, China [J]. Public Administration Review, 2020 (05): 866-873.

[3] JAMIESON T. "Go hard, go early": Preliminary lessons from New Zealand's response to Covid-19 [J]. The American Review of Public Administration, 2020 (6-7): 598-605.

[4] LI Y R, CHANDRA Y, KAPUCU N. Crisis coordination and the role of social media in response to Covid-19 in Wuhan, China [J]. The American Review of Public Administration, 2020 (6-7): 698-705.

政府决策并发布命令,下级政府执行命令。这种组织结构在突发公共卫生事件协同治理中具有统一协调、高效动员的优势。对于垂直结构的有效性,Hunt 等[①]的研究指出,在紧急情况下,基于垂直结构的组织协调效果优于水平结构,可有效降低交易成本。但也有学者持相反观点,他们认为水平结构总体上是高绩效的,而垂直结构的平均绩效更低。例如,Scharpf[②] 研究发现,垂直结构过于复杂和耗时,无法对突发事件做出迅速和集体反应。后续,部分学者也提出了类似的观点,Kim 等[③]在研究韩国应对中东呼吸综合征期间的应急响应垂直结构时发现,分层管理会降低组织灵活性,限制事件相关信息和资源的及时交互。

(2)水平结构

突发公共卫生事件协同治理的水平结构侧重于非隶属组织之间的互动和沟通,即水平结构中的成员间的协同治理关系并非行政指令的结果,而是基于互惠、协调、信任和社会资本等判断的理性选择。对此,有学者认为水平结构比垂直结构更灵活,在突发公共卫生事件协同方面表现更优。例如,Hossain 等[④]通过研究澳大利亚应对 H1N1 流感时组织间的协作发现,突发公

---

① HUNT S, SMITH K, HAMERTON H, et al. An incident control centre in action: Response to the rena oil spill in New Zealand [J]. Journal of Contingencies & Crisis Management, 2014 (01): 63-66.

② SCHARPF F. The joint-decision trap: Lessons from German federalism and European integration [J]. Public Administration, 1988 (03): 239-278.

③ KIM K W, YOON H Y, JUNG K. Resilience in risk communication networks: Following the 2015 MERS response in South Korea [J]. Journal of Contingencies and Crisis Management, 2017 (03): 148-159.

④ HOSSAIN L, BDEIR F, CRAWFORD J W, et al. Networks of preparedness and response during australian H1N1 outbreak [J]. Disaster Medicine and Public Health Preparedness, 2015 (02): 155-165.

共卫生事件协同治理的水平结构可以使组织间的联系多样化。De Vries 等①进一步明确提出，水平结构通常是高绩效的，可以确保突发事件的敏捷响应和事件信息的迅速收集。同样，Schwartz 等②的研究表明，水平结构可以提高政府对突发公共卫生事件的控制能力。然而，部分研究者持有不同的观点。他们认为，尽管水平结构在灵活应对突发公共卫生事件方面具有优势，但在战略协调和凝聚力方面存在缺陷。

（3）混合结构

关于突发公共卫生事件协同治理结构的第三种观点认为，治理结构既不是高度集成的，也不是横向分散的，而是呈现出适度的"混合"结构特征。混合结构是基于权威引导的纵向协同与基于共同利益的横向协同的结合。2003年"非典"后，我国建立的以政府应急管理机构和议事协调机构、部际联席会议相结合的应急管理协调机制便是典型的混合型协同治理结构。政府应急管理机构以领导权威为基础，表现为纵向垂直协调；议事协调机构、部际联席会议则以成员单位的自愿参与为基础，表现为横向水平协调。混合结构有利于提高突发公共卫生事件的应对能力，这一点已得到学者研究的证实。De Vries 等③强调，应对新冠肺炎疫情需要各级政府、非营利组织和私营组织的协同参与。这意味着建立一种垂直结构与水平结构相结合的混合结构是重

---

① DE VRIES M, KENIS P, KRAAIJ D M, et al. Collaborative emergency preparedness and response to cross－institutional outbreaks of multidrug－resistant organisms：A scenario－based approach in two regions of the Netherlands [J]. BMC Public Health，2019（01）：52－64.

② SCHWARTZ J, YEN M Y. Toward a collaborative model of pandemic preparedness and response：Taiwan's changing approach to pandemics [J]. Journal of Microbiology, Immunology and Infection，2017（02）：125－132.

③ DE VRIES M, KENIS P, KRAAIJ D M, et al. Collaborative emergency preparedness and response to cross－institutional outbreaks of multidrug－resistant organisms：A scenario－based approach in two regions of the Netherlands [J]. BMC Public Health，2019（01）：52.

要的。Hu 等①也提出了类似的观点。他们通过调查新冠肺炎疫情期间中国的对口支援模式发现，混合结构有利于信息的及时交流、医务人员的快速动员和应急资源的有效分配。

4. 突发公共卫生事件协同治理绩效影响因素研究

诸多文献聚焦于对突发公共卫生事件协同治理绩效影响因素的探讨②，包括沟通、信息、社会资本、领导等。

（1）沟　通

沟通是突发公共卫生事件协同治理领域众多学者提到的关键影响因素。例如，Comfort 等③分析了 H1N1 流感期间加利福尼亚州卫生部门的沟通过程，强调组织机构内部的沟通不应被忽视。Kim 等④建议政府在不同层级和不同类型机构之间建立顺畅的沟通渠道，以更好地应对突发公共卫生事件。Liaquat 等⑤通过对澳大利亚应对 H1N1 流感策略的研究指出，提高组织间的沟通频率和加快组织间的沟通速度可以显著提高突发公共卫生事件的协同治

---

① HU Q, ZHANG H B, KAPUCU N, et al. Hybrid coordination for coping with the medical surge from the covid pandemic：Paired－assistance programs in China [J]. Public Administration Review，2020（05）：895－901.

② FADL B, JOHN W C, LIAQUAT H. Informal networks in disaster medicine [J]. Disaster Medicine and Public Health Preparedness，2016（03）：343－354.

③ COMFORT L K, YEO J, SCHEINERT S R. Organizational adaptation under stress：Tracing communication processes in four California county health departments during the H1N1 threat，April 28，2009，to march 11，2011 [J]. The American Review of Public Administration，2019（02）：159－173.

④ KIM K, JUNG K. Dynamics of interorganizational public health emergency management networks：Following the 2015 MERS response in South Korea [J]. Asia Pacific Journal of Public Health，2018（03）：207－216.

⑤ LIAQUAT H, FADL B, JOHN W C. Networks of preparedness and response during Australian H1N1 outbreak [J]. Disaster Medicine and Public Health Preparedness，2015（02）：155－165.

理绩效。此外，Comfort 等①进一步研究指出，组织间的沟通质量会受到历史经验、组织结构等因素的影响。尽管沟通在突发公共卫生事件协同治理中的作用得到了许多研究者的重视，但这些研究大多侧重于组织或参与者之间的正式沟通，而忽略了非正式沟通。

（2）信　息

文献研究证实了组织间信息的流动及共享、信息传递的准确性在突发公共卫生事件协同治理中的重要性。例如，Comfort② 提出，信息的有效流动使各组织能够在紧急情况下更加有效地协调。Kim 等③分析了应对中东呼吸综合征期间韩国机构间的合作，结果表明，公共卫生机构及其支持机构之间的信息共享有助于防止疫情向其他司法管辖区蔓延。此外，信息失真已被证明在应对突发公共卫生事件时具有极大的破坏性。Kapucu 等④指出，应急响应组织间信息交换的准确性会影响协同绩效的水平。因此，获取完整、准确的信息对于突发公共卫生事件协同治理至关重要。

（3）社会资本

社会资本是指个人或组织间的关系及基于此类关系所产生的信任。⑤ 在突

---

① COMFORT L K, YEO J, SCHEINERT S R. Organizational adaptation under stress: Tracing communication processes in four California county health departments during the H1N1 threat, April 28, 2009. to march 11, 2011 [J]. The American Review of Public Administration, 2019（02）: 159-173.

② COMFORT L K. Shared risk: Complex systems in seismic response [M]. Bingley, United Kingdom: Emerald Group Publishing, 1999.

③ KIM K W, YOON H Y, JUNG K, et al. Resilience in risk communication networks: Following the 2015 MERS response in South Korea [J]. Journal of Contingencies and Crisis Management, 2017（03）: 148-159.

④ KAPUCU N, VAN W M. The evolving role of the public sector in managing catastrophic disasters lessons learned [J]. Administration & Society, 2006（03）: 279-308.

⑤ PUTNAM R D. Bowling alone: America's declining social capital [J]. Journal of Democracy, 1995（01）: 65-78.

发公共卫生事件协同治理研究中，组织间的社会资本引起了部分学者的关注。例如，Rachael等[1]通过对公共卫生系统对阿拉莫萨沙门氏菌响应的研究发现，除了有效的沟通外，参与部门之间是否存在持续稳定的关系也是影响公共卫生系统响应绩效的关键因素。同样，Mallinson[2]发现，组织间以往的合作关系为美国不同州在新冠肺炎疫情应对期间的合作奠定了基础。此外，信任也是一种重要的社会资本。信任在突发公共卫生事件协同治理中的作用被研究者所重视。Kapucu等[3]提出，基于信任支持的协同治理可以让合作者产生安全感，从而强化协作意愿。Rachael等[4]也对突发公共卫生事件中的信任因素展开探讨，并指出治理主体间的长期互动有助于在公共卫生事件暴发时建立对彼此的信任。因此，Kapucu[5]建议在应急准备过程中，治理主体应通过协议、演习、培训、交流、学习等方式建立良好的工作关系以增加主体间的信任。

（4）领　导

领导是影响突发公共卫生事件协同治理绩效的另一个重要因素。协同治理面临的关键问题是：谁有足够的动机来设计协作系统并承担协作成本？谁

---

[1] RACHAEL P L, ALEXIS A M, ADITI B, et al. Support for vector control strategies in the United States during the Zika outbreak in 2016: The role of risk perception, knowledge, and confidence in government [J]. Preventive Medicine, 2019 (119): 52-57.

[2] MALLINSON D J. Cooperation and conflict in state and local innovation during Covid-19 [J]. The American Review of Public Administration, 2020 (6-7): 543-550.

[3] KAPUCU N, ARSLAN T, DEMIROZ F. Collaborative emergency management and national emergency management network [J]. Disaster Prevention & Management, 2010 (04): 452-468.

[4] RACHAEL P L, ALEXIS A M, ADITI B, et al. Support for vector control strategies in the United States during the Zika outbreak in 2016: The role of risk perception, knowledge, and confidence in government [J]. Preventive Medicine, 2019 (119): 52-57.

[5] KAPUCU N. Interagency communication networks during emergencies: Boundary spanners in multiagency coordination [J]. The American Review of Public Administration, 2006 (02): 207-225.

有足够的权力让人们信服并追随？领导具有的职位权威使其更适合承担这一责任。正如Jamieson①所提到的，领导力是在突发事件中协调对话、集中资源和社会动员的重要政治力量，可能会对协同治理的产生和发展产生直接效果。同样，Weng等②在对上海新冠肺炎疫情应对策略的研究中发现，中国国家领导人在动员资源、遏制疫情传播方面发挥了关键作用。此外，Rutledge③通过对特朗普在新冠肺炎疫情期间的领导行为进行研究发现，领导态度会对突发公共卫生事件协同治理产生影响：若领导者重视突发公共卫生事件的协同治理，则有利于产生协同文化氛围，进而提高协同绩效；反之亦然。Rozell等④的进一步研究指出，美国应对新冠肺炎疫情的过程暴露出领导力缺乏这一问题。

（5）其他因素

现有文献还明确了影响突发公共卫生事件协同治理绩效的其他因素。例如，Drabek等⑤认为随着行动者规模和异质性的增加，多主体协调的难度显著增加。规模越大，成员的异质性越强，达成协议的难度越大。因此，应谨

---

① JAMIESON T. "Go hard, go early": preliminary lessons from new zealand's response to Covid-19 [J]. The American Review of Public Administration, 2020 (6-7): 598-605.

② WENG S H, NI A Y, HO A T K, et al. Responding to the coronavirus pandemic: A tale of two cities [J]. The American Review of Public Administration, 2020 (6-7): 497-504.

③ RUTLEDGE P E. Trump, Covid-19, and the war on expertise [J]. The American Review of Public Administration, 2020 (6-7): 505-511.

④ ROZELL M J, WILCOX C. Federalism in a time of plague: How federal systems cope with pandemic [J]. The American Review of Public Administration, 2020 (6-7): 519-525.

⑤ DRABEK T E, MCENTIRE D A. Emergent phenomena and multiorganizational coordination in disasters: lessons from the research literature [J]. International Journal of Mass Emergencies & Disasters, 2002 (02): 197-224.

慎选择突发公共卫生事件协同治理的规模和成员。Nohrstedt[①]指出，稳定的人际关系、明确的协作条件、共同的问题认知是获得高协同治理绩效的重要因素。此外，组织特征和制度环境也被认为是影响突发公共卫生事件协同治理绩效的因素。[②]基于以上讨论，图4总结了突发公共卫生事件协同治理绩效的影响因素。

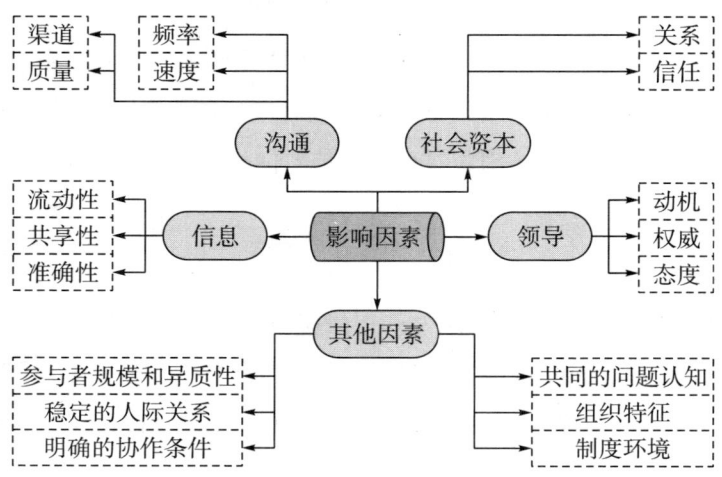

图4 突发公共卫生事件协同治理的影响因素

四、研究结论与展望

（一）研究结论

突发公共卫生事件协同治理是当前学界的热门研究课题。为了解该领域的研究现状，本研究采用三阶段研究框架对该领域的外文文献进行综述，共

---

① NOHRSTEDT D. Networking and crisis management capacity：A nested analysis of local-level collaboration in Sweden [J]. The American Review of Public Administration，2018（03）：232-244.

② MOORE D，SHIELL A，NOSEWORTHY T，et al. Public health preparedness in alberta：A systems-level study [J]. BMC Public Health，2006（01）：313.

纳入56篇论文。研究发现，案例研究法、内容分析法、社会调查法和社会网络分析法是探究突发公共卫生事件协同治理的常用研究方法。此外，突发公共卫生事件协同治理研究主要聚焦于四个主题的探讨：第一，突发公共卫生事件协同治理的参与主体；第二，突发公共卫生事件协同治理参与主体间的关系；第三，突发公共卫生事件协同治理的结构；第四，突发公共卫生事件协同治理绩效的影响因素。上述研究结果对应急管理领域的研究者和实践者具有一定参考价值。

本研究仍存在一定的局限性。局限性之一是主要使用Scopus检索目标论文，可能会导致部分突发公共卫生事件协同治理的相关论文无法被涵盖。建议未来的研究采用更多的文献检索引擎，如谷歌学术、PubMed。此外，研究方法和研究主题的归类主要依赖于人工筛查。虽然本研究所选论文的研究方法和主题大多容易归类，并且在确定过程中使用了相同的归类标准，但当部分论文的方法和内容边界不明确时，会造成主观决策。这是本研究的另一个局限。在未来的研究中，还应考虑采用文本分析软件，如计算机辅助文本分析、Nvivo软件等。

（二）研究展望

通过对突发公共卫生事件协同治理相关外文文献的回顾，对未来研究提出了如下展望，如图5所示。

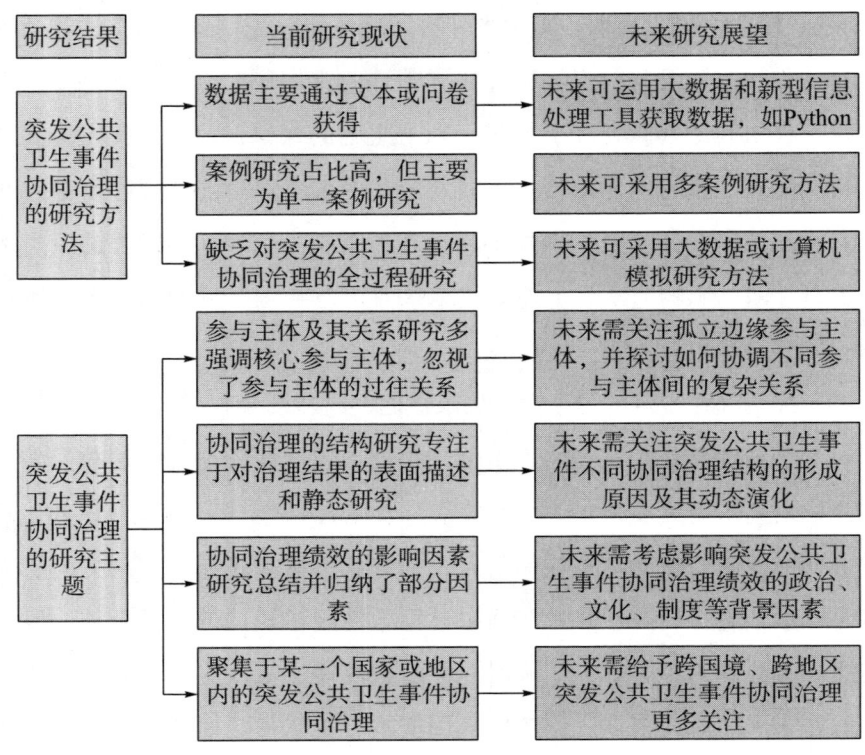

图 5　研究展望

1. 突发公共卫生事件协同治理研究方法展望

未来突发公共卫生事件协同治理研究需考虑更多类型的研究方法。首先，突发公共卫生事件协同治理的研究数据主要源于文本资料和问卷调查。然而，文本和问卷的数据并不能完全涵盖突发公共卫生事件协同治理的全部要素，如孤立边缘参与组织、隐形组织间的关系可能会被忽略。在未来的研究中，应利用大数据和新型信息处理工具，如 Python 来突破以往数据收集方法存在的局限。其次，在以往突发公共卫生事件协同治理研究中，案例研究占主导，但多以单一案例研究为主。虽然单一案例研究可以为典型公共卫生突发事件提供全景式的"深描"，但其结论可能不具有普遍性、推广性。未来的研究中可采用多案例研究以提高结论的准确性和对现实的适用性。第三，缺乏对突发公共卫生事件协同治理的全过程研究。现有协同治理研究更多聚焦于突发公共卫生事件的响应或恢复阶段，而并非应急管理的所有阶段。这主要是由于以往研究方法缺乏对跨时空数据的获取能力。在信息技术快速发展的时代，未来研究可以利用大数据或计算机模拟研究方法，将突发公共卫生事件协同治理的研究从响应、恢复阶段扩展到预防、准备、响应、恢复的全过程，以获得更具有适用性的研究结果。

2. 突发公共卫生事件协同治理研究主题展望

现有外文文献主要聚焦于突发公共卫生事件协同治理的参与主体、协同治理参与主体间的关系、协同治理结构和协同治理绩效影响因素等主题的探讨。

首先，对于突发公共卫生事件协同治理的参与主体，未来研究需在关注核心参与主体的同时，重视孤立边缘参与主体的重要作用。现有研究更多强调突发公共卫生事件协同治理中政府组织、部分非营利组织等关键参与主体，缺乏对孤立边缘参与主体的关注，如公众。他们被认为是各国抗击新冠肺炎的重要力量。[①] 因此，孤立边缘参与主体在突发公共卫生事件协同治理中的作用、影响等亟待被研究。

其次，对于突发公共卫生事件协同治理参与主体间的关系，未来研究需更加关注如何协调具有不同关系背景、不同类型参与主体间的关系。在分析参与主体关系时，现有研究通常忽略主体间的过往关系历史。加之各类参与主体在治理能力、资源禀赋、文化背景等方面存在一定差异，因此，参与主体间关系更加复杂。如何协调此类主体间的关系还有待进一步研究。

其三，对于突发公共卫生事件协同治理结构，未来研究需探究其形成原因及动态演化。现有研究主要集中在对其结构的表面描述，未来研究不仅需进一步分析何种结构能更加有效地应对突发公共卫生事件，而且要深入探讨

---

① ZHAO T, WU Z S. Citizen-state collaboration in combating Covid-19 in China: Experiences and lessons from the perspective of co-production [J]. The American Review of Public Administration, 2020 (6—7): 777—783.

不同协同治理结构形成的原因。此外,探究突发公共卫生事件协同治理的结构如何随时间的变化而动态演变是未来研究需重点关注的方向之一。这可能为理解突发公共卫生事件协同治理提供一个新的维度。虽然目前学者们已认识到突发公共卫生事件协同治理结构的动态性研究,但大多数研究仍停留在结构的静态探索上。这主要是由于数据收集的客观条件限制和理论构建的缺乏。未来,随着大数据的应用和理论构建的深化,这一缺陷会被有效弥补。

其四,对于突发公共卫生事件协同治理绩效的影响因素,未来研究需关注政治、制度、文化等背景因素。以往文献主要总结了影响突发公共卫生事件协同治理绩效的五大因素,包括沟通、信息、社会资本、领导和其他因素,但忽略了政治、体制、文化等背景因素。突发公共卫生事件的应对需要来自不同部门、不同地区,甚至不同国家的多主体参与。这些参与者在治理传统和工作模式上存在较大差异,可能形成不同的协调方式,进而影响协同治理的效果。① 因此,如何评价不同政治、制度、文化等背景因素对突发公共卫生事件协同治理绩效的影响仍是未来值得探讨的话题。

最后,以往研究主要局限于对某一国家或地区突发公共卫生事件的协同治理的研究,缺少对跨国境、跨地区突发公共卫生事件协同治理的研究。对于新冠肺炎疫情此类全球性的突发公共卫生事件而言,单一国家已无法有效应对,需世界各国、各组织的共同努力。因此,在未来研究中,应更多关注跨国境、跨地区突发公共卫生事件的协同治理。

---

① WENG S H, NI A Y, HO A T K, et al. Responding to the coronavirus pandemic:A tale of two cities [J]. The American Review of Public Administration,2020(6-7):497-504.

突发事件背景下应急物流信息系统设计与保障机制研究

刘明洋①

突发事件具有不可预测、发展速度快、破坏力度大、扩散效应明显等特点，相关机构或组织必须在短时间内做出快速响应。响应时间的长短直接影响应急物流任务的成败，也决定着事态发展的方向。当前，国内应急物流信息化程度还偏低，严重制约着应急物流的响应速度。因此，建立一套行之有效的应急物流信息系统（information system of emergency logistics，简称ISEL），提升应急响应能力显得刻不容缓。本研究将从应急物流快速响应的内涵及其特征出发，基于已有的相关理论成果，结合国内应急物流现状，尝试对应急物流信息系统的设计及运行机制提出意见。

一、应急物流快速响应的内涵及其特征

突发事件发生后，需以最快的速度将应急物资送往灾区，方能减少人员伤亡及财产损失。应急物流快速响应作为应急物流"响应—执行—作业—停止"机制的极为重要的一环，其能力的强弱直接决定着救灾效果。

---

① 刘明洋，四川轻化工大学副研究员、硕士生导师，研究方向为应急管理。

（一）应急物流快速响应的内涵

应急物流快速响应（rapid response of emergency logistics）是指在突发事件背景下应急物流信息系统根据灾情信息分析、供需评估、数量确认，在应急物资采购、分拣、储运、配送至受灾点指定位置的全过程中，其响应时间、响应速度、处理效率以及完成任务在时效性、可靠性与安全性方面的综合量度。①应急物流实现即时响应的关键是后台的物流服务信息支持系统，需要一套完整的机制来支撑。从国内外研究趋势来看，应急物流相关机制的研究是未来学术界关注的重点之一。所以，目前所探讨的应急物流"响应—执行—作业—停止"的框架及模式应当符合国内基本实情，同时有利于经济的稳定与健康发展。国内应急物流总体研究框架如图1所示。②

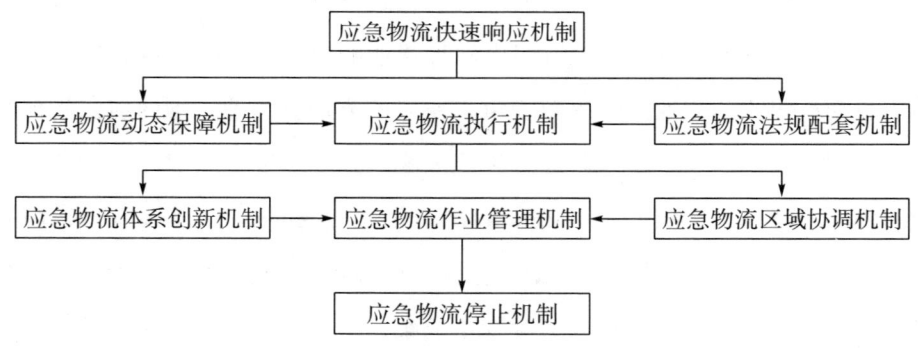

图1 应急物流总体研究框架

响应速度是影响应急物流时效性的重要因素。开展突发事件背景下应急物流快速响应机制研究，既能弥补当前应急物流中存在的快速反应能力与活性方面的短板，又能验证基础研究结果的适用性与有效性。

---

① 游倩如. 基于公私协同视角的应急物流系统快速响应机制研究［J］. 现代商业，2019（23）：32-33.

② 刘明洋. 新时代背景下川陕革命老区应急物流发展战略对策研究［J］. 物流技术，2020（11）：1-3，40.

（二）应急物流快速响应的特征

突发事件可能在未来很长一段时间内都无法被精确预报。应急物流需求的不确定性，要求应急物流系统根据突发事件的种类、性质、影响范围、持续时间进行分类、分级、分期的灵活响应执行（见表1），方能适应环境的各种变化。若信息制约因素较多，如信息流通不畅、信息传导失真，则可能错过最佳救援时间从而导致人、财、物的严重损失。这不仅要求应急物流信息系统必须适应各种突发事件背景下的物流环境，而且还需专业化的应急物流人才。为实现资源的优化配置、应急物流各个环节无缝衔接，还需建立军地一体化应急物流信息管理平台，使指挥人员信息、地理信息、气象信息、资源配置信息、物流通道信息等完全透明化。① 唯有应急物流响应具备灵活化、专业化、信息化、透明化、智能化等特征，才能克服信息、时间、资源、运输条件等因素的制约，实现快速响应。

表1 突发事件分类与分级

突发事件分类		内容	分级			
非军事类	自然灾害	主要包括水旱灾害、气象灾害、地震灾害、地质灾害、海洋灾害、生物灾害和森林草原火灾等	Ⅰ级（特别重大）红色表示 Ⅱ级（重大）橙色表示 Ⅲ级（较大）黄色表示 Ⅳ级（一般）蓝色表示			
	事故灾难	主要包括工矿商贸等企业的各类安全事故、交通运输事故、公共设施和设备事故、环境污染和生态破坏事件等				
	公共卫生事件	主要包括传染病疫情、群体性不明原因疾病、食品安全和职业危害、动物疫情以及其他严重影响公众健康和生命安全的事件				
	社会安全事件	主要包括恐怖袭击事件、经济安全事件和涉外突发事件等				
军事类	局部战争	常规战、导弹战	Ⅰ级战备	Ⅱ级战备	Ⅲ级战备	Ⅳ级战备
	全面战争	常规战、三化战、核战、特种战				

---

① 陆承，李智慧，邓尧. 2020年应急物资保障能力建设及发展研究 [J]. 中国应急管理科学，2021（07）：62—69.

二、应急物流信息系统的概况

（一）应急物流信息系统的特性分析

应急物流信息系统运行的直接目的是实现应急物资的时效性，即追求应急物流时间效益最大化与突发事件损失最小化。与普通物流相比，应急物流具有突发性、随机性、需求不确定性、峰值性、紧迫性等特征，其最大特点就是"急"。应急物流信息系统与普通物流信息系统的区别[①]见表2。

表2 应急物流信息系统与普通物流信息系统的区别

对比维度	普通物流信息系统	应急物流信息系统
信息化程度	技术相对较少，信息化程度较低	技术相对较多，信息化程度较高
系统的开放性	系统封闭，闭环运作	作为应急子系统，开放互联
系统运作模式	运作模式较为单一，可复制与循环	因突发事件种类、分级与分期而异
操作人员素质要求	较低	较高

应急物流信息系统是一个开放的复杂系统，主要作用是在突发事件发生后为应急物资的筹措、运送、配送等物流环节提供准确的信息，力争在尽可能短的时间内将应急物资运送到事发地的指定地点。突发事件背景下应急物流需求的随机性、不确定性，决定了其信息系统需具备开放性、可扩展性。随着救援的深入与灾情的缓解，需求可能发生变化，这就要求应急物流信息系统需要有层次性。

（二）应急物流信息系统的支撑环境

应急物流信息系统的运行处于突发事件环境中，需要优质的支撑环境提

---

① 刘明洋. 应急物流信息系统构建及运行机制研究[J]. 物流科技，2021（01）：65—67.

升其运行效率。数据是信息核心，数据结构是信息桥梁，稳定高效的信息系统是关键。因此，应急物流信息系统运行需要一系列新技术的支撑。利用大数据可以实现快速准确的信息搜索、信息处理，可以帮助指挥中心做出科学的方案设计、合理的评估与明智的选择，可以协助指挥人员做出更加高效、科学的决策判断，同时运用数据反馈也可以对决策结果进行追踪与纠偏。"5G"或"6G"网络可以增强移动宽带通信、海量物联网通信、超高可靠性与超低时延通信，使物流信息传输更加高效；云计算与云存储技术可以帮助物流信息系统在数秒之内处理千万条甚至上亿条物流信息；北斗导航可以为物流信息系统提供准确的实时导航定位，GPS帮助规划运输路线；人工智能可以帮助应急物流管理时间、用户界面、功能程序、动态程序、客观指向程序等。此外，应急物流信息系统还需要应急预案、行政制度、公共政策、法律保障机制的支撑。

（三）应急物流信息系统的结构层次

应急物流信息系统结构可以分为决策层、控制层、功能层、行动层、数据层、日志层与环境层共七个层次（见表3）。① 处于核心地位的是决策层，在系统中着重强调了应急指挥中心的关键作用。

表3 应急物流信息系统结构层次

结构层次	应急物流信息系统结构层次的系统要素
决策层	应急指挥中心、气象数据库、地理信息数据库、专家支持信息库、指挥者信息库、监控中心、电子地图
控制层	应急物流方案实施、运输过程监控调度、方案实施效果评估、应急需求信息反馈、仓储中心、配送中心、运载中心、交通信息采集中心
功能层	预警分析、预案管理、指挥调度、实时跟踪、应急通信、物资管理、仓储管理、运力管理、供应管理、指挥控制、可视功能

---

① 刘明洋. 新时代背景下陕革命老区应急物流发展战略对策研究[J]. 物流技术，2020（11）：1-3，40.

续表3

结构层次	应急物流信息系统结构层次的系统要素
行动层	第三方物流、第四方物流、物流专业人才、社会团体、志愿者、运输企业、消防部队、武警部队、医疗团队
数据层	应急人力资源信息库、应急财务信息库、运载工具信息库、应急物流预案数据库、分析统计、双向反馈
日志层	操作系统日志、中间件日志、硬件日志、异常日志,日志敏感信息的保护,日志访问权限的控制,日志生命周期的管理
环境层	"5G"或"6G"网络、大数据、云计算、北斗导航、人工智能、云存储、应急信息设备、法规制度

应急物流信息系统结构直接影响系统的性能。因此,设计合理的应急物流信息系统结构,需呈现出高效的应急物流信息网络;要充分涉及各种可能性,健全各类突发事件的分期、分级应急预案库;要推进信息标准化,完善基础数据库建设,提升应急物流信息系统的科学性与可操作性。

（四）应急物流信息系统的技术支撑

突发事件背景下应急物流必须有可靠的信息系统作为支撑,而应急物流信息系统的建立必须要有可靠的技术作为支持。刘明洋[①]指出了应急物流信息系统的相关技术（见表4）。

表4　应急物流信息系统构建的相关技术

层次	应急物流信息系统构建的相关技术
控制层	WLAN 技术、GIS 技术、WSN 技术、5G+IoT 技术、EDI 技术 GPS 技术、Big data 技术、Cloud 技术、AI 技术、Block chain 技术
网络层	IPv6 技术、RAN 技术、HFC 技术、UWB 技术、SAN 技术
感知层	传感器技术、M2M 技术、RFID 技术、红外技术、NFC 技术

总的来说,在应急物流信息系统设计过程中,可以5G、大数据、云计

---

① 刘明洋. 5G背景下的物联网技术在物流行业中的应用[J]. 物流技术与应用,2021（03）：140-142.

算、北斗导航、人工智能、云存储等为技术支撑,以应急物流每个运行节点为信息系统的基石,充分借鉴国外的成功经验与做法;要运用新兴技术尽可能实现应急物流信息的精准运用及可视化管理;要通过信息数字化建设提升应急物流的管理效率,并确保其安全性、精准性、可靠性与时效性。①②

(五) 应急物流信息系统的模块

通过调查研究,应急物流信息系统包括系统管理模块、智能采购模块、控制信息处理模块、决策支持模块、基础信息管理模块、指挥监控模块、辅助决策模块、库存管理模块、智能运输模块、配送模块、作业处理模块、行动记录模块、用户操作日志模块、危险源管理模块等。

(六) 应急物流信息系统的快速响应机制

突发事件本身具有突发性、不确定性,一旦发生则需要在第一时间内快速响应。应急管理中心的指挥者须在极短的时间内迅速做出果断的决策,调动各种资源,尽快控制事件的发展,稳步有序恢复正常社会秩序。然而,应急物流信息系统作为应急管理系统的一个子系统,其快速响应能力不是一朝一夕就得以强化的,需建立应急物流信息系统快速响应机制。一方面,运用现代科学技术加强监测预警。通过对各类突发事件背景下临界指标的研究,使应急物流信息系统的预警灵敏性显著提升;利用人工智能与大数据建立优化模块,优化应急响应流程与日常管理,减少应急物流信息系统的响应时间,加快响应速度。另一方面,须实时反馈评估应急物流信息系统快速响应的薄弱环节,对其下一步输出方案进行调整,从而为及时纠正响应错误、改进响应流程、提高响应效率提供可能。

---

① 谢梦瑶,黄利玲. 基于大数据的应急物流信息系统研究 [J]. 中国储运,2022 (06):164-165.

② 黄思云,齐金平,张儒,等. 应急物流信息系统设计研究 [J]. 中国物流与采购,2022 (08):51-52.

三、应急物流信息系统的设计

应急物流不同于一般物流,具有突发性与不可预知性、随机性与不确定性、紧迫性与峰值性、弱经济性与非常规性等特征。因此,应急物流信息系统的建设需遵循一定的原则,确立明确的目标,构建思路需满足突发性的物流需求。

(一) 应急物流信息系统的设计原则

应急物流信息系统的设计须根据应急物流快速响应的内涵及其特征,坚守相关应急物流的法律法规,有针对性地遵循以下特殊的设计原则[①]:①系统性原则。在信息系统建设过程中,只有从整体上对信息流、物资流与人才流进行统一设计,才能达到信息的最佳融合、无缝衔接。②时效性与科学性原则。建设应急物流信息系统时,要通过科技手段减少不必要及可能会造成时间耗损的环节,以提高效率。③经济性原则。为了确保完成应急任务不计成本地运作,这并非应急物流的初衷。故应急物流信息系统的建设还应注重降低成本,利用有限的物流资源完成应急救援任务。④社会化原则。因为应急物流是临时性的行为,整个过程基本上依托于社会力量完成,所以应急物流信息系统必须坚持社会化原则。⑤动态性原则。系统各个功能模块设计需关注动态、开放的特征,以使系统整体具有良好的继承性,让信息流在军地各系统中畅通无阻、实时共享与交换。⑥信息规范化原则。信息系统设计时必须制定统一的标准和格式。⑦应急物流信息系统的构建还须坚持行政机制与

---

① 刘明洋. 应急物流信息系统构建及运行机制研究 [J]. 物流科技,2021 (01): 65—67.

市场机制相结合原则、事前防范与事后应急相结合原则。①

（二）应急物流信息系统的设计目标

应急物流信息系统作为突发事件背景下应急系统的一个子系统，由相互联系、相互作用、相互依赖、相互制约的物资筹措、指挥调度、物资仓储、物资配送等部分组成，进而形成具有特定应急功能的有机整体。为了确保完成应急物流保障目标，应急物流信息系统应具有兼容性：以先进技术装备、人工智能、大数据为支撑，让指挥、采购、配送、仓储系统等各环节得以顺畅衔接、一体联动、信息共享，实现各应急子系统间的无缝连接，确保各自正常作业，以提高应急物流的效率。应急物流信息系统建设目标就是以最短的时间、较低的成本、最高的效率、最快的速度获取所需要的应急资源，以最适合的运输工具，将救援设备、相关人员、应急物资运送至灾区的指定地点。此外，灵敏的预警反应机制、快速的应急响应机制、规范的应急转换机制、科学的决策处理机制与实时的反馈评估机制也是应急物流信息系统建设目标。

（三）应急物流信息系统的设计思路

因应急物流的突发性、峰值性、时间紧迫性与流量不均衡性，加之应急物流信息系统又是一项综合性较强的体系工程，规模较大、涉及主体多、信息庞杂，在系统设计时需对应急物资的组织环节、采购环节、仓储环节、运输环节、配送环节、信息传输环节进行分析；还需考虑多源数据融合、数据挖掘、数据可视化、智能调度等方面的现实需求，以云计算、人工智能、大数据等技术为基础，从应急救援的总体架构、处理流程等方面加以论证，确保应急物流信息系统各环节紧密衔接，系统内外信息传递通畅。应急物流信

---

① JIANG P, WANG Y X, LIU C, et al. Evaluating critical factors influencing the reliability of emergency logistics systems using multiple－attribute decision making [J]. Symmetry, 2020（07）：1—29.

息系统设计思路①详见图 2。

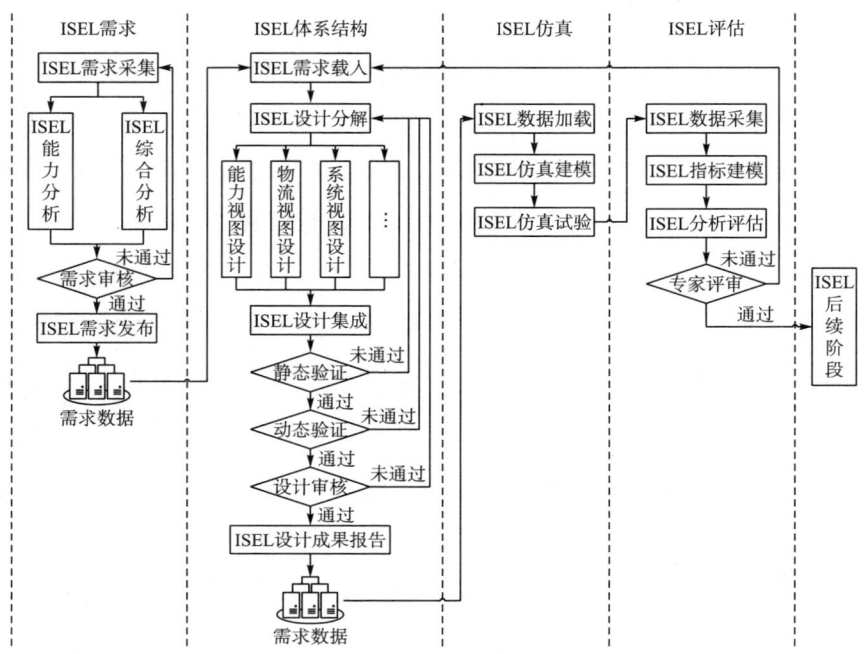

图 2　应急物流信息系统设计思路

四、应急物流的保障机制

随着应急物流信息系统设计任务越来越复杂，能够支持跨区域、跨部门、跨领域、跨体制协作的环境显得越来越重要。因此，本研究将在分析应急物流信息系统及其设计的基础上，进一步明晰应急物流的保障机制。

（一）应急物流法规配套

应急物流信息系统作为突发事件背景下应急信息系统的重要子系统，其

---

① 沈艳丽，肖桃顺，孔瑞远．基于网络的军事信息系统协同设计研究［J］．中国电子科学研究院学报，2020（08）：715－720．

性能直接关系到应急救援任务的完成质量。应急物流信息系统的构建须遵循一定的原则,其整体构建思路也需具备科学性与前瞻性。与此同时,应急物流信息系统应在合法合规的前提下进行。鉴于当前应急物流立法与相关法律释义配套机制的不完善,需要进行应急物流标准化立法以促进法律制度建设,还需追根溯源建立应急物流法律释义配套机制。针对当前应急物流存在的诸多问题,不仅需在立法方面有所作为,还需推动相关法律法规的实施。①

1. 制定针对性的法律规范

尽管我国已经有多部法律法规涉及突发事件背景下的应急物流(见表5),但是从总体上看呈现分散立法的状态,其效力强弱不一,部分内容存在交叉,难以形成合力。为改善这一情况,一方面需疏通各单行法律、规章、条例或会议决定之间的衔接与递进关系,理清涉及应急物流法律规范的脉络。梳理不同层次与类别的法律规范,建立一个层次分明、条理清晰、结构严谨的应急物流法律框架,消除各法律规范之间的冲突与矛盾;及时清理过时、错误的内容,强化应急物流法律体系的协调性。另一方面,从时效性角度考虑,制定突发事件应急物流的专项法律规范。根据突发事件的类别,制定应急物流的专项法规,对应急物流做出系统性规定。由于各地区的情况差异很大,地方人大应根据本地区的特点,制定具有本地特色、更科学、更具适用性的地方法规。同时,也需完善法律监督环节。

表5 应急物流相关法律法规

首次颁布时间 /年	名称	制定机关
1986	《中华人民共和国国境卫生检疫法》	全国人大常委会
1989	《中华人民共和国传染病防治法》	全国人大常委会

---

① 周竞宇,杨西龙. 军民融合应急物流体系建设路径研究 [J]. 舰船电子工程,2019 (12): 1—4, 25.

续表5

首次颁布时间/年	名称	制定机关
1993	《核电厂核事故应急管理条例》	国务院
1995	《中华人民共和国食品卫生法》（已失效）	全国人大常委会
1997	《中华人民共和国国防法》	全国人民代表大会
1997	《中华人民共和国防震减灾法》	全国人大常委会
1998	《中华人民共和国消防法》	全国人大常委会
2002	《危险化学品安全管理条例》	国务院
2003	《突发公共卫生事件应急条例》	国务院
2003	《国境口岸突发公共卫生事件出入境检验检疫应急处理规定》	海关总署
2004	《突发公共卫生事件交通应急规定》	卫生部（已撤销）交通部（已撤销）
2005	《军队参加抢险救灾条例》	国务院、中央军委
2006	《国家突发公共事件总体应急预案》	国务院
2007	《中华人民共和国突发事件应对法》	全国人大常委会
2010	《中华人民共和国国防动员法》	全国人大常委会
2011	《交通运输突发事件应急管理规定》	交通运输部
2011	《关于促进物流业健康发展政策措施的意见》	国务院办公厅
2014	《关于促进商贸物流发展的实施意见》	商务部
2014	《关于加快发展生产性服务业促进产业结构调整升级的指导意见》	国务院
2015	《关于加快实施现代物流重大工程的通知》	国家发展和改革委员会
2016	《营造良好市场环境推动交通物流融合发展实施方案》	国家发展和改革委员会
2016	《中华人民共和国国民经济和社会发展第十三个五年规划纲要》	全国人民代表大会
2017	《关于积极推进供应链创新与应用的指导意见》	国务院办公厅
2018	《国家物流枢纽布局和建设规划》	国家发展和改革委员会、交通运输部

续表5

首次颁布时间/年	名称	制定机关
2019	《危险货物道路运输安全管理办法》	交通运输部、工业和信息化部、公安部、生态环境部、应急管理部、国家市场监督管理总局
2021	《"十四五"国家应急体系规划》	国务院

2. 加快标准化立法的进程

为了确保突发事件应急物流运作的统一性、权威性与时效性，需制定应急物流储备、配送以及应急道路建设等各个环节、各个方面的基础标准。而突发事件应急物流方面明显滞后，现行涉及应急物流的法律法规所确定的强制性标准体系呈现出制定主体多且分散、范围过宽、内容交叉重复、分级不合理等问题，需要加快应急物流行业标准化立法的进程。应急物流标准化立法是将应急物流实践证明是正确的、成熟的做法、经验与政策制度化、规范化，可以明确标准化应急物流的法律地位，进而保证标准化应急物流的运行有法可依。

3. 建立法律释义配套机制

众所周知，应急物流相关法律法规的生命力在于实施。国家有关部门应尽快建立法律释义的配套机制，进一步明确相关条款当中尚未明确的地方，以便增强实施效果。[①] 应急物流法律释义通常力求用简洁、明晰、严谨、准确，以法律专业术语和立法技术规范阐明法律法规的具体含义。应急物流法律释义要坚持公开、普及、全面、准确的原则，坚持法制统一与地方特色相结合的原则，坚持文义解释与其他方法相结合的原则。地方性法规释义配套机制，不仅需避免与上位法的释义相抵触或重复，而且需控制释义的重点和

---

① 尚希桥. 我国应急物流法律保障体系的构建[J]. 物流技术，2017（06）：24—26，40.

特色，紧扣地方实情按法治原则对规定部分进行释义，利于相关企业准确把握，才能在突发事件背景下更好地提高操作性。

(二)应急物流的相关保障机制

应急物流保障是应急物流核心环节之一。为了确保突发事件背景下对应急物资、人员、资金等进行有效组织，避免不可预知的运作风险，开展应急物流保障机制的研究对提升应急物流水平具有很强的现实意义与理论意义。

1. 应急物流动态保障机制

突发事件背景下的应急物流关注的焦点在于如何将应急物资及时配送至指定位置，防止灾情进一步恶化，减少人民生命财产损失，快速恢复社会秩序。当突发事件发生后，为了达到快速、有效处置突发事件的目标，对应急物资时效性提出了很高的要求。而应急物资需求具有的不可预见性、随机性、不确定性、事后选择性、急迫性、多样性、强制性与社会性，要求应急物流保障具有动态性。由于应急物流保障是一个系统工程，主要由军地两种不同体制的救援力量参与。因此，应急物流动态保障机制具有差异性与统一性、政治性与敏锐性、多样性与复杂性、时效性与适应性、突发性与临时性、紧迫性与非线性、公益性与不确定性、开放性与可扩展性等特征。[①]

2. 应急物流军地融合保障机制

在突发事件背景下，要建立应急物流军地融合保障机制，必须从全局着手，利用现代物流技术将军队、政府与物流企业之间的特殊优势结合起来，以此充分发挥合力。为了提升应急物流保障能力，使其具有更强的时效性，需思虑长远、统揽全局。建立科学的应急管理机制，对军地双方在采购、包装、装卸、搬运、配送及相关信息处理等多个环节进行合理设计，避免出现重复建设与独立运行的尴尬局面；协调好生产企业、物流企业、交通部门之

---

① KUNDU T, SHEU J B, KUO H T. Emergency logistics management: Review and propositions for future research [J]. Transportation Research Part E: Logistics and Transportation Review, 2022 (164): 1-7.

间的关系,发展无人化新型智能设备,做好物流信息共享机制建设;构建反应灵敏、组织严密、权威高效、科学分工、功能完备、快速反应、高效决策的军地一体化指挥平台,强化监督检查,提高服务质量;制定科学应急物流预案,着力构建联合预测预警机制、信息沟通共享机制、联合决策处置机制,建立应急物流指标体系实现实时评估管控;深化军地融合,通过实物储备与能力储备相结合、静态储备与动态储备相结合的方式实现无缝对接。

3. 应急物流企业执行保障机制

应急物流企业指生产与负责配送应急物资的企业。目前应急物流企业存在的问题包括:第一,相关企业的作业平台信息化程度不高,获取需求信息较为滞后,不能及时实现跨地域、跨环节、跨系统的数据实时共享,与实际期望值相差较大;第二,由于相关企业缺乏权威性监督,对生产与配送无法形成硬性约束,致使执行保障能力不足、实际运行效果不理想。① 鉴于此,企业需通过建立物流枢纽间综合信息互联互通机制,以实现设施互联、功能对接、信息互通、资源共享等市场化运作,提升应急物流供需匹配效率,增强应急统一调度能力。构建应对突发事件可靠性高的应急物流服务平台,加强后续的危机管理与应急管理,以创新推动运输、仓储、配送等的执行效率。②③ 加强应急管理机构的权威性监督能力、执行能力,打造优势互补、业务协同、休戚与共的应急保障共同体,从而提高企业执行保障能力。

---

① FLORIAN D, MARKUS L, LOTTE V, et al. Public－private collaborations in emergency logistics: A framework based on logistical and game－theoretical concepts [J]. Safety Science, 2021 (141): 1－16.

② ABDUL S S, SABA F, MOHAMMAD M P. Emergency logistics planning under supply risk and demand uncertainty [J]. Operational Research, 2020 (03): 1－24.

③ QI C, LEI Y. Operational mechanism and evaluation system for emergency logistics risks [J]. International Journal of Intelligent Systems and Applications, 2010 (02): 25－32.

风险社会视角下超大城市突发环境事件应急管理体系和能力建设研究

陈福江[①]

一、背景、概念及现实意义

突发环境事件是指由于人为因素、意外因素、自然灾害等对环境造成一定影响的事件。由于发生途径和方式不固定，且具有多样性、突然性和偶然性等特点，突发环境事件在实际生产生活中难以被有效控制，从而对人类健康和生态环境造成潜在威胁。超大城市是一定区域乃至一国的政治、经济或文化中心，具有全球性的影响力，在区域经济发展和社会进步中起着引领作用。然而，随着人类生产生活要素及活动在超大城市的高度集聚，以及自然和人为风险因素的双重叠加，超大城市所面临的环境风险也在不断增加。

近几十年来，随着经济社会的发展，我国环境风险隐患凸显，各类突发环境污染事件时有发生。据《中国统计年鉴》显示，2008—2018年仅发生在北京、上海、天津和成都四个超大城市的突发环境事件的次数就占全国突发环境事件总次数的30%。尤其是天津港"8·12"瑞海公司危险品仓库特别重大火灾爆炸事故等突发环境事件的爆发，不仅社会影响恶劣，而且给人民生

---

① 陈福江，正高级工程师，博士，西南财经大学公共管理博士后，四川大学防灾减灾博士后，研究方向为应急管理。

命财产安全和社会稳定带来严重危害。

目前,我国虽然已基本建立以宪法为基础的突发公共事件应对法律体系,但应急立法应有的作用还尚未完全发挥出来。究其原因主要包括以下两个方面:一是针对突发环境事件的应急立法可操作性不强;二是威慑力度不够。另外,突发环境事件的应急管理体制仍存在一些短板,也不够顺畅。在我国的突发环境应急体制中,各级政府实行的是各司其职的单灾种、单部门的管理模式,缺少专门的统一的突发环境事件的综合性管理机构,不够灵活变通。再者,我国突发环境事件应急能力尚待提升。主要体现在:第一,环境应急管理更多依赖于行政手段,法律手段和经济手段运用不足;第二,应急队伍建设相对滞后。最后,我国对居民风险意识和应急处理能力的培养还不足,社会参与机制不健全。在我国,突发环境事件应对过程中一直是以政府为主体,缺少专门的机构对企业和个人进行必要的教育和宣传,企业、个人等社会力量主动参与度不高。尽管政府在资源掌握、专业人才和组织体系等方面存在极大的优势,但突发环境事件一旦发生,仅仅依赖政府的力量不可避免地存在局限性。

超大城市环境突发事件应急管理能力反映出一个国家或者地区对环境风险的防控能力。在风险社会背景下,提升突发环境事件应对能力,是维护人类生命财产安全、社会稳定发展的必然选择。

二、超大城市突发环境事件的特征及发展趋势

为了对当前我国超大城市突发环境事件的特征及发展趋势进行梳理,本研究选取并分析近10年发生于我国超大城市的突发环境事件。研究对象是区域性超大城市,即位于一定区域内能对整个区域产生巨大影响且有较大潜力成长为超大城市的城市,包含部分省会城市、直辖市及经济特区等。我国有7座超大城市,分别是上海、北京、深圳、重庆、广州、成都、天津。

本研究采用的我国超大城市2012—2022年的突发环境事件发生次数、污染排放指标数据来源于2012年1月至2022年6月《安全与环境学报》中的《国内环境事件》。2012年1月至2022年6月，我国超大城市共发生了56次突发环境事件。本研究便采用这些突发环境事件的相关数据对我国超大城市突发环境事件的特征及发展趋势进行分析。

（一）超大城市突发环境事件的特征

1. 超大城市突发环境事件空间分布特征

2012年1月至2022年6月，全国各超大城市发生环境事件的次数分别为是上海市12次、广州市11次、深圳市10次、北京市9次、天津市6次、重庆市5次、成都市3次，其中包含1次全国范围内的大型空气环境污染事件。

上海市为突发环境事件多发城市，突发环境事件发生次数占总数的21.43%；其次是广州市，占比19.64%；再次是深圳市，占比17.86%；随即是北京市和天津市，分别占比16.07%和10.71%；最后是重庆市和成都市，分别占比8.93%和5.38%。分别以上海和广州为中心的华东地区与华南地区的共同特点是经济总量大、发达程度高、行业和企业的数量及种类繁多、地区人口高密度集中并且产业生产要素集聚。在种种因素的相互作用下，这两个地区经济高速增长，进而形成了若干人口密集区和城市化区，导致排污总量大。因此，华东和华南地区是各类突发环境事件多发地区。

2. 我国超大城市突发事件原因特征

对造成突发环境污染事件的原因进行统计分析可知，2012年1月至2022年6月水源污染占比75.92%。其中，人为因素是引起突发环境污染事件的主要原因，其引发的突发环境污染事件次数占已知污染原因的突发环境污染事件总次数的81.48%。另外，以企业非法超标排污造成的突发环境污染事件为次，占比为41.36%；生产安全事故造成的突发环境污染事件位列其后，占比为10.89%；水力的生产和供应事故也对环境造成了一定的影响，其导致的突发环境污染事件占比为11.11%。居民的不良行为，如生活垃圾、生活污水的乱堆乱排及违规操作等也是引起突发环境污染事件的原因。相对于人为因素，由自然因素引发的突发环境污染事件极少，仅4次，占7.40%。

综上数据可知，人为因素是引起突发环境污染事件的首要原因。其中，企业非法超标排污和生产安全事故是造成突发环境污染事件的主要原因。这与我国的环境管理现状息息相关。

3. 超大城市突发环境污染事件污染因子分析

本研究选取56起突发环境事件中比较典型的43起进行污染因子分析，按照致灾因子引发突发环境事件的次数进行统计，结果见表1。通过统计可知，我国超大城市突发环境事件的致灾因子主要包括污水类、油类、生活垃圾和化学品等。其中，污水类是突发环境事件的主要致灾因子，其导致的突发环境污染事件占比44.19%；油类占比13.95%、生活垃圾占比6.98%、化学品占比9.30%、固体废弃物占比11.63%、其他占比13.95%。污水类成为突发环境事件的主要致灾因子，主要是由不合理的工业区规划和厂区选址造成的。不科学、不合理的选址，欠缺对当地环境承载力的考虑。许多高污染风险的企业为了自己的便利在江河边建厂，更有不法分子利用环境监管的漏洞肆意排放污水以谋取利益，这两大因素提高了环境污染风险发生的概率。

表1 致灾因子分布表

	污水类	油类	生活垃圾	化学品	固体废物
北京	5	0	2	0	1
上海	2	4	0	2	1
天津	1	0	0	1	0
重庆	0	2	1	0	1
广州	6	0	0	0	2
深圳	4	0	0	1	0
成都	1	0	0	0	0

注：数据来源于《安全与环境学报》

（二）超大城市突发环境事件发展趋势

2012年1月至2022年6月我国超大城市突发环境事件发生次数的变化趋势如图1所示。从图1可以看出，2012年1月至2022年6月我国超大城市突发环境事件的发生次数整体呈下降趋势，其中2013年出现峰值，2014年则大幅下降。这一变化趋势反映出环境应急管理的三个特点：

图1　2012年1月至2022年6月我国超大城市突发环境事件发生次数变化趋势①

1. 突发环境事件管理法律体系逐渐健全

2014—2015年，环境保护部（现已撤销）先后出台了《企业突发环境事件风险评估指南（试行）》《突发环境事件应急管理办法》，对突发环境事件进行相对有效的防控和应急管理。2014年以来，《中华人民共和国环境保护法》及《中华人民共和国大气污染防治法》《中华人民共和国水污染防治法》等多部相关法律被修订，为保护和改善我国生态环境、防范环境风险发挥了重大作用。2016年，国务院印发了《"十三五"生态环境保护规划》，提出将环境风险纳入常态化管理，"系统构建事前严防、事中严管、事后处置的全过程、多层级风险防范体系，严密防控重金属、危险废物、有毒有害化学品、核与

---

① 数据来源于《安全与环境学报》。

辐射等重点领域环境风险。强化核与辐射安全监管体系和能力建设，有效控制影响健康的生态和社会环境危险因素"。① 开展全过程管控，并加强对重点领域风险的防控，有效防控和降低了环境风险。相关研究表明，突发环境事件的减少也得益于环境风险控制技术的改善、经济水平和工业文明的提高、产业结构的调整以及污染治理投资的增加。随着 2022 年生态环境部《生态环境保护"十四五"规划》的实施，突发环境事件管理法律体系将更加健全。

2. 突发环境事件诱因日趋复杂，环境风险预警防范难度加大

当前，突发环境事件越来越呈现出诱因的复合化趋势。从事件原因看，生产安全、交通运输等事故灾难以及地震、洪水等自然灾害，均容易导致次生突发环境事件。从 2006 年至 2015 年环境保护部调度处理的长江经济带地区突发环境事件统计来看，由安全生产、交通事故、企业排污、自然灾害及其他原因导致的突发环境事作分别约占事件总数的 40%、22%、16%、8%和 14%。2016—2020 年，安全生产、交通事故次生的突发环境事件比例逐步增大，平均每年比例已超过 80%，其中 2019 年高达 94%。这意味着绝大多数环境风险隐患并不在生态环境管理部门的视野之内。其他部门也很难首先从环境的角度考虑问题，且许多事件往往是多种因素综合作用的结果，现场情景与应急需求难以精确预判。这也直接导致环境预警难度的加大。例如，在 2013 年 "11·22" 青岛输油管道爆炸事件中，安全生产、企业布局和历史遗留隐患类问题同时爆发；2014 年汉江武汉段氨氮超标事件，是由上游普降大雨、开闸排放长期积累渍水以及农业面源污染物综合所致；2018 年湘赣两省萍水河交界断面铊浓度异常事件的发生则是企业违法排放含铊污染物与历史本底值叠加，再加上遭遇 50 年一遇的旱灾综合作用的结果，从发现醴陵市水源地铊浓度异常到确定污染源，历时 20 天之久。这些事件表明，突发环境事

---

① 中国政府网．国务院关于印发"十三五"生态环境保护规划的通知 [EB/OL]．https://www.gov.cn/gongbao/content/2016/content_5148753.htm．

件诱因复合化程度正在增加，我们既要善于发现突发环境事件的苗头，妥善处置，防止小事拖大、大事拖难，又要创新性地提高事前环境风险预警预防能力，防患于未然。

3. 信息传播渠道呈多元化和多样化

"新媒体""自媒体"时代已经到来，在畅通人们诉求表达渠道的同时，也加快了信息传播速度。突发环境事件敏感度高，新闻性强，受关注度大，容易在微博、微信等社交媒体上发酵扩散，进而在舆论场上变得"扑朔迷离"，甚至被放大、扭曲。此时，如果处置不当，极易诱发群体性事件。2014年、2015年兰州连续发生自来水异味事件。该事件经网络及媒体广泛关注和报道后，导致兰州市部分区域市民的恐慌，引起社会舆论的高度关注。2018年，福建泉港"11·4"碳九泄漏事件发生。由于当地存在信息公开不到位、回应公众关切滞后等问题，一些谣言经由微博、微信等被大肆传播，引发灾难性恐慌情绪。信息传播的过程，既有真相，也有谣言。这就要求政府部门正视当前的舆论传播新生态所带来的强大冲击，主动利用舆论传播的新渠道并占领"制高点"，及时对突发环境事件进行权威的解释，进行全面、客观地报道，切实满足公众知情权，做好正面引导，以挤压谣言产生和传播的空间。

（三）超大城市突发环境事件应急管理制约要素

1. 观念因素

传统的突发事件应急处置是一种被动的、回应性的行为，是对于已经发生的事件进行相应的控制、处置及善后。经验决策、专家咨询、临场商讨等传统的突发事件应急管理方法，多适用于应对小规模、复杂程度不高、事件态势演变缓慢的突发事件，如普通的洪涝灾害、可预见的泥石流和滑坡等。对于前兆不明、难以准确预测、具有严重灾难后果的非常规突发事件，传统的应急响应通常会出现应急资源紧张、灾难相关信息匮乏、救援队伍心理压力大等非常态问题。如若受到传统应急观念的影响，各地方、各部门便可能做不到充分准备，对预案启动流程、开展内容不熟，面对突发事件难免会手足无措、忙中出错。

在城市的发展过程来看，如果存在比较明显的"重经济工作、轻应急管理"的观念倾向，在实践过程中没有真正转变思想观念，没有把更有效的预防和控制突发事件当作一项经常性、保障性和系统性的工作，便会为应急管理领域带来重大隐患。

2. 体系因素

近些年来，应急管理体制、机制和法制的建设较为充分，效果也非常明显。大量资源、政策等向应急管理体系和能力建设过程倾斜，对于风险预防及源头治理的关注却相对较少。应急优先的模式也容易形成制度惯性，产生路径依赖。从整体性方面来讲，应急管理工作"碎片化"和"条块化"，缺乏统一的规划管理，应急工作职务重叠、职能界定不清、职务执行过程烦琐拖沓等问题，都会导致城市的应急能力水平停滞不前，甚至随着城市现代化进程的加快呈现出倒退的趋势。地方政府在应对新冠肺炎疫情时，也曾出现统一指挥不协调、监测预警不到位、部门间沟通不畅、物资储备和供应难以保障等问题。

同时，应急管理法制建设还需进一步完善。当前，我国尚无应急管理法律体系主干法。2007 年实施的《中华人民共和国突发事件应对法》是应对突发事件的专门法，2015 年实施的《中华人民共和国国家安全法》是国家安全法律法规体系的主干法。此外，《中华人民共和国防震减灾法》《中华人民共和国防洪法》《中华人民共和国传染病防治法》等也不是应急管理综合法。制定"应急管理法"是定型应急管理体制机制的需要，是确保应急管理职责落实的需要，也是健全应急管理法律体系的需要。

3. 人的因素

突发环境事件应急管理所涉及的专业学科众多，且复杂度和综合度较高。随着卫星遥感技术和人工智能的投入使用，对应急管理人员的要求变得更高。他们不仅需要有过硬的专业素质、丰富的知识储备，还需要具备一定的应急事件处理能力。而就当下的情况而言，符合上述要求的综合型人才不足。当下我国突发环境事件应急管理人员尤其是城市突发环境事件的监测人员较为缺乏，且背景多样，专业素质和管理经验不足，这也为城市突发环境事件的处理带来了一定阻碍。

4. 物的因素

与一些科学技术发达的国家相比，我国对于可用于应急工作的设备的自主研发、生产能力较弱，部分高精尖设备还要依靠进口。应急设备中常用的基础设备为救援设备、通信设备、医疗设备、消防抢险设备，此外还有适用于某一特定环境下的突发事件专用应急设备，如矿井专用后备电源装置、井上快速移动救援平台和新型氧气呼吸器、水上应急生命探测救援设备"夜通航"等。目前，我国移动型基础应急设备占比较大，更为精密的数据监测平台、高空水下作业仪器、针对性较强的专业设备、智能辅助型设备相对缺乏，已投入使用的设备运行效率低、精确性不高。这类设备价格高昂，难以实现各级应急部门的普及配置。

三、超大城市突发环境事件应急管理能力建设

（一）超大城市突发环境事件应急管理能力建设内涵

应急管理最初来源于危机管理，属于管理学的分支，是企业、政府部门或其他组织为应对各种危机情境所进行的规划决策、动态调整、化解处理及员工培训等活动的过程，其目的在于消除或降低危机所带来的威胁和损失。在识别重大风险、应对突发事件的过程中，提升政府应急管理能力是应对突发环境事件的关键。

超大城市突发环境事件应急管理能力建设包括危机管理能力建设、应急能力建设。危机管理能力、应急能力的侧重点虽不同，但在突发环境事件整个过程中都有所涉及，都被囊括在政府应急管理能力之中。

危机管理能力是指政府部门和其他组织在危机管理全过程中的表现力。详细来说，较强的危机管理能力的体现是：在危机发生之前，能预测其形式和将造成的损失，并采取措施规避或降低损失；在危机发生之时，能随危机发展趋势不断调整策略方案来应对；在危机发生之后，能有效地评估破坏程度、是否有次生危害等。

2003年以前，学界认为应急能力主要是指医疗卫生、防灾减灾等专业部门和专业技术人员在突发公共事件发生后的响应能力，而在抗震、抗旱、防汛等领域则普遍用"减灾能力"来表述。2003年"非典"之后，危机管理研究兴起。学界开始用"应急管理能力""危机管理能力"等概念。[①] 总的来说，应急能力是应急主体在应急管理的实践中运用应急手段借助于应急工具作用于应急客体的效果的体现。较强的应急能力主要体现在，面对紧急突发情况能迅速做出反应，采取相应措施最大限度减少人员伤亡和财产等的损失以及降低社会负面影响。

对城市来说，突发环境事件应急管理能力指的是政府、社区、中介机构、志愿者组织等多元主体对城市突发环境事件进行预警、准备、处置的能力。在预防阶段，应急管理能力体现为对突发环境事件的规避能力以及对不可避免的突发事环境件的准备能力。处置阶段中，城市突发环境事件应急管理能力体现为通过一定的投入，降低突发事件造成的损失，控制事态的演变，防止事态进一步扩大而造成恶性环境事件。

在风险社会的背景下，超大城市建设面临的环境风险来源更加多样化、环境风险因素更趋复杂化、破坏程度愈加规模化。超大城市突发环境事件应急管理能力建设不仅体现在对相关法律法规、政策文件、制度条例的执行力上，更将体现在应急管理机构与其他机构的高效沟通、配合与协作上，还将体现在突发环境事件的预防、处理和善后上。

---

① 朱相莉. 略论应急能力研究 [J]. 才智，2014 (31)：372—374.

（二）超大城市突发环境事件应急管理的现状

超大城市作为区域的政治、经济、文化中心，对地区的发展起着十分重要的作用，但其建设完善的过程十分漫长，需要多方力量长期磨合。目前看来，在超大城市突发环境事件应急管理工作中，仍存在以下一些问题，对其能力建设产生了一定的阻碍。

1. 环境管理人才缺乏且相关人员素质不高

突发环境事件应急管理涉及的专业学科众多，且复杂度和综合度较高，对相关管理人员的学习能力有较高的要求。特别是目前，随着卫星遥感技术和人工智能的投入使用，对应急管理人员提出更高的要求，他们不仅需要过硬的专业素质、丰富的知识储备，还需要具备一定的应急事件处理能力。① 而就当下情况而言，我国符合上述要求的人才不足，且比起美国和日本这两个灾害应急管理大国，我国从业人员的专业素质也相对较低。突发环境事件应急管理人员的背景多样，没有形成一个相对成熟的人才培养体系，这种由多背景人员组成的队伍的专业基础与实践经验有所欠缺，在一定程度上也会给超大城市突发环境事件的解决造成阻碍。

2. 环境监测设施较为落后

对于突发环境事件，时刻监测是非常重要的。这必须依靠先进的、具有极高精确度的设备。当下，我国的监测技术与系统设备研发生产还处于发展中的阶段，对突发环境事件的实时监测能力较弱。这为之后的应急工作带来了较大难度。因此，监测技术与系统设备的改良必将是急需重视的问题。

3. 应急防治系统有待完善

有关调查显示，突发环境事件属于我国环境问题的重要组成部分。因此，突发环境事件也是环境部门的重点管理内容。突发环境事件发生概率较高，

---

① 樊晨阳. 突发事件背景下城市应急能力建设研究［J］. 社会科学前沿，2021 (01)：20—26.

且相较于其他突发事件而言,突发环境事件的控制以及应急处理都较为复杂。其防治应该采取预防为主、防治结合和综合治理的原则,各个管理部门之间也需要相互协调,形成一个集管理、监控、监测于一体的完整的控制系统。就实际情况而言,对于突发环境事件等重大环境危害事故,我国的监测体系和防治体系都还存在漏洞,需要及时完善。

另外,超大城市突发环境事件是突然、紧急的,同时需要决策人员在较短时间内迅速将人力、物力、财力从不同的部门紧急调拨在一起。因此,当出现突发环境事件时,快速协调能力就显得十分重要。目前,我国超大城市突发环境事件应急管理的调度建设还不够健全。从组织结构看,上下级政府之间信息沟通较为顺畅,物资流动较为迅速,但是平级部门之间缺乏协调性。

超大城市在突发环境事件应急管理上大多采用垂直模式,但垂直模式在某种程度上抑制了并行部门之间的交流与沟通。一旦出现突发环境事件,应急管理人员需要进行各部门之间的资源调拨,在垂直模式为主的组织结构下,各部门难以协调统一。因此,由一个应急协调的组织对各个部门进行统一管理是十分重要的。从目前情况上看,涉及城际突发环境事件应急救援时,城市与城市之间的合作程度相对较低,因此浪费了更多的处置机会和时间。

4."信息孤岛"现象

这里借用了信息科学领域的"信息孤岛"概念来解释应急工作中出现的信息不共享、缺乏关联互动的现象。这是当今世界各国信息技术发展不平衡背景下的产物。[①] 部分应急人员知识储备并不完善,加之缺乏顺畅的信息通路,便不能正确理解突发环境事件的客观性,更有甚者可能会盲目相信某一信息来源,不能判断信息的真实性。即使现阶段我国政府机关、环保机构已经能够做到信息公开,但由于相关信息的传播力度不够,"信息孤岛"现象也

---

① 张珂,郑宾国,贾晓凤,等. 国内外环境风险防范与应急管理体系发展对策研究 [J]. 环境科学与管理,2017(03):6-9.

时有发生。

另外，分级负责的管理模式在实施过程中涉及各种责任的划分和认定。地方政府有时为规避问题，往往希望上级部门全权负责，同时也存在着瞒报、漏报的现象，最终延误了和有关部门沟通的最佳时机。突发环境事件处置过程涉及多个部门的分工合作，而在实际工作中，各部门之间信息的传递仍存在壁垒。有些部门为了自身利益最大化，不愿将自己的信息进行分享，从而对城市突发环境事件的管理及处置不及时。

5. 应急法律体系不健全

目前，我国的应急法律体系还不够完善，这也是影响我国突发环境事件应急管理的一个重要因素。依法治国是中国共产党领导人民治理国家的基本方略。在突发环境事件应急管理过程也应时刻以法律来规范突发环境事件应急管理的流程，规范政府处置的行为。从现有的应急法律体系来看，现行法律的兼容性、针对性并不强，尤其是当出现突发环境事件时，现有的法律法规难以进行全面有效地指导。因此，需要进一步优化我国的应急法律体系。

6. 社会参与力量不够

《中华人民共和国突发事件应对法》的第六条就明确提出："国家建立有效的社会动员机制，增强全民的公共安全和防范风险的意识，提高全社会的避险救助能力。"从国外城市突发事件的管理经验来看，更多的民众参与到突发事件应急管理之中，对突发事件应急控制具有很重要的作用。目前，我国应急管理的主要实施者仍是政府，社会公众的参与度较低，无论是社会组织还是居民，对突发事件应急管理的认知较少，接受过应急救援培训的更是少数。因此，在突发环境事件应急管理中社会公众过分地依赖政府，忽略了自身的重要辅助作用，从而造成应急管理方式相对单一，这对预防和处置城市突发环境事件是不利的。

（三）超大城市突发环境事件应急管理能力评价体系构建

1. 基于三维动态结构模型的评价体系构建

霍尔的三维结构模型具有系统化、最优化及综合化的特点。因此，笔者将以此为基础，构建超大城市突发环境事件应急管理能力三维动态结构模型（见图2）。首先，应急阶段表示日常应急管理工作的全过程，包括事前预防、事中处置和灾后恢复；其次，应急管理能力表示超大城市突发环境事件应急管理能力构成要素；最后，制约因素表示超大城市突发环境事件应急管理能力的制约要素。这个模型是构建超大城市突发环境事件应急管理能力评价体系的关键所在。

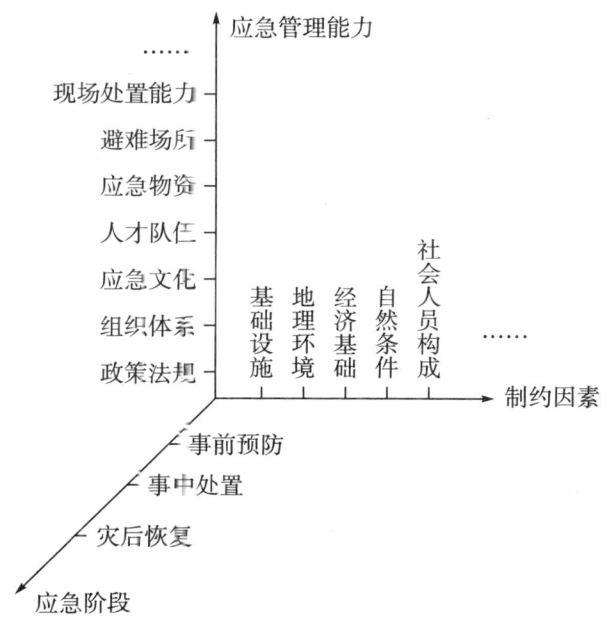

图2　超大城市突发环境事件应急管理能力三维动态模型（作者自绘）

2. 建立超大城市应急管理能力评价指标

应急管理是以系统的思维逻辑，将微观、中观、宏观有机结合起来，综合考虑事前预防、事中处置、灾后恢复的全过程，有效防范风险的叠加效应、联动效应和诱导效应，把事件损失降到最低的管理手段。能否建立一套科学合理的超大城市突发环境事件应急管理能力评价指标体系，不仅是对应急管理各项职能的要求，也关系到综合评价结果的可靠性与客观性。因此，要遵循科学性、代表性、可操作性和系统性的原则，构建超大城市突发环境事件应急管理能力评价指标体系。同时，笔者还参考了危机管理的PPRR理论①与我国事故应急管理四阶段理论，即"预防、响应、准备、恢复"，结合《中华人民共和国突发事件应对法》《中华人民共和国安全生产法》以及我国应急管理部颁布的相关应急预案与规章制度，建立城市应急管理能力评价指标体系（见表1），包括3项一级指标、12项二级指标、31项三级指标。

表1 突发环境事件应急管理能力评价指标体系

一级指标	二级指标	三级指标
应急预防	法制基础	法规完善率
		应急法规执行力度
	组织机构	应急指挥机构建设
		应急处置机构建设
	机制建设	联动机制
		一个口子统筹协调机制
		八大管控机制
	应急人员	专家组配置率
		救援队伍配置率
		医护人员配置率

---

① PPRR理论是危机管理中应用比较广泛的理论，是由预防（prevention）、准备（preparation）、反应（response）和恢复（recovery）四个阶段组成的危机管理通用模式。后来，美国国家安全委员会将PPRR模型修改为缓和（mitigation）、准备（preparation）、反应（response）和恢复（recovery）。

续表1

一级指标	二级指标	三级指标
现场处置	前期处置	危险源辨识完成率
		重点目标危险性分析
	应急指挥	统筹协调完成率
		现场指挥完成率
		总体指挥完成率
	现场救援	灾情控制效率
		医疗救治效率
		基础设施抢险效率
	秩序维护	市场秩序维护效果
		社会治安维护效果
	信息发布	事故上报效率
		事故进展信息发布效率
事后恢复与重建	损失评估	基础设施损失评估完成率
		经济损失评估完成率
		人员伤亡评估完成率
	后期处置	现场清理完成率
		有害因素检测覆盖率
	恢复重建	人均GDP
		区域政策实施力度
		保险服务普及程度
		救济与支援力度

四、超大城市突发环境事件应急管理能力建设提升建议

（一）完善管理制度

强化城市公共安全规划，加强安全避险设施建设；健全城市安全体制机制，建设高品质安全宜居地；健全城市安全风险防控体制机制；健全城市安

全风险防控的组织建设，在总体国家安全观的指导下统合城市应急系统、国防动员系统、军队及武警系统等有生力量，形成城市安全风险防范合力；健全城市安全风险预警机制，加强对城市安全风险评估指标体系的研究，定期对城市致灾因子、脆弱性、安全容量等进行系统性风险评估，制定分区分级分类的安全风险管理预案，提升风险预警能力；建立安全风险目标管理责任制，明确城市各主体单位的安全管理职责，深入推进安全城市、平安街道、平安社区、平安学校等示范建设活动；健全公众参与机制，制订安全奖励计划，动员党员干部、社区志愿者、社会公益组织以及市民广泛参与安全风险防范。环境管理部门要严格按照相关的法律规章制度建立安全的、标准的监管制度，并且要在此基础上加大管理力度，明确管理主体，明确环境应急人员的职责。环境突发事件的应急管理人员必须遵守"环境突发事件应急管理办法"，并建立完整的管理制度。

（二）培养专业人才

建设一支专常兼备、反应灵敏、作风过硬、本领高强的突发环境事件应急管理队伍，是新时期防范化解重大安全风险、及时应对处置各类突发环境事故的关键。每个应急管理人员都应该具备良好的职业道德。管理部门需要对每位工作人员进行严格的训练，极大地提升其突发环境事件的应对能力。尤其需要强调的是，要以丰富的训练方式提升相关人员对应急设备的熟悉程度，让每一位应急管理人员都能熟练运用应急设备，确保发生城市环境突发事件时设备的有效控制使用。

（三）加大监测力度

当下，我国已经建立了四级环境监测站，具有很好的环境源监测能力。随着计算机技术和信息技术的高速发展，检测部门可以充分利用高科技，完善相关的监测系统，实现环境监测的自动化和信息化，提升监测效率，形成一个覆盖面广的监测系统。此外，我国的环境监测部门需要逐渐完善相应的监测标准，充分结合并借鉴发达国家先进的监测技术和经验，全方位提升环境监测标准的精确度。

（四）加快社会资源快速调配

资源协调和配置能力是应对突发环境事件的重要保障。各地政府应协同联动建立"智能边界"，在必要时管得住，在常态化下放得开，能在较短的时间内进行资源有效调配，形成各地良性协同和配合，避免资源浪费。政府对突发环境事件的应急管理过程，本质上是政府主导的以化解危机和维护社会秩序稳定为目标的过程。合理有效配置各项资源是政府应急管理能力的体现。各地政府应提升问题处置的前瞻性，健全本区域应急物资保障体系，以备突发事件下能迅速反应，有效保障公众的生命财产安全，在速度和效率上体现出担当。

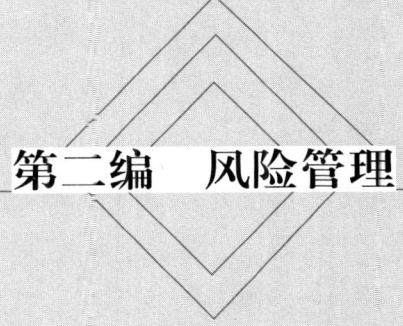

第二编　风险管理

SHEHUI ZHILI
CHUANGXIN FAZHAN BAOGAO（2022）

能源基础设施项目社会稳定风险的生成机理分析

袁 婷①

一、引 言

能源基础设施建设是我国进一步推动社会发展的重要前提。②③ 能源基础设施项目复杂的建设条件和多样化的当地居民利益诉求诱发了许多社会不稳定事件。即使现存专业的风险管理规则,但是能源基础设施仍然由于复杂的风险生成路径降低了项目绩效。④ 因此,厘清能源基础设施项目社会稳定风险生成机理极具必要性。

风险生成机理分析是一个复杂的工程。能源基础设施项目具有有限的资源条件、动态的环境条件、多样化的当地居民利益诉求等特征,其风险生成

---

① 袁婷,西华大学建筑与土木工程学院讲师,博士,研究方向为投资项目风险管理。

② SHAO M, MAY T M, XIE L J. Asian Infrastructure Investment Bank (AIIB)'s sustainable safeguard mechanism on energy projects [J]. Energy Strategy Reviews, 2021 (38): 100711.

③ SHENG K, LI Y, LI J M, et al. A Survey on post-evaluation indicator system for multi-energy infrastructure investments [J]. Ieee Access, 2020 (08): 158875-158882.

④ CONNOR R, HEFFRON R J, KHAN A A, et al. Legal strategies for the mitigation of risk for energy infrastructure projects [J]. Journal of Energy & Natural Resources Law, 2019 (01): 47-66.

机理不能仅仅依靠主观的专家意见进行评估,而应该结合风险源、风险事件、风险结果之间的因果关系展开分析①,否则难以从根源上消除社会稳定风险的负面影响。

为了实现以上研究目的,本研究主要聚焦于解决以下三个问题:能源基础设施项目社会稳定风险变量有哪些?能源基础设施项目社会稳定风险生成机理是什么?能源基础设施项目核心风险变量和关键的社会稳定风险生成路径是什么?本研究的结果不仅能对能源基础设施项目社会稳定风险应对策略设计提供参考,还能够为实现能源基础设施建设的可持续性提供有益启示。

二、 文献综述

能源基础设施项目社会稳定风险变量识别是研究的热点之一。既有研究结论表明,能源基础设施项目社会稳定风险变量包含土地的获得性、土地补偿标准、生态环境脆弱性、公众安全风险等。② 例如,Li 等③指出能源基础设施项目社会稳定风险包含征地拆迁补偿、环境污染、生态破坏、安全威胁、既有建筑结构破坏、当地居民失业率高;He 等④认为能源基础设施项目社会

---

① CONG X H, WANG L, MA L, et al. Exploring critical influencing factors for the site selection failure of waste-to-energy projects in China caused by the "not in my back yard" effect [J]. Engineering Construction and Architectural Management,2021(06):1561-1592.

② PENG S P, SHI G Q, ZHANG R L. Social stability risk assessment:Status, trends and prospects:a case of land acquisition and resettlement in the hydropower sector [J]. Impact Assessment and Project Appraisal,2019(05):1-17.

③ LI W, YUAN J F, JI C, et al. Agent-based simulation model for investigating the evolution of social risk in infrastructure projects in China:A social network perspective [J]. Sustainable Cities and Society,2021(73):103-112.

④ HE Z Q, HUANG D C, ZHANG C Z, et al. Toward a stakeholder perspective on social stability risk of large hydraulic engineering projects in China:A social network analysis [J]. Sustainability,2018(04):1223.

稳定风险因素包含失地居民的拆迁补偿风险、居民阻工风险、当地居民对项目的排斥心理；Liu 等①认为能源基础设施项目社会稳定风险因素包含项目合法性和可行性风险、征用补偿标准差异、拆迁补偿标准差异、拆迁安置风险、施工安全风险、公共安全风险、资金挪用或侵占风险。

能源基础设施项目社会稳定风险机理分析能大幅提高风险管理的可持续性。现有研究开始逐步重视重大项目社会稳定风险机理分析。例如，李菲等②探究了重大铁路项目社会稳定风险的特征，基于多案例分析方法，深度剖析了几起典型的重大铁路项目社会稳定风险事件，利用社会燃烧理论构建了风险演化分析框架，揭示了重大铁路项目社会稳定风险的生成和演化机理，并从政府防范力、公信力、公关力三方面提出了防范措施；冯姗姗③以北沙河河道治理工程为例，全面分析和识别项目建设全过程中存在的社会稳定风险，从社会运行环境、项目立项决策、工程技术、征地安置补偿等 8 个方面进行详细阐述，评估项目社会稳定风险因素影响后果，提出社会稳定风险因素管控措施。

能源基础设施项目社会稳定风险应对策略设计方法一直具有较强的主观性。许多决策者依靠直觉、感知、主观判断、个人经验进行能源基础设施项目社会稳定风险应对策略设计，往往导致风险策略难以落地、存在较大的不一致性和模糊性。例如，Luo④利用问卷调查法发现能源基础设施项目社会稳定风险应对策略包含提升征地拆迁补偿的科学性和合理性、加速拆迁和居民

---

① Liu Z Z, Zhu Z W, WANG H J, et al. Handling social risks in government-driven mega project: An empirical case study from West China [J]. International Journal of Project Management, 2016 (02), 202-218.

② 李菲, 霍明珠. 重大铁路项目社会稳定风险演化机理探析：基于社会燃烧理论 [J]. 重庆交通大学学报（社会科学版），2022 (03): 25-32.

③ 冯姗姗. 北沙河河道治理工程社会稳定风险因素分析研究 [J]. 水利技术监督，2022 (01): 98-99, 114.

④ LUO M. Establishment of social stability risks evaluation model based on GAHP and IVHFSs [J]. Journal of Intelligent & Fuzzy Systems, 2021 (01): 917-928.

的安置、严格利用项目经验执行环境保护策略；Li 等[1]针对关键的能源基础设施项目社会稳定风险变量定性设计出如下风险策略，即严格设计征地补偿标准、加强与当地居民的交流、强化教育、及时移除矛盾等。此类能源基础设施项目社会稳定风险应对策略具有较强的主观性、模糊性，可操作性较弱，执行难度较大。

能源基础设施项目社会稳定风险事件仍然较多。虽然之前的研究已经建立了能源基础设施项目社会稳定风险清单和应对策略，但是没有考量到风险变量之间的因果关系。少有研究考量到风险生成路径对风险应对策略设计的重要性，认为风险之间仍然传递着风险能量，被消除的风险在一定的条件下仍然会再次产生，难以从源头上阻止风险的发生。因此，挖掘核心风险变量和探究风险生成路径，有助于管理者从源头上消除风险源，中断风险生成路径。这是能源基础设施项目社会稳定风险的研究空白点。本研究认为只有决策者在考虑到风险生成机理后设计出的风险应对策略，才能从一定程度上提升能源基础设施项目社会稳定风险应对效率。因此，本研究的主要目的是以整体风险网络和个体风险网络为抓手剖析核心风险变量和关键风险生成路径，为风险应对策略设计提供决策参考。

本研究还包含以下内容：第三部分是研究方法；第四部分阐述数据收集和数据分析途径；第五部分展示研究结果；第六部分是研究结论；第七部分是本研究的局限和展望。

三、 研究方法

为剖析能源基础设施项目社会稳定风险生成机理，本研究设计的研究框

---

[1] Li C, XI Z. Social stability risk assessment of land expropriation：Lessons from the Chinese case [J]. International Journal of Environmental Research and Public Health，2019 (20)：3952.

架如图 1 所示。本研究包含了以下几个研究步骤：利用文本分析法识别社会稳定风险变量；利用事故树分析法探究风险变量的因果关系，并构建邻接矩阵和风险网络；利用社会网络分析法剖析整体风险网络和个体风险网络，识别核心风险变量，挖掘关键的风险生成路径。

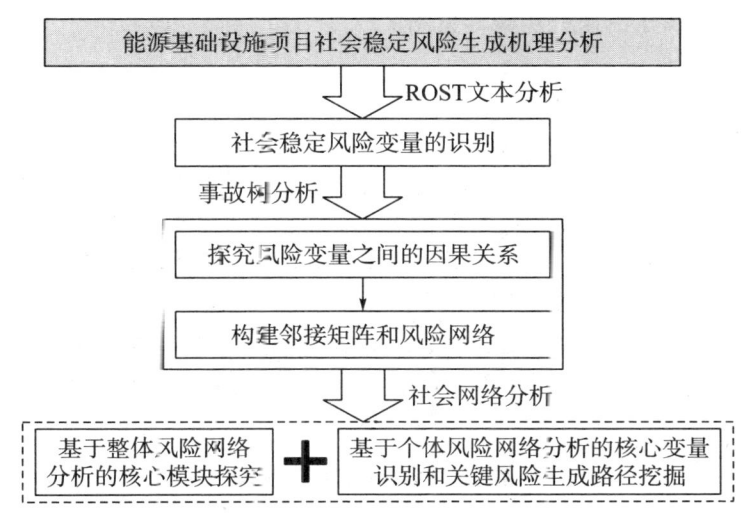

图 1　研究框架

（一）社会稳定风险变量的识别方法

本研究利用文本分析法识别了能源基础设施项目社会稳定风险变量。文本分析法起源于信息产业并被广泛应用于新闻和城市管理等行业。① 文本分析法最常用的分析工具是 ROST CM 6.0 软件（ROST content－mining system version 6.0）。现有的社会稳定风险变量识别方法主要是具有主观定性特征的问卷调研法和专家访谈法。基于社会稳定风险的复杂性、多变性特征，能源基础设施项目社会稳定风险变量识别亟须一种智能化的、客观的分析工具。ROST CM 6.0 的优势在于能够直接满足分词、合并同义词、删除无意义的

---

① YUAN T, XIANG F C, LI H, et al. Identification of the main risks for international rail construction projects based on the effects of cost－estimating risks [J]. Journal of Cleaner Production, 2020 (274): 122904.

词,并在线搜索文献和报告中的关键词等需求。① ROST CM 6.0 的另一个优点在于它可以通过客观和定性的数据获取评估信息,降低研究结果的主观性。因此,本研究将利用 ROST CM 6.0 展开文本分析,并且通过 ROST CM 6.0 分析文献、政府文本、典型项目以识别社会稳定风险变量。基于 ROST CM 6.0 的文本分析法的研究步骤详见图2。

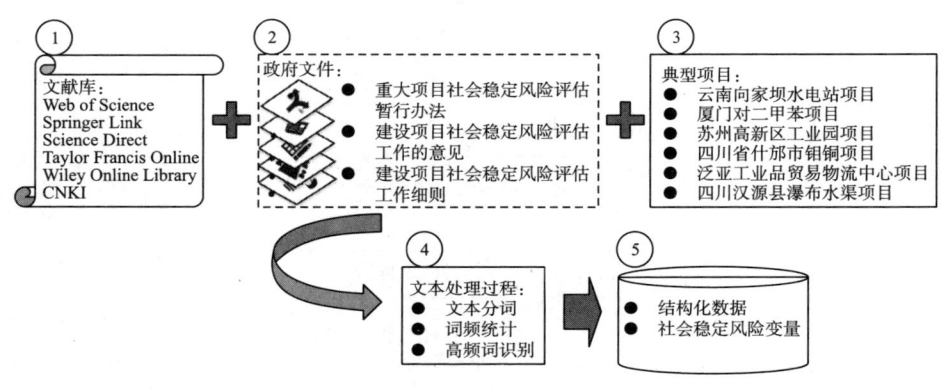

图2 文本分析法研究步骤

（二）风险网络的构建方法

为了构建能源基础设施项目的社会稳定风险网络,本研究将完成以下三个步骤：探究社会稳定风险变量的因果关系、构建邻接矩阵、构建风险网络。

首先,本研究利用事故树分析方法分析能源基础设施项目社会稳定风险变量的因果关系。事故树分析起源于安全工程领域并且被广泛应用于航空航天、核工程和化学工程等领域。② 事故树分析是使用逻辑推理去识别系统中的

---

① TING Y, ZHANG J, XIANG Y, et al. Exploring the temporal and spatial evolution laws of county green land-use efficiency: Evidence from 11 counties in Sichuan Province [J]. Buildings, 2022 (06): 816.

② LIU M K, DONG X X, GUO H. Risk assessment of ice dams for water diversion projects based on fuzzy fault trees [J]. Applied Water Science, 2021 (02).

风险,不仅能够找到事故的直接原因,还可以梳理出事故的内部生成机理。①能源基础设施项目社会稳定风险变量之间具有多元关系,风险源、个体风险事件、群体风险事件和风险结果之间具有多条生成路径。因此,事故树分析被用于能源基础设施项目社会稳定风险分析具有一定的合理性。事故树分析的具体思路见图 3。

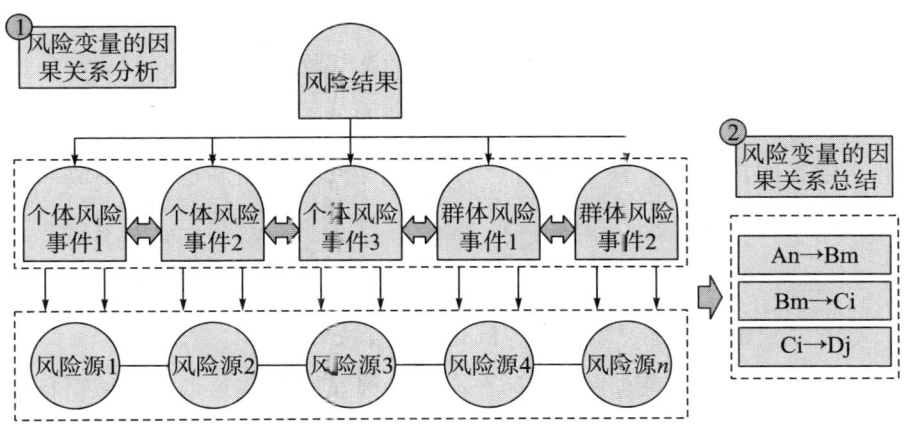

图 3　能源基础设施项目社会稳定风险的事故树分析思路

其次,本研究利用构建邻接矩阵的方式将变量间定性的因果关系转换为定量的数据。在此过程中,如果变量对应的那一栏会影响变量对应的那一列,邻接矩阵的元素赋值为 1,否则赋值为 0。②

最后,本研究将利用已构建的邻接矩阵构建能源基础设施项目社会稳定风险网络。根据社会稳定风险的邻接矩阵,每一个社会稳定风险变量都将被视为一个点,风险变量之间的连接被视为一条边。如果两个风险变量之间存

---

① KRECHOWICZ M. Comprehensive risk management in horizontal directional drilling projects [J]. Journal of Construction Engineering and Management,2020 (05).
② LIN J,HUANG W H,QIAN Y J,et al. Scheduling interrelated activities using insertion-based heuristics [J]. Ieee Transactions on Engineering Management,2018 (01):113-127.

在相互关系，风险变量之间的连接线将组成社会稳定风险网络中的一部分。①因此，本研究将通过以上步骤构建能源基础设施项目社会稳定风险网络。

（三）挖掘核心风险变量和关键风险生成路径的方法

本研究利用社会网络分析法去探究能源基础设施项目社会稳定风险的核心风险变量和关键风险生成路径。社会网络分析法起源于社会学并且已经被广泛应用于国际贸易和城市管理领域。②社会网络分析法涉及整体风险网络分析和个体风险网络分析。社会网络分析法的优势在于它不仅能够表征整体风险网络的结构特征，而且能够通过个体风险网络反映核心风险变量和关键风险生成路径的具体位置。③本研究将通过以下公式展开能源基础设施项目的社会稳定风险网络分析。

1. 挖掘核心风险变量

（1）基于整体风险网络分析的核心风险模块的识别

本研究通过社会网络分析中的核心风险模块展开能源基础设施项目社会稳定风险网络分析。风险模块将风险网络分为几个小模块，其中核心风险模块会大幅度影响风险事件。核心风险模块的研究步骤如下：

首先，对于整体风险网络密度的计算，本研究利用公式（1）展开具体研究。

---

① ULLAH I, TANG D B, YIN L L, et al. Cost－effective propagation paths for multiple change requirements in the product design [J]. Proceedings of the Institution of Mechanical Engineers Part C: Journal of Mechanical Engineering Science, 2018 (09): 1572－1585.

② YUAN J F, CHEN K W, LI W, et al. Social network analysis for social risks of construction projects in high－density urban areas in China [J]. Journal of Cleaner Production, 2018 (198): 940－961.

③ WANG L, SUN T, QIAN C, et al. Applying social network analysis to genetic algorithm in optimizing project risk response decisions [J]. Information Sciences, 2020 (C): 1024－1042.

$$D = \frac{K}{n \times (n-1)} \tag{1}$$

在公式（1）中，K 代表风险网络中风险变量之间相互关系的总和，n 代表风险网络中风险变量的个数。

其次，为了划分风险网络中的风险模块，本研究利用 Ucinet 6.0 计算每一个风险模块的风险网络密度。此外，本研究将每个风险模块的风险网络密度与整体风险网络密度比较以构建镜像矩阵。当风险模块的网络密度大于整体风险网络密度时，本研究将风险模块的网络密度数值替换为 1，它代表风险模块之间存在相互关系。当风险模块的风险网络密度小于整体风险网络密度时，本研究将风险模块的网络密度值替换为 0，它代表风险模块之间不存在相互关系。根据社会网络风险分析的计算规则，以下两个规则将用于判断核心风险模块：①两个风险模块之间既有发出关系又有接受关系，且内部关系紧密；②两个风险模块之间既有发出关系又有接受关系，内部关系不紧密，但是风险变量具有较多的风险传递关系。

（2）基于个体风险网络分析的核心风险变量的识别

每一个风险模块被视为一个个体风险网络。个体风险网络主要被用于分析单个风险变量的重要性。本研究将利用公式（2）中的点的中间中心度展开个体风险网络分析，将选取前 20% 的点的中间中心度对应的风险变量展开研究。

$$C_i = \sum_j^n \sum_k^n b_{jk}(i), j \neq k \neq i, j < k \tag{2}$$

在公式（2）中，$b_{jk}(i)$ 代表点 i、控制点 j 和点 k 互动作用的能力。点 j 和点 k 的路径数量用 g_{jk} 表示，经过点 i 的点 j 和点 k 的路径数量用 $g_{jk}(i)$ 表示，即 $b_{jk}(i) = g_{jk}(i)/g_{jk}$。

此外，为了识别核心风险变量，本研究利用以下规则展开研究。如果该变量在整体风险网络的核心风险模块中，且该变量的点的中间中心度排名在前20%，本研究便将它们视为核心风险变量；否则，便不是核心风险变量。具体的核心风险变量识别流程见图4。

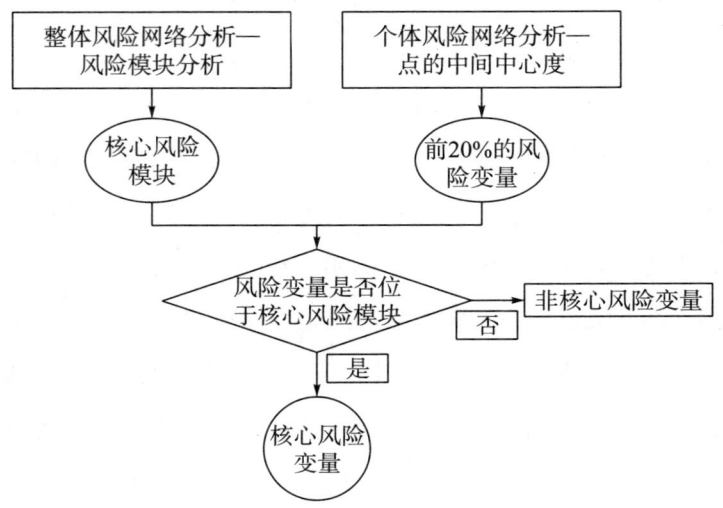

图4 核心风险变量的识别流程

2. 关键的风险生成路径分析方法

本研究主要通过线的中间中心度展开风险生成路径分析。风险网络中线的中间中心度越大，该路径对风险事件的影响程度越大，管理者应该及时控制它的影响。本研究将选择排名前20%的线的中间中心度对应的风险生成路径作为关键的风险生成路径。本研究将利用社会网络分析中的公式（3）展开研究。

$$C_{p \to q} = \sum_{j}^{n} \sum_{k}^{n} b_{jk}(p \to q), j \neq p \neq q \neq k, j < k \qquad (3)$$

在公式（3）中，$b_{jk}(p \to q)$ 代表风险生成路径 $p \to q$ 控制点 j 和 k 互动关系的能力。点 j 和点 k 的路径数可以用 g_{jk} 表示，经过风险生成路径 $p \to q$ 的点 j 和点 k 的路径数可以用 $g_{jk}(p \to q)$ 表示，即 $b_{jk}(p \to q) = g_{jk}(p \to q)/g_{jk}$。

四、数据收集和数据分析

（一）数据收集

在能源基础设施项目社会稳定风险识别的过程中，存在如下三种数据来源：文献库、政府文本和典型项目。这些文本数据将会被统一转化为 TXT 文本。

本研究收集了 277 篇与能源基础设施项目社会稳定风险相关的文献，具体的文献来源如下：

• The Chinese Social Sciences Citation Index and the Chinese Science Citation Data－base journal articles in China National Knowledge Infrastructure（CNKI）；

• Science Citation Index Expanded and Social Sciences Citation Index journal articles in Web of Science Core Collection；

• SpringerLink，ScienceDirect，Taylor & Francis Online，and Wiley Online Library。

政府文本主要来源于中华人民共和国国家发展和改革委员会、中华人民共和国水利部等的官方网站公布的 32 个省份的《省发改委审批、核准重大固定资产投资项目社会稳定风险评估暂行办法》、《社会稳定风险评估实施办法》、《关于加强重大固定资产投资项目社会稳定风险评估工作的意见》、重大工程的可研报告批复文件等。

典型项目来源如下：云南向家坝水电站项目、厦门对二甲苯项目、苏州高新区工业园项目、四川省什邡市钼铜项目、泛亚工业品贸易物流中心项目、四川汉源县瀑布水渠项目。

在探索能源基础设施项目社会稳定风险生成路径的过程中，本研究将基于已经收集到的 TXT 文本和典型项目文本展开研究。首先，本研究提炼了

TXT 文本和典型项目中的风险源、风险事件和风险结果，并且记录下每一条风险生成路径。其次，本研究将相同的风险生成路径进行合并，移除不相关的风险生成路径。

在能源基础设施项目社会稳定风险网络构建过程中，邻接矩阵数据来源于风险生成路径。如果风险变量之间存在相互关系，邻接矩阵变量数值赋值为 1；否则，赋值为 0。

能源基础设施项目社会稳定风险网络分析数据来源于邻接矩阵。

（二）数据分析工具

首先，为了识别能源基础设施项目社会稳定风险变量，本研究利用 ROST CM 6.0 软件分析了 TXT 文本中的关键文献、政府文本和典型项目信息。该过程分为两个步骤：识别 ROST CM 6.0 软件中风险变量出现频次最高的风险变量；根据属性相似性原则将这些风险变量进行分类。

其次，本研究根据风险生成路径中的风险源、风险事件、风险结果，计算风险生成路径出现的频次。

再者，本研究利用 University of California at Irvine NETwork 软件（UCINET 6.0）构建能源基础设施项目社会稳定风险网络。

最后，本研究利用 UCINET 6.0 展开能源基础设施项目社会稳定风险的整体网络分析和个体网络分析。

五、研究结果

（一）能源基础设施项目社会稳定风险变量

本研究识别了能源基础设施项目社会稳定风险变量，主要涉及风险源、风险事件、风险结果。ROST CM 6.0 软件识别了 238 条社会稳定风险记录，其中包含了 63 个高频词汇，高频词汇中 40 条记录的频率大于 60%。依据少数服从多数的原则，本研究认为频率超过 60% 的词汇常常出现在相关文本中，能够测度能源基础设施项目社会稳定风险。因此，本研究将这 40 条记录包含的高频词汇视作能源基础设施项目社会稳定风险变量，这些变量可以分为 31 项风险源、3 项个体风险事件、5 项群体风险事件和 1 项风险结果。详细的能源基础设施项目社会稳定风险变量见表 1。表 1 中的结果与现实状况高度一致。例如，四川汉源县瀑布沟水渠项目便满足以下的风险生成路径：较低的拆迁补偿标准（风险源）→ 村民集体请愿（个体风险事件）→ 当地居民与政府相关人员的暴力冲突（群体风险事件）→当地社会不稳定（风险结果）。

表 1 能源基础设施项目社会稳定风险变量

风险源 A	A1	不完善的法律体系	62.41%
	A2	不合理的项目审批过程	60.59%
	A3	不满足市场准入标准的项目	63.22%
	A4	土地获取难度大	70.81%
	A5	同一地区不均衡的补偿机制	72.55%
	A6	不满足公众的长期利益需求	71.34%
	A7	不同地区不均衡的补偿机制	75.48%
	A8	较高的失业率	60.32%
	A9	项目信息不透明	72.14%
	A10	不合理的拆迁方案	69.54%
	A11	不成熟的项目执行时间	75.23%
	A12	不合理的土地使用计划	68.31%
	A13	政策连续性较差	66.52%
	A14	不成熟的当地经济	71.14%
	A15	不合理的项目执行计划	75.38%
	A16	不合理的项目融资计划	80.21%
	A17	不完善的配套基础设施	81.54%
	A18	人力资源和材料资源的紧缺	62.28%
	A19	当地居民对项目的排斥效应	80.16%
	A20	较大的项目安全隐患	82.36%
	A21	风险预警方案的缺失	75.44%

续表1

风险源 A	A22	不充足的舆论引导	76.39%
	A23	项目威胁国家安全	78.42%
	A24	对当地文化的破坏性	68.21%
	A25	多样的宗教信仰	66.53%
	A26	土壤流失严重	70.08%
	A27	较大的噪音、辐射和灰尘影响	66.31%
	A28	失地人口激增	74.33%
	A29	项目带来的邻里纠纷	80.29%
	A30	项目导致的交通拥堵	87.44%
	A31	较差的当地治安	65.53%
个体风险事件 B	B1	小规模的公众请愿	80.21%
	B2	小规模的公众冲突	79.41%
	B3	小规模的公众阻工	82.33%
群体风险事件 C	C1	大规模的公众请愿	86.76%
	C2	大规模的公众阻工	75.41%
	C3	公众集会、游行、示威	79.68%
	C4	人为的交通阻塞	80.21%
	C5	争端和重大冲突	76.48%
风险结果 D		社会不稳定	

（二）能源基础设施项目社会稳定风险网络

1. 社会稳定风险变量的邻接矩阵

本研究利用邻接矩阵展示了能源基础设施项目社会稳定风险变量之间复杂的关系。社会稳定风险网络中有371项因果关系，并构成了成百上千条风险生成路径。例如，A1→A2→B1→C3→D，即不完善的法律法规导致了项目审批过程的不合理，致使小规模的公众请愿，如果当地政府未能及时处理此类风险事件，将进一步激发公众集会、游行、示威，最终导致社会不稳定。邻接矩阵的详细结果见表2。

表 2-1 社会稳定风险变量的邻接矩阵（A1－A20）

	A1	A2	A3	A4	A5	A6	A7	A8	A9	A10	A11	A12	A13	A14	A15	A16	A17	A18	A19	A20
A1	0	1	1	0	0	0	0	0	0	1	0	0	0	0	1	1	1	0	1	0
A2	0	0	1	1	0	1	0	0	0	1	0	0	0	1	1	1	1	0	1	0
A3	1	1	0	1	0	0	1	0	0	0	1	0	0	1	1	0	0	1	1	0
A4	0	0	0	0	0	1	0	1	0	0	0	0	0	1	1	1	1	1	1	0
A5	0	0	0	0	0	1	0	1	0	0	0	0	0	0	0	0	0	0	0	0
A6	0	1	1	1	0	0	0	1	1	1	0	0	0	0	1	1	1	0	0	0
A7	1	0	0	1	1	1	0	1	1	1	0	0	0	1	1	0	1	1	1	0
A8	0	0	0	1	0	0	0	0	0	0	0	0	0	1	0	1	0	0	1	0
A9	1	1	1	1	1	1	0	0	0	1	1	1	0	1	1	1	0	1	1	0
A10	0	0	0	1	1	1	1	1	1	0	0	0	0	0	1	1	1	0	1	1
A11	0	0	1	0	0	1	0	1	0	0	0	1	0	1	1	0	1	1	1	0
A12	0	1	0	0	0	0	0	0	0	1	0	0	0	0	0	0	0	0	0	0
A13	1	0	0	0	0	1	0	0	0	0	0	0	0	0	1	0	0	1	0	0
A14	0	1	0	0	0	1	0	1	1	0	1	0	0	0	0	1	0	1	1	1
A15	0	0	0	0	0	0	0	0	0	1	0	0	0	0	0	1	1	0	0	0
A16	1	1	0	1	1	1	0	1	0	1	0	0	0	0	1	0	1	1	1	0
A17	0	0	0	0	0	1	1	1	0	1	0	0	0	0	1	1	0	1	0	0
A18	0	0	0	0	0	1	0	1	0	1	1	0	0	1	1	1	1	0	1	0
A19	0	1	1	0	1	0	0	1	0	0	1	1	0	1	1	0	0	0	0	1
A20	0	0	0	0	0	0	0	0	0	0	0	0	0	0	0	0	0	0	1	0
A21	1	0	0	0	0	0	0	0	0	0	0	0	0	0	0	0	0	0	0	0
A22	0	0	0	0	0	1	0	0	1	0	1	0	0	0	0	0	0	0	0	0
A23	0	0	0	0	0	0	0	0	0	0	0	0	0	0	0	0	0	0	0	0
A24	0	1	0	0	0	0	0	0	0	0	0	0	0	1	0	0	0	1	0	0
A25	1	0	0	0	0	0	0	1	0	0	0	0	0	0	1	1	1	0	1	0
A26	1	1	0	1	0	1	0	1	0	0	0	0	0	0	1	1	1	1	0	0
A27	0	0	0	0	0	1	1	1	0	0	0	0	0	0	1	1	1	0	1	0
A28	1	1	1	0	0	0	1	0	0	1	0	0	1	0	1	0	1	0	0	0
A29	0	1	0	0	1	0	0	1	0	1	0	0	0	1	0	0	0	1	0	0

续表2－1

	A1	A2	A3	A4	A5	A6	A7	A8	A9	A10	A11	A12	A13	A14	A15	A16	A17	A18	A19	A20
A30	0	1	0	0	0	0	1	0	1	0	0	0	0	1	0	1	0	1	0	0
A31	0	0	0	0	0	0	0	0	0	0	0	0	0	0	0	0	0	0	0	1
B1	0	0	0	0	0	0	0	0	0	0	0	0	0	0	0	0	0	0	0	0
B2	0	0	0	0	0	0	0	0	0	0	0	0	0	0	0	0	0	0	0	0
B3	0	0	0	0	0	0	0	0	0	0	0	0	0	0	0	0	0	0	0	0
C1	0	0	0	0	0	0	0	0	0	0	0	0	0	0	0	0	0	0	0	0
C2	0	0	0	0	0	0	0	0	0	0	0	0	0	0	0	0	0	0	0	0
C3	0	0	0	0	0	0	0	0	0	0	0	0	0	0	0	0	0	0	0	0
C4	0	0	0	0	0	0	0	0	0	0	0	0	0	0	0	0	0	0	0	0
C5	0	0	0	0	0	0	0	0	0	0	0	0	0	0	0	0	0	0	0	0
D	0	0	0	0	0	0	0	0	0	0	0	0	0	0	0	0	0	0	0	0

表2－2 社会稳定风险变量的邻接矩阵（A21－D）

	A21	A22	A23	A24	A25	A26	A27	A28	A29	A30	A31	B1	B2	B3	C1	C2	C3	C4	C5	D
A1	0	0	0	1	0	1	0	0	0	0	0	1	1	1	0	0	0	0	0	0
A2	0	0	0	1	0	1	1	1	0	1	0	1	0	1	0	0	0	0	0	0
A3	0	0	0	1	1	1	0	0	1	0	0	1	0	1	0	0	0	0	0	0
A4	0	0	0	0	1	0	1	1	1	0	0	1	1	1	0	0	0	0	0	0
A5	0	0	0	0	0	0	0	0	0	0	0	0	0	0	0	0	0	0	0	0
A6	0	0	0	0	0	0	0	1	1	0	1	1	2	1	0	0	0	0	0	0
A7	0	0	0	0	0	0	1	1	0	0	0	1	0	0	0	0	0	0	0	0
A8	0	0	0	0	0	0	1	0	1	0	1	0	1	1	1	0	0	0	0	0
A9	0	1	0	1	0	0	0	0	0	1	0	0	0	1	0	0	0	0	0	0
A10	0	0	0	0	0	1	1	0	1	0	1	1	1	0	0	0	0	0	0	0
A11	0	0	0	0	0	0	0	0	0	0	1	0	1	0	0	0	0	0	0	0
A12	0	0	0	1	0	1	0	0	0	0	0	0	0	0	0	0	0	0	0	0
A13	0	0	0	0	0	0	0	0	0	0	1	0	0	0	0	0	0	0	0	0
A14	0	0	0	0	0	0	0	0	0	1	1	1	0	0	0	0	0	0	0	0
A15	0	0	0	0	1	1	1	0	0	1	1	1	0	0	0	0	0	0	0	0

续表2-2

	A21	A22	A23	A24	A25	A26	A27	A28	A29	A30	A31	B1	B2	B3	C1	C2	C3	C4	C5	D
A16	0	0	0	0	0	0	0	0	1	0	1	1	1	1	0	0	0	0	0	0
A17	0	0	0	0	1	1	1	1	0	1	0	1	1	1	0	0	0	0	0	0
A18	0	1	1	0	0	1	1	0	1	0	1	1	1	1	0	0	0	0	0	0
A19	0	0	0	1	1	0	0	0	1	0	1	1	1	1	0	0	0	0	0	0
A20	0	0	1	0	0	0	0	0	0	0	0	0	0	1	0	0	0	0	0	0
A21	0	0	0	0	0	0	0	0	0	0	1	0	1	1	0	0	0	0	0	0
A22	0	0	0	0	0	0	0	0	0	0	0	0	0	1	0	0	0	0	0	0
A23	0	0	0	1	0	0	0	0	0	0	0	1	0	0	0	0	0	0	0	0
A24	0	0	0	0	1	0	1	0	1	1	0	1	0	1	0	0	0	0	0	0
A25	0	0	0	0	0	0	0	1	1	0	1	0	1	0	0	0	0	0	0	0
A26	0	0	0	1	0	0	0	0	1	1	0	1	1	1	0	0	0	0	0	0
A27	0	0	0	1	0	1	0	1	0	0	1	0	1	0	0	0	0	0	0	0
A28	0	0	0	1	1	0	0	0	0	0	0	1	1	0	0	0	0	0	0	0
A29	0	0	0	1	0	1	0	0	0	0	0	1	1	1	0	0	0	0	0	0
A30	1	0	0	0	1	0	1	1	1	0	1	1	0	0	0	0	0	0	0	0
A31	0	0	1	0	0	0	1	0	0	0	0	1	0	1	0	0	0	0	0	0
B1	0	0	0	0	0	0	0	0	0	0	0	0	0	0	1	0	1	1	0	0
B2	0	0	0	0	0	0	0	0	0	0	0	0	0	0	1	0	0	1	1	0
B3	0	0	0	0	0	0	0	0	0	0	0	0	0	0	1	1	1	1	1	0
C1	0	0	0	0	0	0	0	0	0	0	0	0	0	0	0	0	0	0	0	1
C2	0	0	0	0	0	0	0	0	0	0	0	0	0	0	0	0	0	0	0	1
C3	0	0	0	0	0	0	0	0	0	0	0	0	0	0	0	0	0	0	0	1
C4	0	0	0	0	0	0	0	0	0	0	0	0	0	0	0	0	0	0	0	1
C5	0	0	0	0	0	0	0	0	0	0	0	0	0	0	0	0	0	0	0	1
D	0	0	0	0	0	0	0	0	0	0	0	0	0	0	0	0	0	0	0	0

2. 社会稳定风险网络

本研究已经构建了能源基础设施项目社会稳定风险网络，具体如图5所示。该风险网络中社会稳定风险变量不仅能够相互影响，而且能够通过中间的风险变量传递风险效应。图5显示A8、A16、A19、A30、A4、A6、A15有复杂的因果关系，它们在风险效应的传递中起着重要作用。

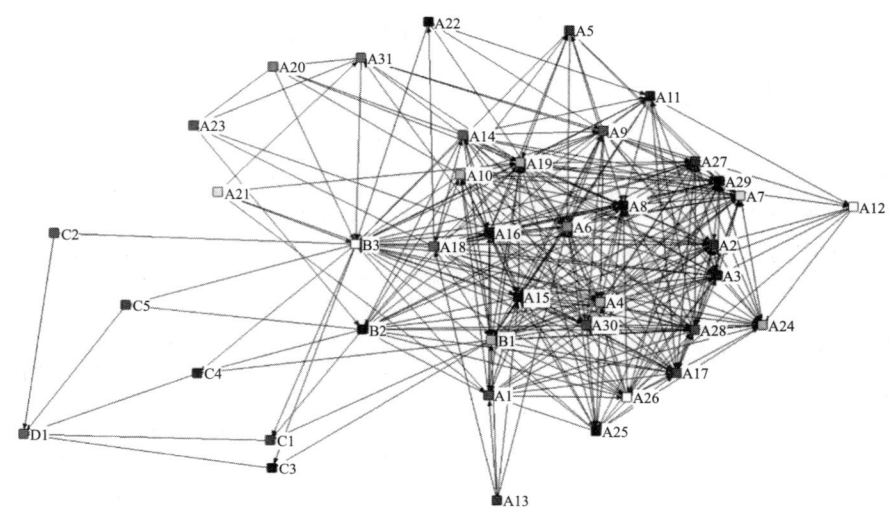

图5 能源基础设施项目社会稳定风险网络

（三）整体风险网络中的核心风险模块

根据UCINET 6.0软件分析，整体风险网络包含了7个风险模块，具体如图6所示。详细的风险模块矩阵详见表3。风险模块1包含A1、A2、A3、A7、A9、A11、A13、A18、A24、A25、A26。风险模块2包含A5、A12、A14、A19、A20、A21、A22、A31。风险模块3包含A4、A6、A10、A15、A16、A17、A27、A28、A29、A30。风险模块4包含B1、B2、B3、A8。风险模块5包含A23、D。风险模块6包含C1、C3、C4、C5。风险模块7包含C2。

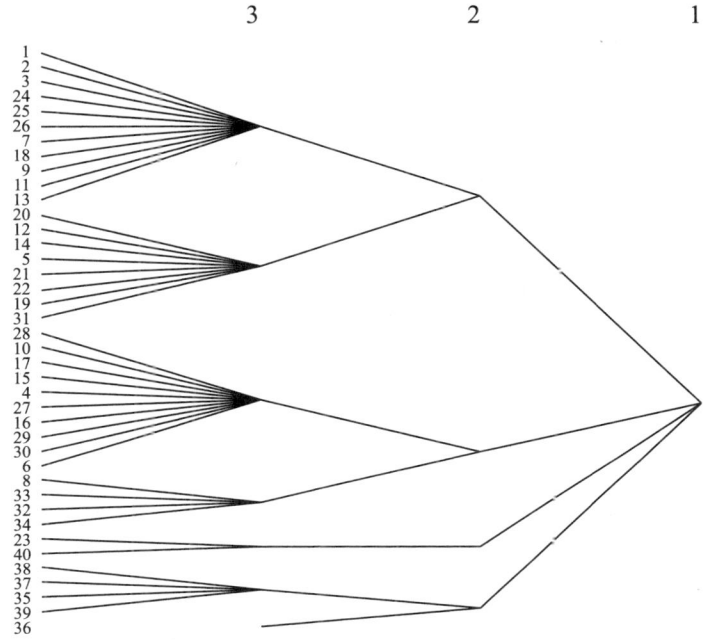

图 6　整体风险网络中风险模块分布

表 3　社会稳定风险网络中风险模块矩阵

风险模块	风险变量
1	A1、A2、A3、A7、A9、A11、A13、A18、A24、A25、A26
2	A5、A12、A14、A19、A20、A21、A22、A31
3	A4、A6、A10、A15、A16、A17、A27、A28、A29、A30
4	B1、B2、B3、A8
5	A23、D
6	C1、C3、C4、C5
7	C2

能源基础设施项目社会稳定风险的整体网络密度是 0.237 8。如表 4 所示，风险网络中排名前 3 的网络密度对应的风险模块已经用灰色表示。表 4 中最大的风险网络密度模块是模块 3→模块 4，第二大的风险网络密度模块是模块 1→模块 4，第三大的风险网络密度模块是模块 4→模块 6。

表 4　风险网络模块的密度矩阵

	模块1	模块2	模块3	模块4	模块5	模块6	模块7
模块1	0.327	0.250	0.545	0.636	0.045	0.000	0.000
模块2	0.193	0.232	0.112	0.469	0.125	0.000	0.000
模块3	0.336	0.200	0.611	0.850	0.000	0.000	
模块4	0.000	0.063	0.075	0.250	0.000	0.625	0.250
模块5	0.045	0.000	0.000	0.125	0.000	0.000	0.000
模块6	0.000	0.000	0.000	0.000	0.500	0.000	0.000
模块7	0.000	0.000	0.000	0.000	0.500	0.000	0.000

本研究将表4中大于0.2378的网络密度替换为1，将小于0.2378的网络密度替换为0，可以得出各模块的镜像矩阵，详见表5。

表 5　风险网络模块的镜像矩阵

风险模块	1	2	3	4	5	6	7	发出关系	和自身关系
1	1	1	1	1	0	0	0	3	1
2	0	0	0	1	0	0	0	1	0
3	1	0	1	1	0	0	0	2	1
4	0	0	0	1	0	1	1	2	1
5	0	0	0	0	0	0	0	0	0
6	0	0	0	0	1	0	0	1	0
7	0	0	0	0	1	0	0	1	0
接受关系	1	1	1	3	2	1	1	—	—
和自身关系	1	0	1	1	0	0	0	—	—

根据Burt对位置的划分理论，从表5可以得出如下结论：模块5处于孤立位置，并且模块5只有接受关系；模块1、模块3、模块4处于首属人位置，既存在发出关系，又存在接受关系，且内部联系紧密；模块2、模块6、模块7处于经纪人位置，不仅存在发出关系，也存在接受关系，且内部联系不紧密。居于网络核心位置的节点不仅存在接受关系，也存在发出关系，因此，

首属人位置和经纪人位置的模块极有可能处于核心位置。然而，尽管模块 6 和模块 7 是处于经纪人位置，但是模块 6 和模块 7 都只存在一种接受关系。模块 6 和模块 7 接受关系的发出者是模块 5，然而，模块 5 只有一种接受关系没有发出关系，因此，风险效应不会传递下去。基于以上研究结果，本研究认为只有模块 1、模块 2、模块 3、模块 4 处于风险网络的核心位置。

（四）个体风险网络中核心风险变量和关键风险生成路径

1. 核心风险变量的结果

根据 UCINET 6.0 的分析结果，排名前 8 的点的中间中心度对应的风险变量包含 A19、B3、A6、A13、B1、A30、A15、A24。在表 6 中，点的中间中心度越大，该变量越重要。

表 6 点的中间中心度排名前 8 的风险变量

排名	风险变量	点的中间中心度
1	A19	119.570
2	B3	103.409
3	A6	54.585
4	A18	53.703
5	B1	51.458
6	A30	47.459
7	A15	46.673
8	A24	45.632

本研究根据核心风险模块和排名前 8 的风险变量挖掘了能源基础设施项目社会稳定风险的核心变量。根据图 7，整体风险网络中核心风险模块包含模块 1、模块 2、模块 3、模块 4。个体风险网络中，排名前 8 的风险变量包含 A19、B3、A6、A18、B1、A30、A15、A24。由于排名前 8 的风险变量都位于核心风险模块中，本研究认为排名前 8 的风险变量都是能源基础设施项目社会稳定风险的核心变量，即核心风险变量包含 A19、B3、A6、A18、B1、

A30、A15、A24。

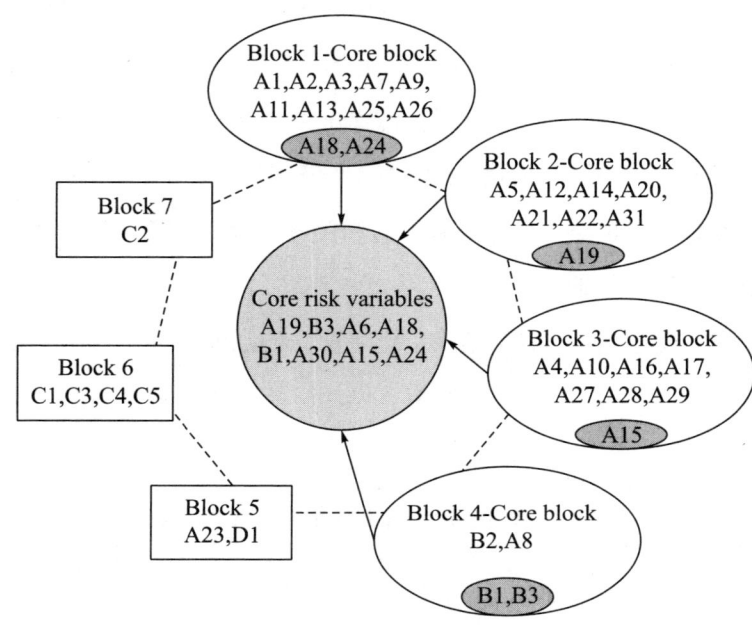

图 7　核心风险变量的识别

2. 关键风险生成路径的结果

基于 UCINET 6.0 中线的中间中心度计算结果，风险网络中有 371 项线的中间中心度数值大于 0，排名前 20% 的线的中间中心度对应的风险变量关系被认为是关键的风险生成路径。本研究已经选择了前 75 项风险变量关系作为能源基础设施项目社会稳定风险的关键关系，详见表 7。

表 7　风险网络中关键风险生成路径

排名	路径	线的中间中心度	排名	路径	线的中间中心度	排名	路径	线的中间中心度
1	A23→A24	35.589	26	A3→A19	12.646	51	A3→A6	8.655
2	B3→C2	35.075	27	A5→A6	12.433	52	A11→A18	8.625
3	A30→B1	30.837	28	A20→A11	12.371	53	A13→A6	8.590
4	A20→A19	30.518	29	A21→C1	12.249	54	A14→A17	8.567

续表7

排名	路径	线的中间中心度	排名	路径	线的中间中心度	排名	路径	线的中间中心度
5	A31→B2	26.698	30	A9→A19	11.524	55	A20→A14	8.549
6	B3→C5	23.275	31	A8→B1	11.287	56	A24→B3	8.506
7	B1→C3	21.375	32	A6→A30	11.144	57	A15→A7	8.408
8	A20→B1	19.835	33	A19→A29	10.958	58	A27→C1	8.383
9	A18→A11	18.643	34	A24→A30	10.869	59	A20→A27	8.353
10	B3→C3	18.575	35	A22→A30	10.813	60	A10→A11	8.333
11	A23→A19	17.175	36	A25→A19	10.683	61	A27→A19	8.282
12	B1→C1	17.042	37	C1→D1	10.283	62	A8→A4	8.186
13	B1→C4	17.042	38	C4→D1	10.283	63	A15→A28	8.114
14	B3→C1	16.242	39	A23→A31	10.061	64	A14→A19	8.090
15	B3→C4	16.242	40	B2→C1	10.000	65	A8→A19	8.057
16	A21→A19	15.352	41	B2→C4	10.000	66	C3→D1	7.950
17	B2→C5	15.133	42	A13→A18	9.808	67	A16→A18	7.873
18	A19→C2	15.086	43	A16→A11	9.558	68	A3→A18	7.827
19	A15→A11	14.466	44	A15→A19	9.458	69	A30→A18	7.741
20	A19→A31	13.669	45	A2→A19	9.347	70	A27→C3	7.701
21	A5→A19	13.36	46	A13→A15	9.162	71	A23→A11	7.700
22	A24→A19	13.315	47	A29→A18	9.073	72	A17→A18	7.607
23	A6→A19	13.005	48	A9→A30	8.999	73	A8→A14	7.594
24	A24→B1	12.998	49	A16→A5	8.925	74	A23→A26	7.579
25	A22→A9	12.654	50	A29→A5	8.737	75	A24→B2	7.539

六、研究结论

本研究展开了能源基础设施项目社会稳定风险生成路径研究，识别了社会稳定风险变量，分析了风险变量在整体风险网络中的核心模块，探究了核心风险变量和关键风险生成路径。本研究的结果不仅能提升多风险变量的动态研究，而且能够为风险应对策略设计提供依据。本研究的主要研究意义如下。

核心风险变量能够为风险应对策略设计过程中的风险源清除奠定基础。A23→A24 在风险网络中线的中间中心度高达 35.589。A23→A24 的重要性可以通过宗教信仰维度进行深度剖析。例如，在能源基础设施项目建设中，当象征文化信仰的建筑被破坏时，当地居民会产生不满情绪，阻工、堵路、游行等事件会产生，如不及时治理，社会不稳定事件将会发生。因此，本研究认为管理者可以根据核心风险变量设计清除风险源的风险应对策略，在项目建设过程中及时采取保护措施或者筹划备选方案，保护当地的文化地标不被破坏。

关键风险变量的因果关系分析能够为风险应对策略设计过程中中断风险生成路径提供依据。A31→B2 对应的线的中间中心度高达 26.698。A31→B2 的重要性可以从当地治安维度进行剖析。当地治安环境较差时，项目现场的材料容易丢失，当地工人容易产生冲突，从而导致社会不稳定事件。因此，管理者可以根据本研究中对关键风险生成路径的研究结果，通过中断风险生成路径的方式，设立安保小组，及时与当地城市管理者合作，防止项目周边社会治安事件的产生和扩散。

本研究具有一定的理论意义和现实意义。从理论上看，本研究已经利用整体风险网络和个体风险网络的特征探索了核心风险变量和关键风险生成路径，丰富了风险管理研究体系。从实践层面看，核心风险变量和关键风险生成路径的结果能够为管理者设计风险应对策略提供现实依据。

七、研究局限和研究展望

本研究的局限在于忽视了管理者风险应对态度对核心风险变量和关键风险生成路径的影响。未来的研究可以拓宽项目社会稳定风险的数据来源，增加不同项目类型的社会稳定风险研究，也可以分析管理者主观意愿对项目社会稳定风险扩散的影响。

跨界协同是如何失败的？
——基于D县片区应急规划编制的案例分析

贺 璇 胡雪瑶[①]

一、引 言

跨界协同与治理作为治理模式的优化与创新，成为"精明政府"现实而必要的选择[②]。尤其是目前跨域性公共问题和突发事件的渐渐凸显，有效解决区域问题，创新治理模式，发挥区域、部门协同能力，提高区域治理效率迫在眉睫。因此，跨界治理议题成为学界广泛关注的焦点。纵观学界对跨界治理的研究，大多涉及环境治理、边疆治理、地方治理、危机治理等领域，而将跨界协同与治理应用于应急管理领域的研究较为缺乏，且此类研究多涉及应急管理机制、治理模式结构、应急管理现状及困境分析等方向，对基层应急管理跨界协同治理过程的研究相对更少，也欠缺对基层应急管理跨界协同治理案例的分析研究。2021年12月，国务院印发《"十四五"国家应急体系规划》，强调将应急管理体系建设落实到乡镇（街道）、村（社区），旨在提升基层治理能力。至此，全国市、县纷纷分配各片区、街道协同完成片区、街

[①] 贺璇，四川大学副教授，博士，主要研究方向为公共政策分析。胡雪瑶，四川大学公共管理学院硕士研究生。

[②] 张成福，李昊城，边晓慧. 跨域治理：模式、机制与困境［J］. 中国行政管理，2012（03）：102－109.

道"十四五"应急管理规划编制任务。基层"十四五"应急管理规划是基层日常应急管理工作的指导性文件,也是应急管理五年规划体系中的重要一环,对建立完善我国应急管理体系起到至关重要的作用。基层"十四五"应急管理规划编制工作的跨界协同成为基层应急管理跨界协同治理的一个重要方面,亟须对其展开研究。

基层应急管理规划作为基层应急管理体系建设指导性、规范性、检验性政策工具,在编制过程中需要通过各区域、各部门协同配合,进而为跨界性突发事件应急处置与管理设定规范与目标。基层应急管理规划编制的跨界协同与治理效能的发挥,对基层应急管理工作展开、基层应急管理体系建设至关重要。因此,探索基层应急管理规划编制跨界协同过程及责任官员行为逻辑成为缩小规划与情境嵌合间隙、提升规划科学性的重要途径,为进一步推进基层应急管理体系和能力现代化、基层治理体系现代化提供理论支撑。本研究将研究重点细化为以下三个方面:一是基层应急管理规划跨界协同经历了哪些过程,协同目标及标准有哪些转变;二是不同过程中责任官员做出了哪些行为选择且如何导致跨界协同走向失败;三是为什么规划编制跨界协同难以实现,其实现困境有哪些。基于此,本研究以 D 县片区应急规划编制为例对基层政府的跨界协同治理过程及存在的问题进行深入分析,并对协同过程中责任官员行为逻辑及其运行机制进行探讨。

二、 跨界治理研究综述

跨界治理(trans-border governance)是指两个或两个以上不同辖区的公共部门,联合私营部门、非营利组织及其辖区的居民来共同处理较难处理的区域性公共事务。① 跨界治理的概念来源于欧美学界,由我国台湾学者引入研究。目前,国内学者还惯常使用都市及区域治理(urban and regional governance)、区域治理(regional governance)等概念进行解释。陈瑞莲、杨爱平②从概念递进演化着手,分析探讨行政区行政、区域公共管理、跨界治理三者的演变过程。二人还提出行政区行政是基于行政区划的刚性约束而产生的行政模式,区域公共管理是为解决公共问题"区域化"和"无界化"衍生而成③,而跨界治理则是治理理念或理论在区域公共事务管理中的具体运用。跨界治理对于化解我国行政区划制度下的地方利益矛盾与冲突、破解"超优策略"选择下的"囚徒困境"、构建激励相容的区域合作制度极为重要。④⑤张成福等⑥则将跨界治理划分为纵向层面垂直型协作治理、横向层面水平型协作治理以及跨部门协作治理三种类型,并就其模式选择、机制设计以及面临的制度困境进行更深入的探索。邢华⑦就跨界治理困境做出阐述,提出纵向政府过度介入或介入不足问题加剧了区域合作治理的困难,同时指出在治理中社会组织力量薄弱的问题。

纵观跨界治理相关研究,主要聚焦在环境治理、边疆治理、地方治理、

---

① 汪伟全. 空气污染的跨域合作治理研究:以北京地区为例 [J]. 公共管理学报, 2014 (01):55—64,140.

② 陈瑞莲,杨爱平. 从区域公共管理到区域治理研究:历史的转型 [J]. 南开学报(哲学社会科学版),2012 (02):48—57.

③ 杨爱平,陈瑞莲. 从"行政区行政"到"区域公共管理":政府治理形态嬗变的一种比较分析 [J]. 江西社会科学,2004 (11):23—31.

④ 卓凯,殷存毅. 区域合作的制度基础:跨界治理理论与欧盟经验 [J]. 财经研究,2007 (01):55—65.

⑤ 孙友祥,安家骏. 跨界治理视角下武汉城市圈区域合作制度的建构 [J]. 中国行政管理,2008 (08):57—59.

⑥ 张成福,李昊城,边晓慧. 跨域治理:模式、机制与困境 [J]. 中国行政管理. 2012 (03):102—109.

⑦ 邢华. 我国区域合作治理困境与纵向嵌入式治理机制选择 [J]. 政治学研究,2014 (05):37—50.

危机治理领域，在 2020 年新冠肺炎疫情暴发之后，在重大突发卫生事件中重建跨界治理伦理秩序的研究成为新的研究热点。① 在应急管理领域，马奔②系统论证了危机管理中跨界治理的必要性，提出危机中跨界治理协调与组织的好坏直接关系到政府危机管理的品质。王刚、姜维③提出了区域型跨界危机概念。刘冰、彭宗超④进一步就应对区域型跨界危机的困境进行研究，认为应急管理体系"行政区划导向"的制度安排是其矛盾根源所在。张玉磊⑤⑥则提出我国跨界危机治理中的府际合作面临多重掣肘，条块分割、区域分割、部门分割等现象较为严重，并通过分析跨界危机形成机理，研究跨界公共危机组织间网络治理模式的挑战与构建路径。其余学者更多从区域大气污染、水污染等环境危机切入，研究环境污染跨界协同治理的问题及路径选择。应急管理领域的跨界治理研究，为地方政府应对跨区域公共危机提供解决思路，有助于建立起区域协同应急管理制度架构。然而，研究多集中于应急管理体制机制、危机跨界治理结构模式、跨界应急处置困境等宏观内容，对基层应急管理跨界协同过程及责任官员行为逻辑问题的探讨关注较少。因此，本研究使用案例分析法，对基层政府的跨界协同治理过程及存在的问题进行深入分析，并对协同过程中责任官员行为逻辑及其运行机制进行探讨，进而弥补该部分研究的缺失，同时提出更多研究方向与视角。

---

① 卢晨曦，许克祥. 我国跨界治理研究热点、演化趋势及展望［J］. 河南财政税务高等专科学校学报，2022（02）：33—39.

② 马奔. 危机管理中跨界治理的检视与改革之道：以汶川大地震为例［J］. 清华大学学报（哲学社会科学版），2009（03）：147—152，160.

③ 王刚，姜维. 跨界危机及其治理结构创新［J］. 学术论坛，2014（04）：21—24.

④ 刘冰，彭宗超. 跨界危机与预案协同：京津冀地区雾霾天气应急预案的比较分析［J］. 同济大学学报（社会科学版），2015（04）：67—75.

⑤ 张玉磊. 跨界危机治理中的府际合作研究［J］. 上海大学学报（社会科学版），2018（02）：130—140.

⑥ 张玉磊. 跨界公共危机治理组织间网络：模式选择、现实挑战与构建路径［J］. 长白学刊，2022（04）：72—83.

三、案例呈现：跨界协同如何走向失败

D县为响应四川省乡村国土空间规划编制和两项改革"后半篇"文章的要求，将全县村镇划分为41个村级片区，并根据村级片区经济发展定位设立4大镇级片区。而后D县以片区为单元编制乡村国土空间规划，旨在对乡村资源配置和空间布局进行优化，重塑乡村经济地理格局，推进基层治理体系和治理能力现代化。在此乡村国土空间规划项目背景下，D县片区应急管理"十四五"规划作为片区建设配套规划颇受重视。2022年3月，由县应急管理局为主要负责部门的专项小组成立，协同全县其他相关部门、各片区应急管理负责人、规划编制技术支撑单位负责人等人员逐步开展规划编制工作。以下将通过对应急管理"十四五"规划编制过程的梳理，详细阐释片区应急管理规划编制的跨界协同中存在的问题以及跨界协同是如何一步步走向失败的。

（一）领导重视，经费先行

我国自2019年1月1日起施行《行政区划管理条例》，撤乡设镇以推进新型城镇化建设。四川省为响应号召实施乡镇行政区划调整和村级建制调整两项改革，并在"后半篇"文章中决定打破县域内行政区划和建制界限，以片区为单元编制乡村国土空间规划，更为侧重片区划分基础上各领域的工作协同。全省各县镇级片区应急管理"十四五"规划作为片区规划系统工程中的重点配套规划，省委及市应急管理局多次举行会议强调其重要性，随后各区县纷纷投入资金展开招投标以推进专项项目进展。"在动员大会上，部分区县应急管理局哭诉没有钱进行招投标，市应急管理局给的回复是：'一把手工程都没有钱，那你们的钱都用到哪里了？'这些区县希望通过市应急管理局将压力给到区县政府，好向区县政府争取更多资金、人手来办这个项目。"（访谈记录：20220326－D县应急管理局负责人）"领导重视"可谓政府部署工作与推进任务的"不二法门"，意味着更多的资源、政策落实力量和相随而来的

各方面的重视。① 由于省委一把手重视镇级片区应急管理规划，市应急管理局基于政绩考核，将任务传导到最低层级的区县应急管理局。区县应急管理局则利用"领导重视"向区县政府争取更多项目资源。由此可见，D县应急管理局此次规划编制动力多来自"领导重视"与问责压力，其片区应急规划工作计划及工作安排的目标不全是D县实际应急管理体系建设与长远发展。D县应急规划负责官员内生动力的不足，加之一系列因素影响，最终致使此次跨界协同的失败。

（二）试点先行，督促周报

该镇级片区应急管理"一四五"规划项目首先选取规划编制试点区进行"打样"，而后根据试点编制情况在全市铺开。A市片区作为镇级片区应急管理"十四五"规划试点区，被要求先行试验完成编制规划。但是由于A市片区没有范本指引且缺乏片区应急管理规划编制经验，只能与规划编制技术支撑单位共同摸索编制规划。"A市片区一开始也不知道怎么编制这个规划，只能摸着石头过河，然后把能写的内容都放到规划里面，非常详细，把所有的数据都罗列上去了。"（访谈记录：20220407－D县应急管理局负责人）由于市应急管理局事先没有确定规划涵盖内容与考核标准，且未与A市片区沟通最终规划成品要求，A市片区多次修改规划并提交市应急管理局审核，均未符合市应急管理局预期。"我们和编制单位被要求每周和市上开会汇报进度，而且市应急管理局也不清楚最终成稿应该是什么样子，每次都让我们改一些细节部分，但是改完又不是很满意。最后我们将规划提交市应急管理局，也并没有通过审核。"（访谈记录：20220407－A市应急管理局负责人）在镇级片区应急管理"十四五"规划编制项目前期，上级以期通过试点以及督办的方式，摸索出应急管理规划编制的经验与模板。然而在试点工作中并未与试点

---

① 陈那波，张程．"领导重视什么及为何？"：省级党政决策的注意力分配研究：基于2010—2017年省委机关报的省级领导批示［J］．公共管理与政策评论，2022（04）：85－102．

区沟通清楚规划目标及最终要求,且在试点结束后未能形成文件考核要求与标准范式。试点工作未能将规划要求标准化、统一化,从而导致后期编制工作全面铺开后,各区县依旧缺乏经验指导,只能根据错误范本自行摸索不断修改,耗时耗力,加剧成本损耗,且最终导致不同区县片区规划各不相同。

(三)全面铺开,扩大版图

由于时间紧、任务重,在匆忙总结试点区先行编制经验后,市应急管理局要求将镇级片区应急管理规划编制工作全面铺开。一方面是扩大地域范围,将专项工作在全市范围内全面铺开,要求各市县在6月完成规划编制;另一方面是拓宽部门覆盖,将规划编制需要涉及的部门都纳入应急管理规划范畴,协同各部门共同完成规划。"市应急管理局专门强调,'就是要搞大应急',要把交通、住建、老旧小区改造、消防、旅游等部门的工作规划纳入应急管理规划范畴,协同各个部门一起完成规划编制,将应急规划做大。"(访谈记录:202204026-D县应急管理局负责人)除此以外,市应急管理局要求各区县应急管理局协同片区乡镇,共同完善该片区应急管理规划,特别强调要在每个片区构建应急指挥协调中心,加强应急管理中心镇建设。"开会时市应急管理局就决定'片区就要有片区协同的样子',并且提出现在我们每个片区都设立了中心镇,中心镇必须要有更先进的科技系统、更强的救灾能力、更充分的物资储备。"(访谈记录:20220428-D县应急管理局负责人)根据市应急管理局的规划编制要求,D县镇级片区应急管理"十四五"规划编制的各片区跨区域、跨部门协同就此展开。市应急管理局的初衷是通过编制规划的跨界协同争取各部门配合及资源。然而,由于我国不同的政府部门往往只能做到对上级负责,府际和部门之间的横向联系相对欠缺[1],各乡镇、各部门存在分割,D县应急管理局无法调动其他业务部门配合也无权干涉其工作规划安排,

---

① 王宏伟,李贺楼. 我国应急管理体制性弊端探因[J]. 中国减灾,2010(11):40—42.

导致镇级片区应急管理规划编制跨界协同极为困难。市应急管理局"搞大应急"的要求，为之后跨区域、跨部门协同受阻留下隐患。

（四）数据混乱，部门受阻

由于市应急管理局"搞大应急"要求及试点规划范本引导，D县应急管理局编制规划需以各相关部门数据作为支撑，如片区基础数据、历史自然灾害数据、交通应急道路数据等，然而在规划编制技术支撑单位与各部门沟通获取数据的过程中发现以下两大问题。一是县应急管理局内部数据混乱、缺失。"我们与应急管理局沟通，想要获取历年各镇级片区遭受的灾害及影响数据时，工作人员给我们回复'这些数据我们没有，我们的数据也是从统计那边拿的'。"（访谈记录：20220515－规划编制技术支撑单位工作人员）由于成立时间短、数据统筹缺失、专业能力不足，县应急管理局没有自有数据，数据均来自统计局且无法具体到各乡镇，片区规划数据统计工作受阻停滞。二是其他部门数据共享配合困难。"与住建、交通部门沟通时，各部门以保密要求、数据有限等理由拒绝深入配合提供我们所需要的数据。比如，在问及处于地震带上的住房数量、能否将地震带住户搬迁至其他地方时，工作人员明确表示地震带数据不能提供，搬迁地震带住户是不可能的。"（访谈记录：20220515－规划编制技术支撑单位工作人员）D县应急管理局应上级要求要将规划落实到面积、金额、数量等详细内容，这需要与各部门未来工作规划挂钩。例如，某片区只有一条衰窄的应急救援道路，应急管理局提出未来规划新建一条救援道路，这就要求交通部门的未来工作规划中也包含新建救援道路。一旦交通部门拒绝配合这一规划要求，规划就无法通过县政府审核。在道路建设资金的限制下，交通部门的拒绝便成为必然。由于数据不足且其他部门的不配合，规划内容无法做细，部分涉及面积、金额的内容甚至是编制人员根据经验随意编造的。

（五）回归属地，规划变异

根据市应急管理局中心镇建设的要求，D县应急管理局编制初期拟设片区中心镇协调指挥调度片区其余乡镇进行应急救援,从而发挥片区各乡镇协同作用。然而,在规划编制意见交流会上,其余乡镇领导质疑中心镇层级指挥权限。"片区怎么协调指挥?中心镇还不是跟其他镇同样的级别,怎么能指挥别人?中心镇没有权限可以指挥别人。"(访谈记录:20220526-D县某镇街领导)直到会议结束,乡镇责任官员都拒绝将"中心镇协调指挥片区应急救援"纳入片区规划,最终片区应急指挥协调责任主体回归D县应急管理局。各区县片区仅仅是根据经济定位划分所形成的合作区域,并非刚性的行政区划,没有足够的人手、资源、权限在片区内进行调度协调指挥。在我国现行的行政管理模式下,若发生跨区域性突发事件,仍应以事件性质和级别为依据来确定指挥协调责任主体,如果事件级别较高,应由多个事发区域的共同上一级政府应对。① 对于乡镇发生的应急突发事件,其处理流程依然应是直接上报所属区县应急指挥中心,随后由区县进行指挥调度。由于片区协同属于多乡镇自愿行为,相较于行政区划制度而言缺乏强有力的约束和控制,容易产生不同乡镇的利益博弈。且乡镇同级政府责任官员作为各区域管理者,不愿意将管理指挥权限让渡给中心镇,尚未形成协同治理理念,跨界协同治理难以为继。D县镇级片区应急管理"十四五"规划编制全面铺开工作受到部门阻挠、乡镇质疑,在"条条"与"块块"的双方均不配合的情况下逐渐向失败偏移。

(六)领导调任,编制结束

在镇级片区应急管理"十四五"规划编制末期,省委一把手突然调任。由此,各负责单位态度均发生了改变。"条条"方面,由于市应急管理局不再重视规划编制项目,D县应急管理局规划编制期望进一步降低。"块块"方面,省委领导调任导致D县政府领导压力骤减,仅要求通过上级审核且符合

---

① 林鸿潮. 公共应急管理中的横向府际关系探析[J]. 中国行政管理,2015(01):39-43.

D县发展实际即可。县应急管理局就感叹："整个规划编制，也就你们编制支撑单位受益了。"（访谈记录：20220607－D县应急管理局负责人）最终规划编制因各单位态度变化做出相应调整，被提交市应急管理局审核。市应急管理局就交通规划不足等提出审核意见，然而县领导对此不以为然。在县常委班子通过了规划审核之后，D县镇级片区应急管理"十四五"规划正式通过所有审核流程。D县镇级片区应急管理规划虽通过全部审核，但审核的通过也意味着此次跨界协同尝试的失败。自"条块"双方互不配合起，D县此次跨界协同规划编制已然产生"变异"。在重视该项目的领导调任后，各单位态度转变，使规划编制成为"形式主义任务"。D县应急管理局来自市应急管理局的任务压力减弱，来源于省委的压力几乎消失，不再受重视的规划编制专项任务成为仅需要市应急管理局以及县政府审核通过的一般项目。规划审核通过的同时，此次D县跨界协同治理已成败局，最终形成的镇级片区应急管理规划成为"纸上空谈"，无法发挥其应急管理工作指导作用。

四、案例分析：跨界协同实现之困

跨界协同治理作为解决区域化公共议题的一种创新性治理模式，在区域治理实践中常陷入"囚徒困境"，难以发挥实效。基层跨界协同治理实践，引领我们更加深入探寻跨区域、跨部门协同失败究竟是为何。从D县片区应急规划编制跨界协同走向失败的案例可以发现，基层政府的跨界协同存在行政制度困局、利益博弈困局、领导重视困局三大困境。对跨界协同实现困境的分析，或许有助于我们追本溯源探寻区域治理的有效途径。

（一）行政制度困局

我国历来重视上下级政府的纵向关系，政府组织体系纵向垂直控制、横向属地管理的行政区行政特征明显。跨界协同治理需要不同辖区的政府联合不同部门、社会力量共同对区域公共性问题进行治理，其中最重要的是府际、部门间的横向协同。但基于我国传统的行政区行政制度、垂直管理制度，跨界协同面临诸多困难。我国行政区行政的重要特征就是在一定的行政区域内行政，超出一定的行政区域，行政权力便无法涉及，即使涉及其行政结果也是无效的。① 行政区行政属于刚性约束，而跨界协同治理仅是由地位平等的各政府主体基于信任及利益需求形成的，尚未形成法律及制度约束，不具有行政区政府的"权威性"和"权力性"。一旦跨界协同与行政区行政制度相矛盾，跨界协同组织将可能受到重创甚至直接溃散，协同治理难以收到实效。而我国垂直管理制度则要求不同政府部门、无隶属关系政府部门只需对上级负责，形成层级节制的权力运作模式。对于不同部门来说，跨界协同并非上级硬性要求，仅由部门领导作为决定是否施行。正如D县规划编制跨界协同的案例所示，片区作为跨界协同治理载体，不具有合法性，也无权指挥协调调度各乡镇、部门。乡镇、部门按行政体系要求，首先都需要向上级负责部门进行汇报，服从上级指挥安排。跨界协同想要实现的关键，就在于如何赋予跨界协同组织"权威性""合法性"，使跨界协同组织能够获得协同权限，同时还需完善跨界协同治理责任机制，明确跨界协同治理的责任主体，使得跨界协同治理权责一致。

（二）利益博弈困局

跨界协同治理组织能够形成主要是各方主体利益驱使，但由于无法实现绝对均衡的利益分配，必然会形成多元主体间的利益博弈。一是存在于官员个体与协同整体间的利益博弈。地方政府责任官员行为选择多受政绩考核影响，其利益诉求主要是完成考核任务和实现个人晋升。因此，在跨界协同治理过程中，地方责任官员的积极性不可避免地受到付出回报率的影响。此外，规避政治风险也是地方责任官员行为选择的重要动机。在问责压力下，即使

---

① 高建华. 区域公共管理视域下的整体性治理：跨界治理的一个分析框架[J]. 中国行政管理，2010（11）：77—81.

某项议题对晋升无积极作用，地方责任官员仍会选择形式配合从而完成任务，且选择在同级排名中不落于下乘以规避风险。D县应急管理局对于此次应急规划编制专项任务便是采取形式配合的态度，在领导重视时目标为"不被点名批评"，领导调任后目标转变为"通过市、县审核"，并未真正重视应急规划的科学性、实践性。二是存在于各协同参与主体间的利益博弈。由于不同地区初始水平的不同，在协同合作中不同主体获得利益有大有小。在跨界协同治理过程中，利益的非均衡性可能使得区域差距越来越大。[①]因此，地方政府基于自身利益最大化，选择保持自身的相对封闭或运用"超优策略"而交往，其后果往往因"超优均衡"而陷入"困境"，并屡屡诱发"非合作博弈"。D县片区乡镇协同便是如此。由于中心镇在经济发展、资源储备等方面本就优于其他乡镇，加之若同意中心镇指挥协调势必让渡自身相关管理权限，各乡镇领导为保证辖区发展势必选择相对封闭的策略，拒绝配合编制规划。由于跨界协同治理过程中，官员个体以及地方政府均追寻自身利益最大化，从而忽视跨界协同治理初始目标及长远影响。要想发挥跨界协同治理效能，亟须处理好多元主体之间的利益配置，使各主体利益相对均衡。

（三）领导重视困局

"领导重视"是县域治理中贯彻领导意志、分配注意力等稀缺资源的重要机制。[①] 注意力是社会治理中的稀缺资源，面对纷繁复杂的治理事务[②]，"领导重视"作为政府注意力的典型分配方式对资源投入、资源匹配度及治理成效起重要作用。一方面，"领导重视"影响着政策议题资金、奖励、人员等治理资源整合分配，能够强有力地推动工作开展。以"领导重视"为核心的注意力表达、传达和竞争，有效地把属地责任和部门职能统合于领导意志及其贯彻。[①]另一方面，"领导重视"的政策议题易受领导变动影响。越往地方政府

---

① 陈辉. 县域治理中的领导注意力分配[J]. 求索，2021（01）：180-187.
② 原超，李妮. 地方领导小组的运作逻辑及对政府治理的影响——基于组织激励视角的分析[J]. 公共管理学报，2017（01）：27-37+155.

延伸，领导注意力在议题任务上的分配不稳定性越强，对不同议题关注度的单位时间变动幅度更大。① "领导重视"对资源的调配受领导变动影响极大，领导换届或调任会使重大政策议题发生更换，直接导致原领导重视议题被搁置或仓促结束。正如 D 县片区应急规划编制的跨界协同全过程所呈现的内容，跨界协同成也"领导重视"，败也"领导重视"。由于"领导重视"，D 县乃至全市片区应急规划编制议题任务高调确立，投入大量人力、资金并全面铺开。但随着领导调任，新任领导注意力转移，片区应急规划编制议题"戛然而止"，仅项目主要责任单位仍在关注。"领导重视"能够极大程度地调动地方政府官员积极性，然而也不可避免地带来政策议题的不稳定性以及资源浪费。在跨界协同治理中更需要稳定且长远的任务目标及要求作为引领，使跨界协同治理走向制度化、规范化。

五、结　论

随着公共突发事件愈发"区域化""无界化"，各自为政的属地管理体制也愈发无法应对。行政体制"封闭性"与突发事件"跨界性"要求尽快形成主体多元、协同共治的跨界协同治理模式。而基层"十四五"应急管理规划作为应急管理五年规划体系中的重要一环，其编制的跨界协同成效，对基层应急管理跨界协同治理模式的形成具有重要的实践意义。本研究从规划编制的过程呈现切入，关注基层政府跨界协同走向如何以及其背后行为逻辑及运行机制。D 县的规划编制实践结果清晰地展示出，基层政府跨界协同容易陷入"囚徒困境"。究其制度根源，在于跨界协同仍旧难以突破垂直管理体制、行政区划制度的刚性约束，资源调配、指挥调度权限不足。而政府官员个体

---

① 陶鹏，初春. 府际结构下领导注意力的议题分配与优先：基于公开批示的分析［J］. 公共行政评论，2020（01）：63—78，197.

与协同整体的利益博弈、跨界协同参与主体间的利益博弈同时也会导致跨界协同产生"变异",走向"非合作博弈"。除此以外,片区应急规划编制的跨界协同作为一项政府政策议题,其资源分配及时间、精力投入取决于"领导重视",领导变动及其注意力的分配会影响该项议题的最终结果。对D县应急管理规划编制跨界协同困境的探索,有助于我们更加全面地、客观地审视基层政府及其官员在议题执行过程中的行为选择及动机。要想打破跨界协同治理困境,亟须进一步对如何形成权责一致的跨界协同治理运行机制、如何均衡配置跨界治理各方主体利益、如何构建制度化跨界协同治理等展开深入研究,进而积累从不同视角对基层治理逻辑开展研究的经验,为探索基层政府跨界协同治理有效路径提供更加完备的理论与实践支持。

后疫情时期网络舆情应对策略研究

周 文①

一、引 言

  风险一直与人类社会的发展形影不离。随着社会现代化进程的推进,风险也在不断嬗变。1986年德国学者乌尔里希·贝克提出了风险社会理论,对现代社会的风险特征、运行逻辑等进行了全面阐释,为理解现代社会提供了独特的理论视角。② 风险治理已成为现代国家社会治理中一个不可回避的问题。英国著名社会学家安东尼·吉登斯指出:"风险所涉及的是对未来危害的积极评估。一个社会越是寻求生活在未来之中和积极地塑造未来,风险概念就越普及。"③ 暴发于2020年初的新冠肺炎疫情这一重大的社会风险事件便给全世界人民上了一堂"社会风险"之课。其产生、演变的过程既是对现代社会风险的一次全面呈现,也是对世界各国社会风险应对和治理能力的重大考验。

---

  ① 周文,四川旅游学院外国语学院教授,文学博士,研究方向为军事新闻传播、跨文化传播和社会治理。
  ② 〔德〕乌尔里希·贝克. 风险社会:新的现代性之路[M]. 张文杰,何博文,译. 南京:译林出版社,2018.
  ③ 〔英〕安东尼·吉登斯,〔英〕克里斯多弗·皮尔森. 现代性:吉登斯访谈录[M]. 尹宏毅,译. 北京:新华出版社,2001:76.

今天的中国正处于社会转型的关键节点。在新冠肺炎疫情防控过程中，曾出现若干混淆视听、歪曲事实的网络舆情，给社会稳定造成了强烈的冲击。在重大社会风险事件发生时，网络上真假难辨的谣言往往会螺旋式地上升，逐步放大各类矛盾，从而导致更大的舆情压力出现，这更不利于维护社会的安全稳定。由是观之，笔者认为，在后疫情时期探究网络舆情应对之策至少要从以下两个方面来思考。

一方面，由于当前一些政府部门对新媒体技术及其在舆情协调治理中的角色的认知还有所欠缺，甚至部分地方政府依旧存在官本位思想，不能主动利用网络技术去掌握民情和舆情，忽略网络舆情、压制网络舆情等情况也时有发生，这与当前我国全面深化改革和完善社会治理体系的目标和要求不相符。由于舆情和舆论一直都是社会发展的风向标和测速仪，具有重要的地位，因此我们党一直非常重视舆论宣传工作。习近平总书记指出："根据形势发展需要，我看要把网上舆论工作作为宣传思想工作的重中之重来抓。"[①] 因此，我们要认真探究处于后疫情时期且网络舆情发展多样化的今天，如何推动各级政府在网络舆情管理中找准角色定位，依托治理理论的先进之处，建构合理的网络舆情管控和引导体系。

另一方面，由于目前国际国内网络舆论斗争的形势更趋复杂，以美国为首的西方国家已经撕开其虚伪面纱，炮制各种话题，借用各种名目出资、出力去扶持国内外反动势力，培植各类网军、水军来设置议题并推波助澜，绞尽脑汁制造各类舆情危机，意图阻滞中国的飞速发展。因此，我们研究后疫情时期的网络舆情应对还必须认真思索应对国际传播中那些危及国家安全、诋毁中国大国形象的议程设置等的网络舆论战策略，从而在赢得网络舆论战胜利的同时宣传好中国的大政方针，营造良好的外部舆论环境。

---

① 中共中央文献研究室. 习近平关于社会主义文化建设论述摘编[M]. 北京：中央文献出版社，2017：29.

二、"舆情"与"网络舆情"

"舆情"一词最早出现于南唐诗人李中的《献乔侍郎》中，被用于诠释一种民情或民意。在诗中，他曾用"格论思名士，舆情渴直臣"来说明独到见解多出于社会有识之士，普通老百姓的意愿常借助于敢于直谏的贤臣来传达的社会现象。对于"舆情"的内涵界定学界意见不一，但笔者通过对不同文献的梳理认为，王来华等①对"舆情"内涵的概括是较为完备的。他们认为"舆情"可归结为两方面的意思：一是民众对国家管理者及其行为的评价、认同倾向和水平。这一点关系到民众对国家管理者的地位和作用的认可、认同和接受，关系到国家政权维护、经济发展和社会稳定，也关系到国家安全和国际声望。二是国家的管理者对民众的管理责任、权力和权威、服务或利益代表。随着互联网技术及其衍生的各类网络新媒体的高速发展，"网络舆情"出现了。目前，学界对"网络舆情"的注解不一，比较有代表性的观点有："网络舆情是网民基于某社会问题、公共或个体事件，发端或者衍生于网络平台，对公共权力的公众信念、态度、情绪和意见的总和"②，"网络舆情并不仅仅是'借助互联网而传播的社会舆情'，而是网络时代产生和发展起来的，具有自身内在规定性和主体特点的新的舆情'物种'"③。在本研究中，笔者认为"网络舆情"是肇因于某一具体的社会突发事件，并由这一事件引发民众的主体意识且受到具有一定数量和规模的网民关注，然后由网络意见领袖推波助澜，因"共情效应"而在网络上形成相对一致的意见、言论、态度及情绪释

---

① 王来华，林竹，毕宏音. 对舆情、民意和舆论三概念异同的初步辨析[J]. 新视野，2004（05）：64-66.
② 王立峰，韩建力. 网络舆情治理的风险与应对策略探析[J]. 西南民族大学学报（人文社科版），2019（03）：139-145.
③ 叶顺晴，李习文. 也谈网络舆情的内涵[J]. 图书馆理论与实践，2015（02）：24-25.

放的舆论信息总和。它承载并裹挟了突发事件所具备的三大要素——突发事件、网络关注和信息集合，是突发事件的衍生体和派生物。

三、后疫情时期网络舆情的应对规律

对于后疫情时期网络舆情风险的有效应对和治理不但直接影响到能否创建一个良好的网络生态环境、维护文明的网络秩序，而且对于调节社会心态、凝聚社会共识、动员社会力量也起着至关重要的作用。后疫情时期的网络舆情呈现出燃点更低、焦点更多、风险更大等特征。因此，对于后疫情时期网络舆情应对规律进行梳理有助于及时妥善地处理和解决疫情防控中出现的各种问题，从而多维度、全方位统筹推进网络舆情治理。这对于防范化解网络舆情风险，具有重要的保障作用。经笔者的研究梳理，后疫情时期网络舆情应对规律大致包括以下四个方面。

（一）战略目标——国家利益至上

伴随网络技术的应用、发展和普及，网络舆论作为现实社会问题在网络空间的"映射"，已经成为民众表达观点、参与政治、监督政府的重要途径。理性分析，其实任何国家和社会总会存在一定的问题，其网络舆论难免出现负面内容。尤其是在国内外敌对势力的煽动下，网络负面舆论更容易对一个国家的安全和稳定造成消极的影响，甚至有时会因社会矛盾的激化酿成政权更迭、国家动荡。近年来，一系列"颜色革命"之所以能成功颠覆他国政权，网络舆论作用力下的网络舆情"功不可没"。可以说，网络舆论战直接关系着未来战争的胜负，直接影响着国家战略主动权的得失。[①] 因此，必须将"国家利益至上"作为网络舆情应对最核心的战略目标和最根本的价值取向。我们

---

① 唐克超. 网络舆论对国家安全影响问题探析[J]. 中国软科学，2008（06）：56-62.

党和政府一直高度重视引导人民群众树立强烈的网络舆论安全意识，防御敌对势力的网络舆论攻击，维护国家利益。2013年习近平总书记在"8·19"重要讲话中指出"互联网已经成为舆论斗争的主战场"，强调要在坚持正面宣传为主的原则下，积极主动开展网络舆情应对，要在网络舆论战"短兵相接"的新形势下，"旗帜鲜明地主动引导，理直气壮地正面斗争，绝不能隔靴搔痒，更不能隔山打牛"，"要以强有力的主流舆论整合、引导包括网络舆论在内的整个社会舆论，构筑维护国家安全的舆论防线"。[①]

（二）战略战术——人民战争制胜

人民战争是毛泽东军事思想的核心之一，也是我军在长期的革命战争中克敌制胜、从一个胜利走向另一个胜利的法宝之一。在新的形势下，面对网络信息技术装备具有较大优势的西方发达国家，创造性地运用人民战争思想，组织军民协同的网络舆论斗争，对于提高我国网络舆情应对能力、夺取网络舆论战的胜利具有重要意义。这就要求我们必须继承优良传统，充分利用人民战争思想，遵循"兵民是胜利之本"的战略战术规律，在全社会强化一个认识，即各级政府、军队、企事业单位、媒体和民众都要从全局高度、战略高度出发，切实把网络舆论斗争摆在重要位置，动员全国党、政、军、民的力量，综合协同，充分利用各种网络媒体、网络工具和网络理论等，构建高效的网络舆情应对体系，为打赢网络舆情应对之战奠定强大的物质、技术、人才和思想基础。

（三）决胜关键——信息搜集分析

网络舆情应对的信息搜集与分析是指利用网络舆论检测技术手段，及时全面地搜索、发现、定位网络空间的舆情信息，并对网络舆情发展动态进行实时监控，在此基础上制定实施科学的战术战法进行阻断、遏制等管控措施，

---

① 王盼群，贾岳，李建春，等. 当前传媒坚守舆论阵地的几个着力点[J]. 中国记者，2014（10）：35—37.

将可能爆发的网络舆情消灭于萌芽或发展初期,做到防患于未然。这是网络舆情危机应对胜利的关键所在。具体说来,要科学地搜集网络舆论需做好以下两个方面的工作。

第一,要正确把握网络舆情的生成规律。首先,我们要特别关注参与其中的意见领袖的观点以及他们之间的争论和对抗,因为这些观点的交锋往往很容易成为舆论的热点甚至焦点。这些自带流量的网络意见领袖群体,由于其专业、职业、威望等因素,往往能够影响、左右甚至决定某主题或某类型网络舆论的发生、发展和结束。其次,我们还要关注网络媒体,要研究网络媒体和传统媒体的互动,包括相互引用、转发、观点的激辩等。从近年来的网络舆情案例可以发现,单独依靠网络媒体发起网络舆论的难度较大,此类舆情的数量较少、规模较小,真正影响范围广、影响程度深、最后发展成为网络舆情危机的网络舆论往往都需要传统媒体的助力。

第二,要对不同空间的网络舆情危机应对规律进行分类梳理。网络舆情的本质是民众对某观点、主体自持认知的集中体现。舆论斗争必然爆发在民众数量众多、能够自由表达的特定空间。因此,研究网络舆情应对一定要从这些"特定空间"入手。从目前我国网络发展情况来看,网络舆论形成的主要空间是新闻网站、论坛、微信、抖音、小红书、QQ、MSN等即时通信空间。这些即时通信工具最大的特点是可以使不同的网民自主按照关注点和兴趣点建立各种群或圈。圈、群中的疫情事态讨论,极易诱发次生舆情,形成复杂多变的小媒介场域。"自媒体中的各种网络圈群将主体的'去中心化'、内容的'碎片化'、交流的'互动性'体现到了极致。"[①] 他们常常能形成线上线下的联动,在网络舆情的产生和发展过程中起着至关重要的作用。

(四)胜负基础——先进的技术装备

有学者指出:"网络舆论战并不仅仅是打笔仗,其本质打的还是经济战、

---

① 方曦,孙绍勇. 网络圈群视域下高校青年思想引领的路径探析[J]. 思想理论教育导刊,2017(10):122-126.

科技战和物质战。"① 因此,后疫情时期的网络舆情应对近似于一种发生在虚拟网络空间的信息战。这种作战样式以舆论信息为"弹药",以网络信息技术和相应高技术装备为"武器",涉及网络传播技术、虚拟现实技术、信号切入技术等几乎当今所有的高新技术。因此,目前要做好后疫情时期的网络疫情应对,发展先进网络舆情应对技术和装备已经势在必行。必须基于未来网络舆情应对的需要,追踪世界网络舆情应对技术与装备的发展趋势的同时,还必须结合我国的实际情况,加强网络舆情应对相关核心技术和装备的研发,构建集情报信息发现、定位、攻防为一体的作战体系。对于这个特殊的作战样式而言,网络舆论信息和网络技术装备是重要的作战力量,而核心的网络媒体技术装备则是网络舆情应对力量形成的基础,是作战的力量之源。因此,只有突破一系列核心技术,才能真正消除敌对势力以及那些别有用心的势力和群体网络舆论方面的技术优势,为取得网络舆情应对的胜利打牢技术基础。

另外,针对不断涌现并飞速发展的新型网络媒体及其传播方式,我们还应进行深入细致的研究,在做好技术装备应对准备的同时,积极探索与之相适应的策略和网络舆论攻击的战法。因此,为应对网络舆情,必须加强网络舆情应对技术研发的投入,要以核心的媒体技术装备为重点,继而形成网络舆情应对的主要战力,保证我们在与国内敌对势力的网络舆论战中赢得胜利。

四、后疫情时期网络舆情全域一体化应对治理体系构建

目前,我们应对网络舆情的基本思路是先对网络舆论进行汇集、整理、分析和挖掘,然后在此基础上进行网络舆情的引导和控制,其目的是掌握网络舆情应对的主动权,消除网络舆情危机。仔细考量后我们会发现,这种网络舆情应对方式是一种单一信息域的救火式应对策略,主要存在以下四个方

---

① 朱金平. 舆论战 [M]. 北京:中国言实出版社,2005:32.

面的问题：一是对舆论事件发现不及时，没有预见性；二是对于网络舆情的态势分析不深入，舆情研判不全面，对其威胁和破坏性的评估不准确；三是对于网络舆情的源头定位不准，对于组织、参与对象的网络虚拟身份和现实身份难以一一对应；四是由于网络舆情监管的工作涉及部门多，难以实现有效的协调和联动，不能形成合力，舆情处置效率低。鉴于此，为做好后疫情时期的网络舆情危机的应对和处理，构建一个网络舆情应对的联动机制，形成全域一体化的应对治理模式势在必行。

军事上的一体化信息联合作战是基于一体化的作战体系。它依托无缝连接的网络化信息系统，集指挥系统、作战力量、作战空间和作战行动等诸要素于一体，在海、陆、空、天、电等多维战场实施整体联动作战。① 当前，信息战形态加速演变，近几场高技术局部战争以及还在进行中的俄罗斯对乌克兰的特别军事行动表明，一体化联合作战已经成为信息化战争的主要作战样式。在此背景下，笔者参考了军事领域的 OODA 循环模型②，并试着将其拓展至网络舆论战领域。原因在于军事上的一体化信息联合作战与网络舆论战具有一定的同质性。在信息化战争条件下，舆论战的战场就是一个没有硝烟的战场，在此战场上要想赢得舆论战的胜利，博弈双方在"作战"过程中也要求"发现即打击"。这一过程同样存在着观察（Observe）、判断（Orient）、决策（Decide）、行动（Act）四个步骤，即 OODA 循环模型。OODA 周期循环过程越短，我们也就越能抢占网络舆情应对处理的先机。因此，要成功应对后疫情时期的网络舆情，我们要"从网络舆情信息出发，构建一个网状、相互关联、具有向度的综合整体"③。要想达到网络舆情应对的理想效果，我

---

① 宁凌，张怀壁，赵其中. 震慑作战［M］. 北京：军事宜文出版社，2010：247-248.

② 杨佐，孙诗东，苏志广."OODA"视阈下的战场熵增［N］. 解放军报，2022-03-15.

③ 林振. 突发公共事件网络舆情协同治理机制建构研究［J］. 华中科技大学学报（社会科学版），2019（02）：38-44.

们需要以全域一体化联合作战理论为指导，以其指挥体系作为保障，以其技术装备为支撑，以信息网络为基础去建构网络舆情应对的全域一体化联合作战体系。具体说来，这一体系大概可归结为四个方面：

一是根据网络舆论的全域特点，借鉴军事信息化战争的先进理论——OODA 循环模型、网络中心战理论和一体化联合作战思想，发展网络舆情应对的全域一体化联合作战理论，指导网络舆情应对方面的技术装备的研发和作战实践。

二是从网络舆情应对的全域一体化联合作战需求出发，建立上下通畅、指挥统一、实现各方力量的整合的权益一体化联合作战指挥体制。

三是分析网络舆情应对全域一体化联合作战能力、技术和装备需求，研制全域一体化联合作战技术装备，大致包括一体化联合态势感知技术装备、决策支持与作战指挥平台、安全对抗技术装备等。

四是要试着参考网络中心战的军事信息网络模型理论与技术[1]，针对网络舆情应对一体化联合作战的需求，构建全域一体化联合信息网络，将党、政、军、民等各个目标实体联成网络，形成舆情应对的作战力量，为网络舆论战的开展奠定基础。

五、后疫情时期的网络舆情应对策略

习近平总书记强调："做好网上舆论工作是一项长期任务，要创新改进网上宣传，运用网络传播规律，弘扬主旋律，激发正能量，大力培育和践行社会主义核心价值观，把握好网上舆论引导的时、度、效，使网络空间清朗起

---

[1] 童志鹏，刘兴．综合电子信息系统［M］．2 版．北京：国防工业出版社，2008：78.

来。"① 由于新冠肺炎疫情的发展变化具有长期性和复杂性的特点,不同阶段疫情发展的形势特点和网络舆情的关注点也不尽相同。经仔细考量,笔者是这样理解习近平总书记讲话中所提及的"时""度""效"的。"时"就是指舆论引导要"及时",要先声夺人,掌控舆情传播的主动权。要根据对舆情的动态监测数据,依时而动,及时、全时公开发布舆情信息,让广大网民能在第一时间了解舆情的真实动态和相关应对政策,回应民众的关切和质疑,把网络舆情危机消灭在萌芽状态。"度"就是指舆情防控中要把握网络舆情引导的尺度和方式,掌握好网络舆情引导的"度",把握舆情应对的主导权。"效"是"实效",主要是指网络舆情应对要讲实效,真正做到有的放矢。要通过权威数据、事实真相等来进行议题设置,有效掌控网络舆情的话语权。抓住网络舆情的共鸣点、交汇点,并以此为突破口,客观公正地进行信息的有效供给和解释,营造积极、良好的舆论生态。

简而言之,网络舆情应对过程中要做到"时""度""效"的灵活把握,力求在统一中扑灭燃点、把控焦点、降低风险。在后疫情时期的今天,要做到这一点,需要我们顺应当前网络媒体发展现状和规律,综合运用行政、法律、技术等手段并力求形成合力。结合构建网络舆情应对全域一体化联合作战体系的思路,笔者认为后疫情时期网络舆情应对策略大致可从以下六个方面来思考。

(一)树立总体国家安全观,为网络疫情应对提供思想保证

国安才能国治,治国必先治安。我们党和政府高度重视国家安全问题,习近平总书记近些年对此做了一系列重大调整和部署。2013年11月,中国共产党第十八届中央委员会第三次全体会议审议决定,成立国家安全最高机构——中央国家安全委员会,简称"中央国安会",由中共中央总书记、国家主席习近平任主席。中央国家安全委员会的设立有利于提高国家在面临各种

---

① 中共中央党史和文献研究院.习近平关于网络强国论述摘编[M].北京:中央文献出版社,2021:63.

安全危机和挑战时的应变能力，这也代表着我国在捍卫国家安全和国家利益方面的决心和意志。2014年4月15日习近平总书记在主持召开中央国家安全委员会第一次会议时提出，要始终坚持总体国家安全观，走一条中国特色的国家安全道路，提出要"构建集政治安全、国土安全、军事安全、经济安全、文化安全、社会安全、科技安全、信息安全、生态安全、资源安全、核安全等于一体的国家安全体系"①。其中，意识形态安全是关键环节。今天的中国面对着百年未有之大变局。随着全球化、网络化、信息化进程的不断推进，我国网络舆情应对也面临着整体弱势、系统风险等问题的叠加，随时可能威胁总体国家安全。树立总体国家安全观，就要通过宣传，使广大民众了解目前我们的国家所面临的严峻挑战，清醒地认识到维护国家总体安全的重要性、必然性和紧迫性；另外，还要引导民众强化国家安全意识，正确认识我国在总体安全问题上所取得的成果，绝不能放松警惕，要保持强烈的危机感和忧患意识，自觉投身于国家总体安全的维护。

（二）制定并完善法律法规，为网络舆情应对提供法律支撑

有法可依是后疫情时期开展网络舆情应对、维护网络舆论安全的前提。只有借助法律强大的权威性和强制性，才能高效地推动网络舆情应对的法治化。习近平总书记在十八届三中全会《中共中央关于全面深化改革若干重大问题的决定》中明确指出，要"形成正面引导和依法管理相结合的网络舆论工作格局"。② 近年来，我国在解决大量及时问题的立法基础上，积极推动网络安全立法工作。第十二届全国人民代表大会常务委员会第十五次会议于2015年7月1日通过新版《中华人民共和国国家安全法》，内容更全面，操作性更强。以此为标志，我国已初步构建起以宪法、国家安全法、刑法、民法、

---

① 中共中央党史和文献研究院. 习近平关于总体国家安全观论述摘编［M］. 北京：中央文献出版社，2018：5.
② 中共中央文献研究室. 十八大以来重要文献选编（上）［M］. 北京：中央文献出版社，2014：533.

网络安全保护条例等相关法律法规为主体的网络安全法律体系。目前，我国尚未出台专门的网络舆情应对方面的法规，相关监测、预警、管理等方面的法规基本散布于不同的网络法规之中，内容较零散。

随着社会的不断发展，我国网络立法工作逐渐得到重视，相关法律法规逐渐建立和完善，取得了良好的治理效果。但是，目前我国网络安全、网络舆论安全相关法律法规仍存在不足，尚不能完全满足不断变化的网络舆情应对需要，给高效的网络舆情应对带来一定困扰。同时很多法规在立定之后，仍存在执行拖延的问题，所以亟须加强与网络舆情应对相关的执法和监督工作。因此，应在网络安全法律体系之内，结合网络舆情应对的规律，制定规范的网络舆情应对的相关法律、法规。在这一过程中务必要清晰、准确规定网络舆情应对的主管部门、舆论监控的具体范围、网络舆情应对的程序、奖惩措施等具体问题，保证相关立法的科学性和可操作性。另外，在相关的立法过程中应系统思考，要整体考量和优化针对不同网络舆论的法规，化解不同法规之间的冲突，真正做到有法可依。

（三）完善指挥体制，为网络舆情应对提供制度保证

积极做好网络舆情应对，其根本还是要将行动落实到制度和体制层面。在制定和完善网络舆情应对法律法规的基础上，还要建立一整套管理制度和体制，保证法律法规的落实、严格执行和效果实现。具体而言，要加大司法机关、公安机关、网络舆情监控机构等政府职能部门与重点的传统媒体、网络媒体、网络名人等网络舆情相关单位和个人的联系、沟通和合作，优化整合网络舆情监控平台、行政执法力量等资源，开展舆情应对工作。尤其是近年来公安机关侦破的很多恶性网络舆情案件，都有网络推手、"水军"在背后运作，甚至牵涉境外敌对势力。因此，网络舆情的应对必须建立和完善指挥体制，建立集中统一的指挥机构，落实领导责任制，优化网络舆情应对处理的法律体系，实现网络舆情应对工作的规范化、制度化和法制化，从制度上保证网络舆情应对工作的顺利展开。具体工作可归纳为以下四个方面：一是

构建军地、官民网络舆情应对协作机制。近年来，随着对网络舆情应对工作的重视和研究，政府、军队、企业大多建立了独立的网络舆论监测平台，并在各自领域取得了一定的成果，但平台之间、技术之间、部门之间缺乏沟通协作，很难共同展开网络舆情应对。因此，非常有必要构建军地、官民网络舆情应对协作机制，科学统筹相关力量和资源，实现网络舆情应对处理效益最大化。二是搭建联通军地、官民的网络舆论平台。加大应对主体间的技术合作，可实现不同系统的联通和融合，将各种力量统合起来，避免多头管理，降低管理成本，实现网络舆情信息的汇集、研判、预警以及斗争效益的最大化。三是加强网络舆情应对宣传工作。加强政府、军队和各类主流媒体网络舆情应对的宣传工作，增强民众对网络舆情应对形式、重要性的直观了解，提升民众对政府和人民军队的信任，减少负面舆论的产生，夯实网络舆情应对工作的基础。四是进一步完善军地、各职能部门的联合新闻发言人制度。通过举行新闻发布会或约见记者发布新闻，及时阐述官方观点，主动为新闻媒体和民众设定讨论话题，从而争取舆论的主动权。

（四）统筹发展传统媒体和新媒体，为网络舆情应对提供平台支持

在网络舆情应对这一特殊的力量对抗中，如果把网络舆论信息视为子弹，那么传统媒体就是对抗的前沿阵地。随着以微信、抖音等为代表的新兴媒体的迅速发展和普及，在处于后疫情时期的今天，新兴媒体早已打破传统主流媒体的信息垄断，日益成为网络舆情爆发的源头或爆点，传统主流媒体的传播力、影响力和公信力正面临着严峻的挑战，因此，需加强传统主流媒体的思想建设。首先，应从推进传统媒体新媒体化入手，实现线上线下联动。习近平总书记针对这种情况强调指出，要着力打造一批形态多样，手段先进、具有竞争力的新型主媒体，必须跟上时代发展的步伐，强化互联网思维，坚

持以先进技术为支撑，内容建设为根本。① 其次，为网络舆情应对提供平台支撑，从而有效引导网络舆论，实现网络舆情应对线上、线下联动，增强斗争效果。这里所谓的线上、线下联动，主要是指综合利用新兴媒体的影响力和传统主流媒体的专业性，实现媒介之间的议程设置，从而引导网络舆论。要知道，新的网络媒体技术日新月异，传统媒体虽然已经不能完全垄断信息源头和信息发布，但长期以来形成的权威性、真实性和影响力仍是被民众广泛认可的。加之，以互联网为基础的网络新媒体上的观点和意见往往是比较碎片化、比较偏激的。舆情是大众意见的汇集和发酵，但这并不总是代表真理，也难免有失偏颇。因此，在网络舆情应对过程中，要充分利用传统主流媒体这一舆论高地，紧紧把握话语权，引导民众到正确的方向上来，提升政府的形象和公信力。总结以往网络舆情危机的处理应对，往往首先都是舆论在网络平台发酵升温，引发民众关注之后，相关人员和部门介入，民众再在网上对处理过程和结果发表评论，从而形成网络舆情。可以说，只要意见领袖在网络上以某种突发事件或言论为契机，挑起舆论，就能借助网络强大的传播力迅速形成舆论压力，影响舆论发展和结果。

（五）加强技术装备建设，为网络舆情应对提供技术支撑

今天所采用的高新技术几乎都是以互联网这一平台为基础建立起来的，而互联网又是由西方国家研发并控制着的。网络技术的控制也是当今世界各国普遍采用的控制方式。所以，我们必须保持清醒的头脑，要有忧患意识，因为"网络的核心技术和应用技术烙有研发者的文化观念和文化样式，谁的技术领先，谁就有可能创造自己的文化形态，引领文化风尚"②。西方国家能够对我国进行长期、持续的意识形态渗透，这也是其中一个重要原因。时至今日，信息化条件下的作战样式早已没有严格意义上的平时和战时之分，而

---

① 习近平. 关于推动传统媒体和新兴媒体融合发展 [N]. 光明日报，2014-08-19.

② 曲青山. 进一步加强网络文化建设和管理 [J]. 理论前沿，2009 (09)：5-9.

且往往都是平战结合的。信息化条件下的战争，其实往往都是技术决定战术，战术决定战略。因此，在后疫情时期，要成功处理和应对网络舆情，打赢未来网络舆论战，就必须集中专业技术力量，完成对网络舆情应对技术的综合运用与集成创新。在遵循科学发展的客观规律的基础上，指导大型复杂的军事系统的构建，解决那些制约网络舆情应对装备功能和效能的"卡脖子"技术和关键性的问题，力求取得网络舆情应对装备突飞猛进的加速器。

网络舆情应对是一项系统工程，包括对网络舆论的检索、监测、研判、预控和引导等科学流程，每个环节和步骤都离不开网络技术手段的支撑。因此，对于网络舆情应对装备建设，我们要尽可能获得包括网络舆论监控能力、网络舆论引导能力、网络信息封堵能力、网络信息投送能力等在内的多维一体的网络舆情应对技术能力，从而最终构建集情报、引导、攻击、防护和评估于一体的全域一体化网络舆情应对体系。诚然，在网络舆情应对装备建设过程中，一定要与我国的具体实际相结合，综合网络舆情应对的规律和技术装备的特点，努力探索出适应我国国情的网络舆情应对规律和处理模式，实现技术装备的最优化，效能的最大化。

（六）加强"把关人"队伍建设，为网络舆情应对提供智力保障

技术是生产力，管理同样也是生产力。一支政治合格、管理超群、技术过硬的网络舆情"把关人"队伍对网络舆情应对具有重要的意义。网络舆情应对成功与否，人是最关键的因素。无论是网络舆情应对理论的提出、应对的技术装备的操作，还是应对策略的制定都离不开专业精深的高素质人才队伍。目前，我国网络舆情应对人才队伍还存在需求缺口大、能力素质不高、结构不尽合理等问题。这些问题严重制约了网络舆情的应对效能。要全面地提升"把关人"队伍的整体素质，需要我们从组织结构、人才培育机制、军民融合等方面加强网络舆情应对的学科建设和人才队伍的培育。学科建设目的就是培育出既懂技术、又善管理的复合型网络舆情"把关人"队伍；人才队伍培育目的就是使这些复合型人才既有深厚的技术积淀，对网络舆论监管技术和装备有较深的

了解，又要具有较高的管理能力，在网络舆情应对中，能提出创新型的解决问题的思路和方案。当然，我们知道这样的人才需要较长时间的磨砺和多个岗位的历练。因此，在网络舆论"把关人"的培养过程中，要求各级政府、机构、单位具有广阔的视野，要着眼长远，有计划、有步骤地重点培养一批有发展潜力的技术型和行政管理型的中青年人才，针对其优势进行精心培育和打磨，对其成长过程中的小失误要给予包容，坚持不懈弥补其短板。

六、结　论

习近平总书记曾指出："新冠肺炎疫情是百年来全球发生的最严重的传染病大流行，是新中国成立以来我国遭遇的传播速度最快、感染范围最广、防控难度最大的重大突发公共卫生事件。"① 我们清醒地知道，新冠肺炎疫情对整个人类社会的发展所造成的损失是巨大的。随着我国抗击疫情取得显著成效，各国守望相助、深化合作，全球疫情正朝着稳定可控的方向发展。人类社会进入了疫情风险防控与经济社会发展交织并存的后疫情时期。在后疫情时期加强网络舆情危机的应对和治理，不仅能够缓解疫情造成的压力，疏导民众由疫情引发的紧张、不安等不良情绪，而且能够弘扬伟大抗疫精神，熔铸中国精神和中国力量，回应化解一些西方不良媒体对中国抗疫的质疑和污蔑，营造良好的国际疫情舆论环境。因此，在此背景下研究网络舆情应对策略，开展对网络舆情应对规律和技术装备等应对体系构建的探讨，对于丰富我国网络舆情危机应对理论，占领网络舆论的制高点，其意义和应用价值是毋庸置疑的。当然，庖丁解牛，刀法不一，但殊途同归、目标一致。对于后疫情时期网络舆情应对策略这一课题的研究将会持续深入推进。

---

① 习近平. 在全国抗击新冠肺炎疫情表彰大会上的讲话［N］. 人民日报，2020－09－09.

第三编　乡村治理

SHEHUI ZHILI
CHUANGXIN FAZHAN BAOGAO（2022）

中国乡村社会的结构转型与治理变革的实践逻辑

李天兵[①]

人口从乡村向城市的流动是现代社会发展中的一个典型特征，推动着乡村社会的结构转型。在这个转型过程中，不同国家展现出来的特点、面临的问题和转型的速度是有所不同的。相对于欧美发达国家，中国乡村社会的结构转型较晚，但也因此中国乡村社会的结构转型被压缩化了。同时，中国的政治体制也有自己的特色。上述差异使得中国乡村社会的结构转型面临的问题也存在独特性。客观描述这个过程中乡村社会结构发生的变化是厘清乡村社会面临问题的关键。因此，本研究首先着眼于乡村社会结构变化的描摹，进而阐述乡村社会治理变革的实践逻辑。在此基础上，本研究指出，乡村社会结构转型阶段的治理核心是防止形成"断裂的社会"，为此需要注重权利均衡机制的建立，以防止乡村与城市之间形成两种断裂的文明形态。

一、流走的村民

本研究所谓的"流走"强调两个方面的内涵：一是流动的；二是出走的。

[①] 李天兵，西华师范大学管理学院讲师，研究方向为政治与行政理论、地方政府治理研究。

具体来说,流走的村民主要包括两类人:第一类是获得城镇户籍并定居城镇的人群;第二类则是尚未在城镇定居,依然在城乡之间流动的人群,这类人群的典型代表是农民工。因此,观察流走的村民,可以从城镇化率和农民工的数量加以衡量和观察。

从城镇化率来看,1978年,中国城镇化率为17.9%,2000年上升到36%,2017年进一步增长到58.52%[①];到2021年末,我国常住人口城镇化率则达到了64.7%[②]。从农民工的数量上看,1983年农民工有535万人,到1989年达到3 000万人,1992年扩大为1.1亿人,2018年则为2.883 6亿人[③]。在整个建筑业中,农民工占比80%;在全国第三产业从业人员中农民工的比重达52%,占全国工人总数的2/3以上[④]。

从上述数据可以看出:一方面,流入城市的人口越来越多;另一方面,流动的农民工的绝对数量和占全国工人的比重也较高。

从发达国家的经验来看,城市化和人口向城市的流动是传统农耕社会向现代工商业社会转型过程中的典型特征。因此,村民向城市流走是现代社会转型的一个标志性现象。但在实际的转型过程中,每个国家村民流入城市的原因、路径、速度和面临的问题是存在差异的。从中国的实际情况看,村民的流走既有客观性因素的影响,也有人为制度安排的影响。

从客观性因素来看,新中国成立后,我国经历了一次人口大膨胀。在人口膨胀的同时,土地资源却是有限的。在这种情况下,人地之间的紧张关系

---

① 国家统计局. 2017年国民经济和社会发展统计公报[N]. 人民日报,2018-03-01.

② 国家统计局. 新型城镇化建设扎实推进 城市发展质量稳步提升:党的十八大以来经济社会发展成就系列报告之十二[EB/OL]. http://www.stats.gov.cn/xxgk/jd/sjjd2020/202209/t20220929_1888803.html.

③ 张翼. 改革开放40年:社会发展与变迁[M]. 北京:中国社会科学出版社,2018:99.

④ 顾益康,潘伟光,沈月琴. 历史应该铭记他们:改革开放以来农民对中国发展的十大贡献[N]. 农民日报,2013-12-14.

不可避免。尽管随着现代科技的发展，粮食的单位产量不断提高，但目前我国人均耕地面积依然偏小，人多地少的矛盾并未得到有效解决。相关统计发现，截至2015年底，耕地面积在10亩以下的农户达2.1亿户之多，占全部农户的79.6%。① 尽管人均耕地面积偏小，但对于农民而言，乡村土地具有社会保障和兜底功能。因此，即便那些进城务工或者已经搬进城市居住的农民，也不愿意放弃农村土地，从而限制了乡村土地的规模化经营。与此同时，农业产业的比重还在持续下降，农业的相对收益也在降低，农业给农民提供的收入来源较为有限。从产业的比重看，统计发现，1978年至2018年，第一产业占GDP的比重，从27.7%下降到了7.2%。② 从村民的收入来源看，2016年，在农村居民可支配性收入构成中，财产性收入仅占2.2%，而工资性收入、经营性收入、转移性收入占比分别高达40.6%、38.4%和18.8%。③ 由此可见，农业为农村居民提供的收入也较为有限，无法为农民提供足够的生活收入来源。

从人为的制度安排看，新中国成立后很长一段时间里，由于体制性权利的不平等，事实上城乡之间以及城市户籍和农村户籍之间有着不同的待遇。这些不同待遇体现在医疗资源、教育、基础设施、社会保障等方面的投入差距，并形成了事实上的制度壁垒。具体来说，二元的户籍制度、土地制度④、社会保障和社会福利制度⑤都共同扩大着城乡之别。近些年，尽管城乡居民可

---

① 魏后凯，闫坤. 中国农村发展报告2017 [R]. 北京：中国社会科学出版社，2017：18.
② 魏后凯，杜志雄. 中国农村发展报告2019 [R]. 北京：中国社会科学出版社，2019：21.
③ 魏后凯，闫坤. 中国农村发展报告2017 [R]. 北京：中国社会科学出版社，2017：20.
④ 在城乡二元的土地制度下，农村土地的经营性开发使用，只能通过国家征收把集体土地转化为国有土地，虽然2019年以后农村集体经营性建设用地同等入市条件逐渐放开，但这种二元的土地制度并未得到根本改变。
⑤ 典型体现在住房、就业、教育、医疗等领域。

支配收入都有所提高，且农民居民人均可支配收入增速快于城镇居民①，但城乡之间的收入差距依然较大。乡村明显凋敝，大量青壮年劳动力流失和外出务工，乡村社会的主体长期缺场，已经让乡村出现了村落空心化、家庭空心化以及劳动力空心化的发展态势。② 乡村社会出现了"无主体熟人社会"现象③，尤其是乡村精英的出走和流失给乡村治理和发展带来了不少困难，具体包括：第一，当前的乡村干部选任后继乏人。为了解决这一问题，上级组织通过大学生村官、派驻村干部、乡村"选调生"等方式补充乡村干部的不足，但由于城乡之间的巨大差距，大部分乡村现有的生活条件很难吸引这些人员留下安心工作。第二，潜在的人力资源也在持续流失。教育资源的城乡差距使得新生代农民工也逐渐将孩子送到城市接受教育。在这个过程中，为了解决小孩的照护问题，不少乡村的老人也跟着进城照护孙辈。乡村幼儿园、中小学也因为生源日益匮乏而被不断撤并，由此加剧了乡村潜在人力资源的流失，也导致乡村活力和发展潜力的持续丧失。

在科举取士阶段，掌握一定知识、文化和社会资源的士绅阶层构成了乡村社会治理的重要力量，同时，退职的官员大多"告老还乡"，由此构成沟通官府与民众的中间力量。但进入当前的城乡发展阶段，城乡的巨大差距和制度安排使得官员"告老还乡"的可能性很低，而乡村精英和潜在的人力资源还在流失，使得乡村社会的有生力量和补充性力量都在持续减少。

更为麻烦的是，因为两个前后相续的城乡二元化阶段，当前城乡之间的

---

① 国家统计局相关报告指出："我国城乡居民收入差距持续缩小，2021年农村居民人均可支配收入18931元，同比实际增长9.7%，快于城镇居民实际收入增速2.6个百分点，农村居民收入增速连续12年快于城镇居民；城乡居民人均可支配收入比值为2.50，比2012年降低0.38个百分点。"参见国家统计局. 新型城镇化建设扎实推进 城市发展质量稳步提升：党的十八大以来经济社会发展成就系列报告之十二 [EB/OL]. http://www.stats.gov.cn/xxgk/jd/sjjd2020/202209/t20220929_1888803.html.
② 许彦彬. 人口学视角下的空心村治理研究 [J]. 西北人口，2012 (05)：75—78.
③ 吴重庆. 从熟人社会到"无主体熟人社会" [J]. 读书，2011 (01)：19—25.

差距问题进一步加剧了。在行政主导的城乡二元结构阶段,城乡之间的关系是被行政关系所规定和限制的,城乡之间的人口不能自由流动,城乡居民有着截然不同的经济和社会待遇,乡村的资源也被不断转移到城市。城乡之间形成了"剪刀差",但因为城市消费的产品需要依赖农村,所以城市对乡村的依赖程度较深。然而,进入市场力量所推动的城乡二元结构阶段,城市居民消费的产品中非农产品比重上升,城市消费或支出很难再流入农村。与此同时,城市消费的产品还可通过国际市场进口加以解决,使得城乡之间的关系变得更为疏离,乡村甚至处于被抛离的状态,即被抛离于市场经济和世界经济体系之外,成为断裂社会的边缘化存在,城乡之间几近形成了两种不同的文明形态。① 在城乡之间巨大的社会福利和比较收益双双失衡之后,乡村人才也开始持续性流失和出走城市,最终进一步加剧了乡村治理和乡村振兴的困难。

二、模糊的村民身份

在各类资源不断向城市集中、城乡面临巨大差异的格局下,进入城市寻找就业和发展机会就成为农民尤其是中青年农民的理性选择。

在以珠三角、长三角为代表的东部发达地区,当地村民可以借助周边企业的发展实现就近就业。尽管村民保留着农村户籍,但已基本脱离农业生产。中西部地区的村民却更多展现出了"以代际分工为基础的半工半耕"的家计模式:适宜外出的中青年外出打工,而老人、孩子以及一部分妇女则留守农村。② 外出务工的中青年依靠打工赚钱,成为家庭收入的支柱,而留守乡村的成员又在一定程度上减少了生活成本,由此保证了家庭收入的增长。

---

① 有关城乡两个前后相续的二元化阶段的讨论参见孙立平. 断裂:20世纪90年代以来的中国社会 [M]. 北京:社会科学文献出版社,2003:37-38.
② 贺雪峰. 大国之基:中国乡村振兴诸问题 [M]. 北京:东方出版社,2019:128.

但是，上述按照地区分类的描述是较为粗略的，实际上的类型更为多样。这导致乡村的人口结构更加复杂：既有从事农业的村民、有户籍在乡村的城市人，还有城乡"两栖"的农民工。"谁是村民"这个问题也变得很难回答。

在传统社会中，村民生活在一个相对固定和熟悉的村落，并从事着固定的农业生产，"谁是村民"这个问题不难回答。但进入中国当前的社会转型阶段，城市化的进程不会一蹴而就，从农村向城市的人口转移需要几代人努力。在这一过程中，人口的迁移、聚居、流动和人们生产生活方式的变迁都需要一段较长的时间，由此决定了村民身份的转换也要经历一个较长的变化过程。此时，"谁是村民"就可能变成一个不易确认的问题：既有土地承包权的"村民"，还有获得土地经营权的"村民"；有长期在外打工、很少回乡的"村民"，还有守望家园、长期从事农业生产的"村民"；有游手好闲、不事稼穑的"村民"，也有开名牌小车、住豪华别墅、家产上亿的"村民"。[1]

尤其是对于外出务工的村民而言，他们成了"两栖人"，既脱离了原来的乡村社会和秩序，也无法完全融入就业的城市和社会，其政治权利和公民权利，"既不能在原来村庄完整实现，又不能在城市社区得以落地"[2]。在城市社会，他们是"外人"；在自己的乡村，他们往往是在重要节日时或重大事务发生时才出现的"返乡人"。因日常生活脱离了乡村，他们最终陷入了"传统性脱嵌"和"现代性脱嵌"共在的困局[3]，也给乡村治理带来了新的挑战。

三、弱化的乡村社会关系

中国传统的乡土社会是一个地域性社会结构，是一个典型的"熟人社

---

[1] 陈文胜. 城镇化进程中乡村社会结构的变迁[J]. 湖南师范大学社会科学学报，2020（02）：57—62.

[2] 周少来. 从失衡到融合：乡村结构之变及其治理转型[J]. 中国特色社会主义研究，2020（02）：53—62，2.

[3] 周立. "城乡中国"时代的资本下乡[J]. 人民论坛，2018（28）：70—72.

会"。村民之间因密切交往而知根知底。村民的流动范围小、流动频率也不高，且从事着基本同质的农业生产。在农业生产、乡村建设和房屋修缮等事务上，村民之间还需要相互协作。同时，乡村内部的血缘、泛血缘等关系是广泛存在的，使得乡村社会的内部关系也较为紧密。即便在新中国成立后，国家权力下乡突破了传统乡土社会原有的社会关系和治理格局，但个人与公社、单位等组织化力量紧密结合，形成了非常独特的组织化的熟人社会。①

随着工业化、市场化、城市化进程的推进，乡村社会关系开始变得复杂。乡村社会中剩下的劳动力更多是老年人或妇女。即便是这些人，其中也有不少保持着"半工半农"的生活状态。乡村社会中原有的大家庭或家族逐渐分离。村民进入城市定居、外出务工，越来越散落的乡村住房等因素都促使乡村社会原有的亲缘关系变得越来越疏离、宗族观念逐渐减弱。传统乡土社会的同质化、血缘、泛血缘的社会结构变得松散起来，大家族逐渐被小家庭、核心家庭所取代。尽管在乡村选举、关涉家庭成员利益的事务上，家族力量依然发挥着一定作用，但家族力量因为现代社会中朋友关系、同学关系、战友关系、商务关系以及各种社会组织关系的迅速崛起，影响力和作用都趋于下降。② 原先家族和家庭所承担的安全、教育以及社会保障事务也因为成员进入公共生活而日益弱化。"个人不再承认家共同体是其所要献身的客观文化财富的担纲者"，家族和家庭最终退化为了"共同消费的场所"。③

与此同时，伴随着机械化的推广、现代科技和市场经济的不断发展，村民可以依靠上述力量解决传统乡土社会需要村民和家族成员互助的问题。因此，村民之间的互助关系也变得不再那么重要，需要交往的频率和交流的深

---

① 李汉林. 变迁中的中国单位制度：回顾中的思考 [J]. 社会，2008（03）：31—40.
② 陈文胜. 城镇化进程中乡村社会结构的变迁 [J]. 湖南师范大学社会科学学报，2020（02）：57—62.
③〔德〕马克斯·韦伯. 经济行动与社会团体 [M]. 康东，简惠美，译. 桂林：广西师范大学出版社，2011：401.

度都日益下降。农村家庭开始小型化，家庭之间的关系纽带也日益弱化，家庭成员变得越来越独立。

现代社会的快节奏也开始影响乡村社会，乡村居民的生活节奏开始变快。村民不仅要干一部分农活，还可能进城务工或从事其他工种和劳动，以至于村民的交流和闲暇时间变得越来越少。每家每户普遍居住在独栋的楼房之中。这与传统乡土社会的院落布局形成了显著差异。在上述多种因素的共同影响下，传统乡土社会的公共聊天空间萎缩了。在农耕时代，村民过着"日出而作，日落而息"的生活。农忙时节，尽管村民也很繁忙，但一年下来，闲暇时光并不少。共同的生产生活空间为村民提供了交流机会。电视、手机、网络等娱乐工具的缺失又更加突出了面对面交流的不可替代性，促进了村落内部公共交流空间的形成。这些公共交流空间可以是院落、乡村的池塘边、紧邻的土地和房屋以及举办各种节庆和红白喜事的地方。在这些地方，村民加深了相互之间的了解，增进了感情。进入社会转型阶段，乡村内部的人口加速流动，人们的生活节奏加快、休闲时间减少，村民之间的交往时间也减少了，其相互间的关系纽带和情感随之弱化。

市场经济的发展又进一步将人的积极性和欲望调动起来。传统农耕时代的"守成型社会"被"进取型社会"取代，乡村社会的人口也开始了大规模、高频率的流动。乡村社会中的中青年和乡村精英开始流走，乡村社会剩下的主要劳动力更多是文化程度偏低、年龄偏大的妇女或老年人。

由于中国区域发展的不平衡，中西部地区的村民往往需要背井离乡，到更远的发达地区谋求更高的薪酬和更大的发展空间，但这些地方的进入门槛和生活成本也很高。这些背井离乡的农民工无法在工作的地方定居，需要通过流动来获取更高的报酬，最终不得不以牺牲老人的养老、夫妻的亲密距离和子女的陪伴为代价，赚取区域之间发展差距带来的收益，导致小家庭内部的关系也难以达到传统乡土社会的亲密程度。这部分农民工往往过着寄居的生活：一方面，他们要到外地或城市就业；另一方面，离土不离乡，乡村依然是他们无法脱离的一部分。在这种境况下，乡村的事务无法充分激励他们参与，而其居住的城市社区又无法容纳他们，导致这部分农民工既难以对工作的城市产生归属感，也很难对乡村社会产生高度依赖和认同。

中国当前的乡村既非传统农耕时代的"熟人社会"，也非"陌生人社会"。村民的流动以及信息技术的发展都打破了乡土社会的封闭性，人际关系也不再仅仅局限于熟悉的、封闭性的小地理空间范围，尤其是那些流动的村民获得了更宽广的交际范围，久而久之，村民之间"只知其人、不见其人，大多只是认识而不熟识了，人情关系变得越来越淡化，相互关系不断松疏"，传统乡土社会因亲缘、血缘和地缘的合一而产生的亲密关系难以维系，传统乡土社会的"差序格局"也逐渐被"利益格局"取代。①

四、国家权力下乡与乡村自治的平衡困境

在中国的现代化进程中，国家承担了重要的角色，甚至主导着现代化的进程。20世纪50年代中后期，中国基本形成了以政治整合代替社会整合的模式②，由此决定了国家权力也不可避免下沉到社会的基层组织。在城市，行政权力延伸到单位、社区，在农村，则深入到了村级自治组织，导致社会组织或者非行政性组织也承担了一部分行政功能，由此出现了诸如政权下乡、政策下乡、政党下乡以及法律下乡等一系列国家运动。③ 近些年，第一书记、村党支部书记、驻村扶贫工作队、大学生村干部、包村挂村干部等行政性、半行政化权力深入乡村社会，并发挥着越来越重要的作用。截至2016年底，全

---

① 陈文胜. 城镇化进程中乡村社会结构的变迁[J]. 湖南师范大学社会科学学报，2020（02）：57-62.

② 孙立平. 失衡：断裂社会的运作逻辑[M]. 北京：社会科学文献出版社，2004：159.

③ 徐勇. 国家化、农民性与乡村整合[M]. 南京：江苏人民出版社，2019：62-81.

国各层级下派第一书记约 20 万人，驻村工作队则超过 100 万人。①

随着乡村中附着于血缘、泛血缘的社会关系的逐渐弱化，无论是乡规民约，还是亲缘伦理，都受到了冲击。乡村社会原有的礼俗和伦理越来越难以调节乡村的社会关系。乡村自治也随着乡村社会的变迁和城市化进程中各类资源的流失而陷入困境。在持续拉大的城乡差距之下，乡村甚至成为被甩离于现代社会进程的一部分。乡村人口数量日益减少，乡村精英加速流失，乡村中的主体性力量日渐萎缩，使得乡村社会的自组织能力下降。由于优质人才的流失，乡村社会既无法依靠自身演化出乡村发展的力量，也无法吸引外部力量的进入，导致乡村自治的社会结构性力量处于衰减状态，并为国家权力下乡提供了空间和基础。

近二十年，涉及"三农"的中央政策性文件定位很高。但这种高定位又映射出乡村社会内部自组织能力的弱化。乡村社会人才、资源等的流失，为国家权力下乡提供了基础，甚至合理性。无论是乡村脱贫，还是乡村的持续发展，其现有的资源、人才等都不足以支撑上述目标任务的完成。国家权力下乡，一方面为乡村提供了发展资源；另一方面也对乡村社会进行了重新整合，弥补了乡村自治能力不足的空间。但过度依赖体制性力量又与自我教育、自我管理的内部推动的自治机制有不小差距，甚至与乡村自治的法理定位存在一定的张力。在这种情况下，行政力量的介入与乡村自治组织的关系处理就是需要加以认真对待和处理的问题。

根据《中华人民共和国村民委员会组织法》，村民委员会是基层群众性自治组织。但近些年，尤其是党中央提出要"打赢脱贫攻坚战"后，便大力推动乡村脱贫工作，形成了巨大的"政治势能"②，使得乡村脱贫成了时间紧、

---

① 周少来. 乡村结构之变及其给乡村治理带来的五大挑战 [EB/OL]. http://hzpdri.cn/page158?article_id=266.
② 贺东航. "政治势能"：中国共产党治理之道的内在图式 [J]. 行政论坛, 2021 (03)：5—9.

任务重、压力大的政治任务。但是,由于资源、人才等内生性力量的空心化和弱化,乡村治理中的各项任务不得不依赖从中央到地方所形成的科层化、组织化力量,以保证各项治理任务的完成,导致党政力量不断下沉到乡村,领导、管理甚至包揽了诸多乡村治理项目。

由于资源从上至下的分配以及驻村干部等组织性力量的涉入,村级组织对党政机关和部门的依赖程度也日益加深,"原本宪法规定作为村民自治组织的村委会组织,也在不断加重的政治压力和治理任务中'被行政化','政社一体'地被'官僚化',乡镇政府对村两委班子成员,实行行政化的管理监督和考核,每年的年终考核绩效直接与村两委班子成员的工资补贴相挂钩,被一体化'行政化管理'"①。

在行政性权威对乡村治理的影响日益加大的同时,行政性权威与乡村自治主体之间尚未形成制度化的协商和平衡关系。从实际情况看,村民代表大会、村务监督委员会、村民议事会等村民自治组织被行政化的力量主导,导致乡村自治空间被进一步压缩、虚化和边缘化。尤其是在脱贫攻坚和乡村振兴战略实施以来,乡村治理中的诸多任务有着严格的考核和问责机制,乡镇政府需要依赖村干部完成自上而下的治理任务,但村干部又是村民的代理人,其双向的角色诱致了角色冲突的空间,尤其是当自上而下的治理项目和事务变成政治任务后,党政系统与乡村自治组织之间从法理上的非领导关系有异化为实际的领导关系的风险。

国家权力下乡与乡村自治之间似乎陷入了相互强化的"怪圈":乡村自治力量的弱化给国家权力下乡提供了合理性,但国家权力下乡又不断挤压着原

---

① 周少来. 从失衡到融合:乡村结构之变及其治理转型[J]. 中国特色社会主义研究,2020(02):53—62,2.

本就不强固的乡村自治空间①，乡村"权力过密化"现象日益严重②。乡村治理行政化的结果引发了组织本身的僵化。这种僵化又进一步压缩了乡村社会的自主、自治发展空间，导致乡村社会自主分化的动力不足，最终影响了乡村社会发展的内生动力，使得乡村自治和国家权力下乡之间的互动平衡关系难以形成。

五、突围乡村治理变革困境的策略选择

从现代社会的发展进程看，乡村社会的结构转型是传统社会向现代社会转型的一个重要阶段。在这个过程中，治理策略的选择影响着乡村社会的发展和转型的顺利与否。转型过程中的问题是不可避免的，也恰恰是因为问题的出现，治理策略的选择才有了生发空间。有学者指出："一般地说，大规模的社会变革总会涉及两个相关的过程，一是体制的变革，也就是一套有关社会生活规则的改变。二是社会力量构成的变化。"③ 从短期看，我国乡村社会转型是体制变革主导着乡村社会转型的进程。但从长远来看，乡村社会力量构成的变化也会制约乡村社会治理策略的选择。倘若乡村社会结构转型过程中的问题得不到有效的处理和应对，乡村社会与城市社会之间将可能发生"断裂"，形成所谓的"断裂的社会"④。

无论是村民的流走、村民身份的模糊化、乡村社会关系的弱化以及国家

---

① 周少来.从失衡到融合：乡村结构之变及其治理转型[J].中国特色社会主义研究，2020（02）：53-62，2.
② 周少来."权力过密化"：乡村治理结构性问题及其转型[J].探索，2020（03）：118-126，2.
③ 孙立平.断裂：20世纪90年代以来的中国社会[M].北京：社会科学文献出版社，2003：30.
④ 孙立平.断裂：20世纪90年代以来的中国社会[M].北京：社会科学文献出版社，2003：1-19.

权力下乡中的困境，都表征着对社会发生着结构性变化。乡村治理变革的策略选择核心是回应和回答乡村社会转型过程中的治理问题。从目前乡村社会转型过程看，要缩小城乡之间的差距，并解决由此而引发的乡村治理过程中的问题，其关键是防止城乡之间形成"断裂的社会"。孙立平指出，目前我国社会断裂主要是权利不均衡的结果，要走出断裂社会就是要走出权利高度不均衡的状态，用有效的制度确保社会权利的大体均衡。①

有学者指出，我国非正式制度层面的权利不均衡和正式制度层面的权利低水平均衡并存。权利的低水平均衡表现在，社会各个群体的权利均处于一种低水平，由此形成了低水平均衡状态。非正式制度层面的权利不均衡指的是不同群体的社会权利因为不同群体的影响力、在群体中的结构位置以及所拥有的机会结构的不同而处于事实上的不均衡的状态。② 无论是正式制度层面的权利低水平均衡，还是非正式制度层面的权利不均衡，都会致使社会失衡，并有引发社会断裂的风险。

在乡村社会的结构转型中，要防止断裂社会的形成，其关键也是要处理好权利均衡的问题。因为在权利不均衡的状态下，即便是经济高速发展，很多人尤其是村民依然难以充分分享改革发展成果。有学者指出："近些年来，中国的经济增长在现实的层面上陷入一种耐人寻味的悖论之中：即使经济有一个较为快速的成长，但社会中的大部分人不能从中受益；如果没有一个较为快速的经济增长，社会中的大部分人却会从经济停滞中受害。"③ 因此，作为一种策略选择，乡村社会结构转型的治理策略应该着眼于一种总体性的权利均衡方案。这个总体性方案，最关键的是建立和保障权利均衡的机制。要

---

① 孙立平. 失衡：断裂社会的运作逻辑 [M]. 北京：社会科学文献出版社，2004，自序：8.

② 孙立平. 失衡：断裂社会的运作逻辑 [M]. 北京：社会科学文献出版社，2004，自序：8—9.

③ 孙立平. 断裂：20世纪90年代以来的中国社会 [M]. 北京：社会科学文献出版社，2003：24.

营造一个公平的环境，使得无论是城市居民，还是乡村居民，都可以在自由行使平等权利的过程中实现最优化的社会发展目标。

但从现实来看，在乡村社会的结构转型中，由于城乡二元结构的形成以及乡村自治能力的弱化，主导乡村社会发展的更多是由科层制组织所塑造的整体性话语。这种整体性话语对乡村社会以及城乡不同利益主体的关怀不足，某种程度上造成了城乡不同利益主体的权利失衡，不仅使得乡村社会内部的主要利益主体未能建立有效的沟通、协商机制和渠道，对城乡之间不同群体表达利益，在施加压力的方式上也缺乏有效的制度安排，最终导致这种整体性话语不再是一种有机结构，而是强力推动的结果。城乡之间以及乡村社会内部主体之间尚未形成制度性的冲突平衡机制，无法适应由以地缘、血缘和业缘为一体的传统社会结构向以"业缘"为主的社会结构转型的治理变革需求。

有学者指出，目前，我国已从理想和热情阶段的改革步入了利益博弈阶段的改革。① 在理想和热情阶段的改革中，往往所有人都可以获益，由此获得的支持性力量也是具有普遍性的。但当前，我国已基本进入利益博弈阶段的改革。与理想和热情阶段的改革有所不同，进入利益博弈阶段的改革往往形成了多元化的社会力量，影响到了一部分人的既得利益，使得改革需要这部分利益群体的支配和配合。倘若不能形成权利平衡的机制，相关改革就可能因为既得利益者的阻碍而进程缓慢，甚至半途而废。

因此，应对乡村社会结构转型中的问题，首先要承认这个社会，无论是城市，还是乡村都整体性进入了一个高度分化和利益多元化的阶段。在这个阶段，任何人和群体都有追求自己利益的正当性。其次，要确保乡村社会以及代表乡村社会发声的主体表达不同观点和获取利益的权利能得到有效保护，

---

① 孙立平. 断裂：20世纪90年代以来的中国社会 [M]. 北京：社会科学文献出版社，2003：32—33.

形成解决乡村社会内部和城乡之间社会利益冲突的制度化的解决机制。再次，要在城乡之间和乡村内部不同的社会群体之间建立制度化的沟通和协商渠道，并确保这种沟通、协商渠道的畅通、有效。最后，要明确国家或政府在利益均衡机制中的恰当角色，要防止国家权力下乡引发的"权力过密化"问题，以避免国家权力下乡与乡村自治陷入相互强化的"怪圈"。

基于基本公共服务的农村低收入人口返贫风险防范机制

康 健 肖智芳[①]

一、问题的提出

党和国家高度重视"三农"工作,农村和农民是推动共同富裕取得实质性进展的关键所在。党的二十大报告提出,要全面推进乡村振兴,坚持农业农村优先发展,巩固拓展脱贫攻坚成果。2022年中央一号文件指出要促进共同富裕,牢牢守住不发生规模性返贫的底线。中国式现代化是人口规模巨大的现代化,是全体人民共同富裕的现代化。农村和农民是推动共同富裕取得实质性进展的关键所在。当前,世界经济复苏脆弱,我国农村地区发展基础又相对薄弱,如何防止农村低收入人口返贫成为当前和今后亟须解决的重要问题。

基本公共服务是公民普遍享有的权利性、非排他性与非竞争性的公共产品。中央财经委员会第十次会议强调通过促进基本公共服务均等化,加大普惠性人力资本投入,完善养老和医疗保障体系、兜底救助体系、住房供应和

[①] 康健,电子科技大学公共管理学院讲师,博士,研究方向为基本公共服务均等化与共同富裕。肖智芳,电子科技大学公共管理学院硕士研究生,研究方向为基本公共服务。

保障体系，来推动共同富裕。然而，现有关于防止农村低收入人口返贫风险防控的研究主要从公共产品等物质投入与投资等角度开展，对基本公共服务等基本性制度安排的长效机制关注较少，有待建立与完善制度性的防返贫的长效机制。在此背景下，面向共同富裕的目标，本研究以基本公共服务为着力点，探究防止农村低收入人口返贫的社会保护机制、社会发展机制、精准识别机制，为完善农村低收入人口返贫风险防控机制提供新思路，为农村低收入人口返贫风险防范乃至促进共同富裕的政策制定与调适提供参考。

二、 文献回顾

返贫是脱贫后的再次贫困。研究返贫离不开对贫困的研究，相关研究包括如下几个方面。

首先是关于贫困的研究。贫困问题一直以来备受世界各国学者和专家的关注。通常，学术界对贫困的界定是着眼于经济方面的，认为贫困即收入缺乏，以至不能维持个人或者家庭基本生存需要①，即贫困"缺乏说"。20 世纪八九十年代以来，学界又提出了贫困的"排斥说"，即人们本应该享有的政治、文化以及生活中的一部分权利被剥夺，所处的生活状态进一步恶化，导致了贫困的发生以及贫困群体普遍缺少达到最低生活水平的能力，无法通过自身能力获取维持基本生活的物资。② 当前，学者们的观点集中于绝对贫困、相对贫困和多维贫困等方面，采用的测度方法包括热量支出法、比例法、恩格尔系数法、超必需品剔除法等。

---

① 王小林. 贫困标准及全球贫困状况 [J]. 经济研究参考，2012（55）：41—50.
② 虞崇胜，唐斌，余扬. 能力、权利、制度：精准脱贫战略的三维实现机制 [J]. 理论探讨，2016（02）：5—9.

其次是贫困的成因研究。国外学者指出，贫困的产生是"基本可行能力"的剥夺。① 还有学者从宏观的角度指出，贫困是资本的缺乏，投资的疲软②，此外，贫困有制度方面的原因，不完善和不合理的制度会造成收入和机会的不均等，直接引起收入水平的差异，进而导致贫困的产生③。国内学者总体上认为，收入和社会保障不足是最普遍的致贫原因④，并且指出贫困是多维因素的结果，包括个人因素、外部因素、政府社会等⑤，甚至个体的特征、社会关系、人口规模与结构、户籍制度等因素也将造成贫困发生及不平等⑥。此外，生活环境也是重要影响因素，特别是就城镇居民而言，城市居民边际消费倾向高、消费品价格大幅度上涨也将导致贫困。⑦

再次是贫困治理的研究。国外学者认为贫困治理的方法包括投资推进⑧、

---

① 〔印〕阿玛蒂亚·森. 论经济不平等 不平等之再考察 [M]. 王利文，于占杰，译. 北京：社会科学文献出版社，2006.

② 〔美〕讷克斯. 不发达国家的资本形成问题 [M]. 谨斋，译. 北京：商务印书馆，1966.

③ TOWNSEND P. The concept of poverty [M]. London: Heinemann Educational Books, 1971.

④ 贾林瑞，刘彦随，刘继来，等. 中国集中连片特困地区贫困户致贫原因诊断及其帮扶需求分析 [J]. 人文地理，2018 (01)：85-93，151.

⑤ 杨龙，李萌，卢海阳. 深度贫困地区农户多维贫困脆弱性与风险管理 [J]. 华南师范大学学报（社会科学版），2019 (06)：12-18，191.

⑥ 郭熙保，周强. 长期多维贫困、不平等与致贫因素 [J]. 经济研究，2016 (06)：143-156.

⑦ 陈书. 中国城镇贫困估计及原因探索 [J]. 贵州财经大学学报，2015 (06)：99-108.

⑧ 〔美〕保罗·萨缪尔森，〔美〕威廉·诺德豪斯. 经济学 [M]. 萧琛等，译. 北京：商务印书馆，2012.

转移剩余劳动力①、治理权力掠夺②、改进农耕技术③、赋予有意义的群体身份④等。国内学者的观点主要集中于以下几个方面：一是制度脱贫，认为应补齐制度缺位，提高制度的公平性，增加贫困群体的发展机会⑤；二是教育脱贫，认为应加大对人们思想文化观念的教育，提高人们的认识水平、综合素质和技能⑥；三是公共资源脱贫，认为应完善基础设施建设，改善生产条件，提高发展水平⑦。

最后是返贫的研究。改革开放以来，经过长时间的发展，我国的扶贫成效显著。但是，脱贫人口返贫现象一直存在，成为蚕食扶贫开发工作成果和阻碍扶贫目标顺利实现的顽疾。⑧ 脱贫人口返贫的类型有很多，主要包括能力

---

① 〔美〕奥斯卡·刘易斯. 贫穷文化：墨西哥五个家庭一日生活的实录 [M]. 丘延亮，译. 北京：教育科学出版社，2011.

② 〔印〕阿玛蒂亚·森. 以自由看待发展 [M]. 任赜，于真，译. 北京：中国人民大学出版社，2002.

③ 〔美〕西奥多·W. 舒尔茨. 改造传统农业 [M]. 梁小民，译. 北京：商务印书馆，2006.

④ THOMAS E, MCGARTY C, MAVOR K. Social psychology of making poverty history: Motivating anti-poverty action in Australia [J]. Australian Psychologist, 2010 (01): 4-15.

⑤ 相丽玲，牛丽慧. 基于阿马蒂亚·森权利方法的信息贫困成因分析 [J]. 情报科学，2016 (08): 47-51.

⑥ 任远. 喀什地区农村贫困成因分析及对策建议：以伽师县米夏乡 21 村为例 [J]. 中共伊犁州委党校学报，2018 (03): 60-62.

⑦ 孙菲，王文举. 中国农村贫困成因区域差异性研究 [J]. 贵州民族研究，2017 (06): 25-29.

⑧ 郑瑞强，曹国庆. 基于大数据研究的精准扶贫机制研究 [J]. 贵州社会科学，2015 (08): 163-168.

习惯型返贫[1]、制度政策型返贫[2]、资源环境型返贫[3]、灾祸风险型返贫[4]等。而在防止返贫的研究上，学者主要从教育与就业[5]、公共设施供给[6]、生态环境整治与环境移民[7]等方面展开。

综上所述，学者们围绕贫困的内涵、成因以及治理展开了大量的讨论，特别是在返贫的研究上，分析了返贫的原因，并提出了治理的对策。但现有研究存在两个问题：其一，返贫是内外因素共同影响的结果，大量研究关注的是返贫之后的治理问题，而对返贫之前如何进行风险防控的研究相对较少，特别是针对农村低收入人口返贫风险防控机制研究鲜有发表；其二，现有关于防止贫困的研究主要从公共产品等物质投入与投资等角度开展，对基本公共服务等基本性制度安排的长效机制关注较少，有待建立制度性与政策性的农村低收入人口返贫风险防范的长效机制。

三、基本公共服务与农村低收入人口返贫风险防控的关系耦合

提到农村低收入人口的返贫风险防控，正如上文所述，采取的措施更多

---

[1] 马绍东，万仁泽. 多维贫困视角下民族地区返贫成因及对策研究 [J]. 贵州民族研究，2018 (11)：45—50.

[2] 谢远涛，杨娟. 医疗保险全覆盖对抑制因病致贫返贫的政策效应 [J]. 北京师范大学学报（社会科学版），2018 (04)：141—156.

[3] 庄天慧，张海霞，傅新红. 少数民族地区村级发展环境对贫困人口返贫的影响分析：基于四川、贵州、重庆少数民族地区67个村的调查 [J]. 农业技术经济，2011 (02)：41—49.

[4] 万喆. 新形势下中国贫困新趋势和解决路径探究 [J]. 国际经济评论，2016 (06)：47—62，5.

[5] 丁军，陈标平. 构建可持续扶贫模式治理农村返贫顽疾 [J]. 社会科学，2010 (01)：52—57，188.

[6] 王刚，贺立龙. 返贫成因的精准识别及治理对策研究 [J]. 中国经贸导刊，2017 (08)：37—38.

[7] 王湛晨，李国平. 利益共享机制下水电移民相对贫困治理研究 [J]. 河南大学学报（社会科学版），2022 (02)：24—33，152—153.

是资本投入或者劳动力流出。基本公共服务是农村低收入人口返贫风险防控机制的新视角，本部分主要阐述基本公共服务与农村低收入人口返贫风险防控的关系耦合。

从理论上来说，基本公共服务的发展特别是其均等化的过程对防止农村低收入人口返贫具有巨大的意义。首先，根据国家出台的扶贫标准，要实现农村低收入人口的脱贫，在基本公共服务方面，公共教育、住房保障、医疗卫生、社会保障、就业创业、优抚安置、社会服务、文化体育等各领域的指标皆要达到或接近小康水平。这样一种小康水平指的是人们的物质以及文化生活处在一个非匮乏的程度，但这一程度也并不是富裕的水平，而是"保基本"，换而言之，就是大家在解决温饱的前提下，将生活质量提高一个层次，实现丰衣足食的阶段性目标。根据国家的定义，城镇居民人均可支配收入1.8万元为小康水平。对于农村人口来说，基本保障就是"吃、穿、住、行、医疗和教育"，保证农村人口吃得饱，穿得暖，有一个安全的住所，道路畅通，出行方便，家家户户有医保，都能接受九年义务教育，家里有条件的，吃水要从水井变为自来水，做饭要从柴灶变为天然气，通电，村与村之间实现通信畅通，村落与外面的世界能保持联系。扶贫工作与防止农村人口返贫工作有一定的共性，同样要将脱贫政策的相关指标当作准则，在各种基础设施中，保证农村人口基本公共服务实现相应的保障。

从实践来看，2020年是我国全面建成小康社会的决胜之年，是实现中华民族伟大复兴的关键一年。在这之前，全面脱贫是全中国面临的共同的难题，政府为了攻克这一难题，出台了很多扶贫政策，在现在看来，很多扶贫政策都起到了很大的作用，如产业发展脱贫政策、转移就业脱贫政策、易地搬迁脱贫政策、教育扶贫政策等。返贫是脱贫后的再次贫困，所有之前的扶贫政策要持续地实施下去，确保稳定脱贫。

产业发展脱贫政策实施过程中，国家政府因地制宜地规划农村特色产品，实现农产品促销，带动当地经济发展。党的十八大以来，农业农村部、国务院扶贫办等部门不断强化贫困地区特色产业发展指导推进力度,组织编制产业扶贫规划,出台完善政策举措,总结推广典型范例,扎实推进贫困地区新型农业经营主体培育、科技人才服务、农产品产销对接等重点工作,促进贫困地区发展产业带动就业增收取得明显成效。脱贫攻坚项目库统计数据显示,2019年,脱贫户中享受产业扶贫支持的占72.3%。

转移就业脱贫政策是最直观有效的脱贫政策,因为对于农村低收入人口来说,找到一份好工作是帮助家庭脱离贫困的好方法,每个月有一份固定的收入,不仅可以保证家庭基本开支,还能积累家庭储备资金,以备不时之需。近年来,国家也在尽最大努力积极有效地解决贫困人口的就业问题。

易地搬迁脱贫政策主要针对所住地不适合产业发展和农产品种植的农村低收入人口,把他们迁入到宜居地,以改善居住地生产生活条件来创造发展空间,帮助这一部分人口实现脱贫致富。对于部分农村地区"一方水土养不起一方人"的约束条件,政府部门在脱贫攻坚过程中主要采取的措施是帮助他们摆脱当下承载性较低的人居生存环境,帮助他们实现就业和稳定脱贫。

教育脱贫政策既是脱贫和防止返贫的核心手段。农村低收入人口受教育程度低、综合素质不高、发展意识薄弱等客观事实是造成农村贫困人口居多的主要原因。近年来,国家政策中,无论是九年义务教育的普及,还是通过发展职业教育培育农村新型专业农民,都在一定程度上推动了农村人口教育水平的提高和当地经济水平的提升,全面促进了扶贫事业的发展,用实践证明了"治贫先治愚、扶贫先扶教"的正确性。

虽然我国脱贫攻坚战取得全面胜利,现行标准下9899万农村贫困人口全部脱贫,832个贫困县全部摘帽,12.8万个贫困村全部出列。但是,在全面脱贫取得胜利之后,我们更加不能掉以轻心,更要关注贫困人口返贫的问题。"授人以鱼不如授人以渔",要教给贫困户发家致富的真本领,建立制度性的长效机制,以确保稳固全面脱贫的成果。如上文所述,在贫困治理的措施中,除了投入脱贫和搬迁脱贫以外,公共资源长期性投入的基本制度性的脱贫也是不可或缺的。我国公共资源长期性投入的制度安排中，基本公共服务体系以及基本公共服务均等化就是公民最直观的、最熟悉的公共资源或基本公共产品。基本公共服务不仅包括了公共教育、住房保障、医疗卫生、社会保障，还包括了就业创业、优抚安置、社会服务、文化体育等，几乎涵盖到了公民生活的方方面面与全生命周期。政府利用各种政策尽量完善基础设施建设，改善生产条件，提高发展水平，这能在一定程度上防止低收入人口返贫。农村地区经济发展基础薄弱，农村人口经济意识欠缺，开展防止返贫工作应该更加关注农村低收入人口的返贫问题。

总之，基本公共服务供给可以有效防止农村低收入人口返贫，逐步实现共同富裕；同样，防止农村低收入人口返贫继而实现共同富裕的人民需求也会拉动基本公共服务全面覆盖。两者相互协调，持续发展。为促进基本公共服务与农村低收入人口返贫的理论与实践耦合，使二者整体协调发展，需利用供给侧结构性改革拓宽基本公共服务的覆盖面，增强人民获得感；同时，要严格防止农村低收入人口返贫，也需发挥乡村振兴的示范作用。利用二者协调发展能力推动实现共同富裕，发挥提高基本公共服务水平与防止农村低收入人口返贫相互促进的效能。

四、基于基本公共服务的防止农村低收入人口返贫的社会保护机制

社会保护机制是指基本公共服务发挥其保障兜底机制，以减少家庭负担为关键，在防止农村低收入人口返贫过程中发挥社会保护的效应，增强的是农村低收入人口贫困治理的韧性。社会保护机制发挥作用的过程中，社会保险服务、社会救助服务、养老服务等基本公共服务发挥了重要作用。

社会保险服务是基本公共服务体系的重要组成部分，在基本公共服务体系中关键在于提高参保率和社会保险的给付水平。通过不断提高的参保率，

社会保险服务发挥了国民收入的再分配的效应,并以统筹的社会保险基金为依托,在农村低收入人口因病、因伤或失去劳动能力等陷入生活困境时给予其物质帮助,以减少农村低收入人口就医等各方面的支出。除此之外,社会服务中的社会救助也是社会保护发挥作用的重要方面。社会救助服务是国家政府或其他社会团体针对失去劳动能力、遭受自然灾害、低收入的社会群体所实施的物质救助或者精神救助的各项措施,能保障他们的基本生活,缓解其生活困难,维持他们的基本生存能力。社会救助服务不同于社会保险服务,社会保险服务主要防范参与社会劳动带来的风险,而社会救助主要针对一般性的生活困难。因此,社会救助属于直接的二次分配,对于提高农村低收入人口的基本生活水平,防止其返贫具有非常重要的作用。养老服务是国家政府为老年人提供基本生活保障的服务,用于满足老年人物质生活和精神生活需求的基本措施。自党的十八大以来,我国出台了加快发展养老服务业、全面放开养老服务市场等政策措施,养老服务体系建设取得显著成效。

我国完成全面脱贫攻坚任务,不仅是实现经济社会高质量发展的有效保障,也是实现社会和谐稳定的重要基础。近年来,在农村地区,因重大疾病返贫的低收入人口不在少数。很多贫困家庭在接受政府、企业或社会组织帮扶摆脱贫困之后,往往会因为家庭成员患重大疾病或未加入医疗保险之中而被迫花光家里所有的积蓄继而返贫,有时甚至家庭基本保障都不能满足,生活极其困难。为了解决这些问题,国家近年内来先后建立与完善了农村医疗保险、大病救助和自费救助制度,以减轻贫困人口过重的医疗负担,提高扶贫的韧性。

社会保险服务、社会救助服务与养老服务等基本公共服务与公民基本生活最为贴近,几乎存在于日常生活中的每一阶段,是为了实现让人民群众老有所养、贫有所依、难有所助、鳏寡孤独废疾者皆有所养的社会状态。对于整个社会来说,只有政府、企业、社会组织等从各个方面对农村低收入人口乃至全社会弱势群体进行全面、细致的社会保护,减轻其家庭负担、增强他们应对突发风险和灾害的能力，才能避免出现脱贫后返贫的现象。

五、基于基本公共服务的防止农村低收入人口返贫的社会发展机制

农村低收入人口的社会发展是其在社会结构中前进的、上升的变迁过程。基本公共服务的社会发展机制是指基本公共服务发挥其赋能机制，增加社会人力资本积累与家庭收入，在防止农村低收入人口返贫过程中发挥的社会发展的效应，增强的是农村低收入人口贫困治理的可持续性。社会发展机制发挥作用的过程中，公共教育服务、就业创业服务、基本住房保障服务等基本公共服务发挥了重要作用。

公共教育是基本公共服务体系的重要组成内容。公共教育是国家向公众开放的、国家承担了绝大部分费用的一种教育形式或者说教育公共产品。其中，九年义务教育甚至具有强制性。正如前文所述，教育扶贫是非常重要且有效的一种扶贫和防止返贫政策。近年来，国家的教育扶贫政策体现出了对职业教育发展的推进，致力于培养多元化的技术型人才，让适龄青年不将目光局限于高考这唯一的教育渠道，而是接受职业教育快速掌握一项硬本领。除了发展职业教育，政府也更多地给予了教育拨款，用于为学子提供更好的教育环境以及互联网课程等共享的高品质教育资源，也用于提高教师的待遇，切实提高教育教学质量。因此，做好公共教育不仅是对家庭形成社会保护的重要方式，更是促进公民社会发展的一种形式。学者们指出，基本公共服务具有减贫效应[①]，能缩小收入差距，促进社会平等，教育服务能促使阶层上升

---

① 孙玥，黄涛，王艳慧，等．乡村振兴重点帮扶县农村基本公共服务的多维减贫效应［J］．经济地理，2022（06）：144-155．

与人力资本积累，促进经济发展①。

公共就业创业服务指的是由政府相关部门通过服务购买的方式为就业者、创业者提供渠道、政策、资金、信息等各方面的服务与支持。如前文所述，让农村低收入人口得到一份不错的工作，是最直接的扶贫和防止返贫的方式之一。但是，这种扶贫政策不仅需要相关部门在各个渠道为就业者提供支持，也更多地需要就业者本身专业素质过硬。国家政府近年来大力发展职业教育，也更是为了使接受教育的适龄青年具有扎实的劳动技能和较强的创业胆识。近年来，我国劳动力数量持续增加，需要让人民群众都能普遍享有改革发展成果，要保障所有人都能无差别地享受制度红利；需要促进优质劳动力自由流动，使其发挥更大的作用；增加就业条件和机会，促使全社会普遍性的人力资本提升而不只是一部分人力资本提升，以普惠性人力资本积累的方式实现社会发展。充分的就业指导和就业机会，乃至宽松的创业创新大环境，最终能让更多农村低收入人口融入工业社会，融入现代服务业，防止返贫。

基本住房保障服务主要是相关部门通过出台政策或信息引导为低收入人群解决安全住所的问题。基本住房保障是关系民生的重要问题。可以说，一切扶贫和防止返贫的政策都是建立在住房保障上的。房屋是我国公民重要的财产之一，住房质量问题是重要的民生问题。所以，解决农村低收入人口的房屋问题，特别是农村老旧危房兜底改造是一个十分重要的社会发展窗口，既保障了农村低收入人口的生命财产安全，也有利于让这一部分人群住有所居，减少居住支出。此外，良好的人居环境对于传染病防治、人民群众健康都有重要的意义。这也在一定程度是保障了社会发展机会、减少因病支出的隐患，从而实现防返贫。

---

① GAO Q, YANG S, ZHAI F H. Social policy and income inequality during the Hu-Wen Era：A progressive legacy？[J]. The China Quarterly，2019：1—26.

六、基于基本公共服务的防止农村低收入人口返贫的精准识别机制

基于基本公共服务的防止农村低收入人口返贫的社会保护机制与社会发展机制得以充分发挥作用，离不开对农村低收入人口返贫的精准识别。基本公共服务体系建设的标准化、信息化以及跨部门的数据共享与数据效能发挥为社会保护与社会发展提供了契机。

党的十九大根据内外部环境的变化鲜明地提出，新时代我国社会主要矛盾已经转化为人民日益增长的美好生活需要和不平衡不充分的发展之间的矛盾。在历史因素、天然禀赋等多方面因素作用下，我国各地区发展基础不一，导致城市与农村、内陆与沿海、东部与西部之间的基本公共服务差距较大。为了实现全面脱贫，我国中央与地方各级政府相继出台了系列政策，同时也建立了各个角度的脱贫指标。中共中央、国务院2011年印发的《中国农村扶贫开发纲要（2011—2020年）》提出，2011—2020年农村扶贫开发工作目标是2020年稳定实现"两不愁、三保障"，即扶贫对象不愁吃、不愁穿，义务教育、基本医疗、住房有保障。贫困户脱贫的标准为"八有"：一是有安全住房；二是有安全饮水；三是有基本农田；四是有增收产业；五是至少一人有技能资质证书；六是有基本社会保障；七是实现家里有余粮；八是实现手头有余钱。在基本公共服务领域，基本公共服务的不平衡不充分的发展与公民获得感的日益提升也是一个显著的矛盾。因此，国家基本公共服务建设的重点工作之一便放在了标准化等方面，以推动基本公共服务的高质量发展。

对一个国家来说，要实现防止农村低收入人口返贫的目标，首先是尽量让所有农村人口拥有基本医疗保障，提高医疗报销比例，扩大重大疾病、慢性病等医疗保障范畴；其次是提高非营利性社会组织权利，充分动员社会各团体的社会救助能力，充分发挥帮扶资源的作用；最后是关照特殊人群的就

业，切实提高残障人士的自主生存能力，使他们拥有基本生活保障。2020年中国全部贫困县脱贫摘帽，也证明了中国提前10年实现了联合国2030年可持续发展议程的减贫目标。中国是以实践证明了自己的脱贫经验及成效，形成了具有中国特色的脱贫攻坚经验，为全世界的脱贫成功交出了一份可借鉴的、具有创新性的答卷。越是到这个时候，全国越是不能掉以轻心，要巩固脱贫成果，防止返贫现象的发生，坚定地走出一条具有中国特色的贫困治理道路。

因此，为了促进区域间基本公共服务供给均衡，国家积极推动基本公共服务的标准化建设。在这一过程中，基本公共服务相关的数据库是非常重要的一环，也是完善基本公共服务体系与标准体系的基础设施。因此，在标准化建设过程中，如能打破户籍、收入、基本公共服务供给等数据壁垒，以医保数据、社会救助数据、收入数据、家庭人口变更数据等的共享为基础，更有利于建立农村低收入人口返贫预警指标体系。

数据共享为建立一个完善的农村低收入人口返贫预警指标体系奠定了基础，是实现国家全面脱贫与巩固脱贫攻坚结果的关键环节。接下来，关键的一步就是要利用大数据群体画像精准识别农村低收入人口易返贫群体。通过收入数据、教育数据、医保数据等农村低收入人口返贫预警指标来查找、分析、预测容易返贫的低收入群体，结合乡镇人民政府或社区网格员入户排查，登记家庭信息，组织帮扶，发现问题，识别返贫风险，实现跨部门的数据共享在返贫防控中的落地，发扬基本公共服务赋能增收的优势，精准识别农村低收入人口返贫趋势，实现返贫风险防控。

七、结　语

中国式现代化是人口规模巨大的现代化，是全体人民共同富裕的现代化。基本公共服务均等化是实现中国式现代化的重要一环。党的二十大报告也强调，到 2035 年基本公共服务实现均等化。这一过程中，离不开巩固脱贫攻坚成果，防止农村低收入人口返贫，也离不开持续推进基本公共服务均等化，实现制度性、长效性的防止返贫。本研究分析了基本公共服务防止农村低收入人口返贫的社会保护机制、社会发展机制和精准识别机制等防范机制，为完善农村低收入人口返贫风险防控机制提供了新思路。然而，这也只是理论探讨。在今后的研究中，还可以通过案例等经验研究对此进行进一步的完善。

全域土地综合整治中农民权益流失风险研究综述

廖喜生　秦绍宜[①]

一、引　言

自改革开放以来，在我国城市化进程中，农村为城市的发展提供了大量的资金、劳动力以及廉价的土地资源，在推动城市化的同时也造成农村地区活力的减弱。农村地区耕地碎片化、空间布局无序化、资源利用低效化、生态质量退化等问题凸显，阻碍了农村地区的发展。在中国特色社会主义进入新时代的背景下，党的十九大提出了乡村振兴战略，按照"产业兴旺、生态宜居、乡风文明、治理有效、生活富裕"的总要求，实现农业农村现代化。随后，2018年中央一号文件发布，《乡村振兴战略规划（2018—2022年）》又安排了"实施农村土地综合整治重大行动"。土地整治是缓解人地矛盾，促进土地集约化利用，实现社会、经济、资源和生态可持续发展的基础；是优化土地资源配置、盘活农村资源、促进城乡融合发展的有效途径；是实施乡村振兴战略的重要抓手。过往传统的土地整治更多关注于耕地的数量、质量以及农用地的整治，对建设用地、生态保护修复则关注较少。随着各种问题的凸显，以单一要素为对象的传统土地整治模式已难以解决农村发展中的综合

[①] 廖喜生，四川大学公共管理学院副教授，博士，研究方向为土地制度与政策。秦绍宜，四川大学公共管理学院硕士研究生，研究方向为土地行政与房地产管理。

性问题，土地整治开始向山水林田湖草全要素综合整治转变。2019年年底，为助力乡村振兴战略的推进，自然资源部印发了《自然资源部关于开展全域土地综合整治试点工作的通知》（自然资发〔2019〕194号），从此我国正式在全国各地部署开展全域土地综合整治试点工作。

全域土地综合整治通过农用地整治、建设用地整治和乡村生态保护修复以实现耕地集中连片、优化人居环境以及改善生态环境来优化农村生产生活与生态空间、全面盘活农村资源，从而推进乡村振兴、实现城乡融合发展。但全域土地综合整治在实际试点过程中存在着项目变更频繁、占用耕地导致农民无法就业、农民补偿标准偏低等问题。这一系列的问题导致农民权益得不到保障，农民面临权益流失的风险。

本研究通过对土地整治、农民权益以及全域土地综合整治中的农民权益相关的研究文献进行梳理总结，以期对农民的权益流失的风险类型进行划分。鉴于理论与实践的双重需要，本研究以农民群体作为研究对象，考虑到当前我国全域土地综合整治的现实情况，结合实际提出能够防范农民权益流失风险的具体措施，以期提高农民生活质量、增加农民的获得感和幸福感。

本研究的创新之处分为两点。首先，本研究以农民视角出发研究全域土地综合整治中农民的权益。过去许多研究以政府或者企业的视角来研究全域土地综合整治，而本研究则以农民视角出发研究全域土地综合整治。农民既是全域土地综合整治的基本参与者，也是最后受益者，保障农民权益对全域土地综合整治的开展有着重要作用。其次，本研究着重于对全域土地综合整治过程中农民所面临的权益流失的风险进行划分和识别，最终根据研究评述提出全域土地综合整治中农民权益风险防范的对策建议，对保护全域土地综合整治中农民权益、对促进全域土地综合整治事业持续发展具有较重要的意义。

二、土地整治研究综述

(一) 国外相关研究综述

Su 等[1]以四川省成都市温江区兴福村全域土地综合整理为例,阐释了美丽乡村建设过程中全域土地综合整治的重要性和内涵,探讨了全域土地综合整治对农村发展和管理的影响。Zhou 等[2]以阜平市石川河全域土地综合整治工程为例,探讨了整治过程中社会稳定风险。Liu 等[3]对全域土地综合整治中低效园地和边角林地整治开展潜力分析。Nguyen 等[4]分析了越南农用土地整理的现状,总结了近年来越南农用地整理的成果和局限性,剖析了产生问题的原因,提出了促进越南农业发展的土地整理的建议。Marinkovi 等[5]认为塞尔维亚土地整理项目更加注重农业用地整理,对防护林重视不够,原因主要是土地整理参与者对退耕还林有所抵制以及法律法规对这一问题重视不够。

---

[1] SU T L, MAI X M. The influence of comprehensive land consolidation on rural construction and development—Taking Xingfu Village of Wenjiang District as an example [J]. Open Journal of Social Sciences,2020 (07).

[2] ZHOU H, XU Y. Preliminary study on social stability risk assessment of land integrated renovation project:A case study of Shichuan river project in Fuping [J]. IOP Conference Series:Earth and Environmental Science,2021 (02).

[3] LIU M Y, CAI X W, SONG Y N, et al. Potential analysis of inefficient garden land and residual forest land remediation in comprehensive land remediation of the whole region—A case study of Zhemu Town, Guilin City, China [J]. Journal of Geoscience and Environment Protection,2021 (10):79-90.

[4] NGUYEN T T H, PHAM N M L, VOTHI V K, et al. Land consolidation for agricultural growth in Vietnam [J]. International Journal of Economics and Finance,2020 (04):83.

[5] MARINKOVI G, GRGI I, LAZI J, et al. Land consolidation in the function of shelterbelts for agricultural land in the Republic of Serbia—Crtical review [J]. Šumarski list,2020 (144):3-4.

Bullard R[①]认为目前土地整治活动趋于综合发展，不但要推进农村经济可持续发展，更要保护生态环境、关注自然生态效益。Alessandro等[②]认为土地细碎化是限制农林业发展的重要因素，可通过土地整治改善景观，促进旅游业的发展。Jarostaw等[③]以波兰南部山区土地整理为例，认为山区的土地整理因土地细碎化指数、地形条件和土壤质量等不利因素既影响了农业生产活动，也影响了土地整理改善地块分布、形状和面积的成效，并提出可以通过改善交通条件提高地块的可进入性和高山区土地整理的效益。

（二）国内相关研究综述

土地是人类主要社会经济活动的空间载体。我国于1999年实施的《土地管理法》提出了"国家鼓励土地整理"，《全国土地整治规划（2011—2015年）》在概念上明确了"土地整治"这一术语。[④] 作为协调人地关系的重要手段，土地整治具有保障粮食安全、丰富耕地功能、提高生态效率、缩小城乡差距、提升农户福祉等多重功能，与农户的实际权益关联密切。[⑤][⑥][⑦][⑧] 我国

---

① BULLARD R. Land consolidation: The rural technique for land reform [C]. The International Congress on Agrarian Reform and Rural Development, Ankara, 1992: 279−291.

② ALESSANDRO B, ANDREA R, RICCARDO B. Improving the landscape and tourism in Marginal Areas: The case of land consolidation associations in the North−West of Italy [J]. Land, 2020 (06): 1−15.

③ JAROSIAW J, MAGDALENA L, EWA J. Land consolidation in mountain areas: Case study from southern Poland [J]. Geodesy and Cartography, 2017 (02).

④ 龙花楼，张英男，屠爽爽. 论土地整治与乡村振兴 [J]. 地理学报，2018 (10): 1837−1849.

⑤ 周小平，申瑞帅，谷晓坤，等. 大都市全域土地综合整治与耕地多功能：基于"情境—结构—行为—结果"的分析 [J]. 中国土地科学，2021 (09): 94−104.

⑥ 梁志会，张露，张俊飚. 土地整治与化肥减量：来自中国高标准基本农田建设政策的准自然实验证据 [J]. 中国农村经济，2021 (04): 123−144.

⑦ 刘永强，戴琳，龙花楼，等. 乡村振兴背景下土地整治模式与生态导向转型：以浙江省为例 [J]. 中国土地科学，2021 (11): 71−79.

⑧ 张超正，陈丹玲，张旭鹏，等. 土地整治对农户"福祉—生态"耦合关系的影响：基于整治模式与地貌类型的异质分析 [J]. 中国土地科学，2021 (03): 88−96.

早期开展土地整治的目的主要在于保持耕地数量动态平衡,增加耕地面积或农用地面积。2000年以来,我国通过土地整治完成新增耕地6 450万亩,建设高产稳产基本农田6亿亩,有效促进了乡村地区土地资源的盘活与集约利用。[1]但近年来,土地整治的内涵逐渐丰富,整治目标越发综合化、多元化。国内学者的研究聚焦于土地整治的战略理论[2]、绩效评价方法[3]、工程类型与措施[4]、景观生态效益[5][6]与运行监管机制[7]等方面,学术成果丰硕。但在现有研究中,对农户权益的研究较少,对农户家庭生活质量的关注度不高。

随着土地整治的进行,有学者发现分散的土地整治活动存在土地整治目标单一、整治不到位、基础设施薄弱等问题。[8]吴正海等[9]考察了陕西省高陵县东樊村的土地整治模式,提出土地整治不应该是分散的,应该实施土地全域化统筹治理。杨军[10]提出土地整治与农业产业化应有效结合,解决土地整治

---

[1] 冯应斌,杨庆媛. 转型期中国农村土地综合整治重点领域与基本方向 [J]. 农业工程学报,2014(01):175−182.

[2] 严金明,夏方舟,马梅. 中国土地整治转型发展战略导向研究 [J]. 中国土地科学,2016(02):3−10.

[3] 张英男,屠爽爽,龙花楼,等. 平原农区空心村整治潜力测算模型构建及应用:以山东省禹城市为例 [J]. 农业资源与环境学报,2017(04):335−342.

[4] 刘彦随. 科学推进中国农村土地整治战略 [J]. 中国土地科学,2011(04):3−8.

[5] 王军,钟莉娜. 景观生态学在土地整治中的应用研究进展 [J]. 生态学报,2017(12):3982−3990.

[6] 王军,邱扬,杨磊,等. 基于GIS的土地整理景观效应分析 [J]. 地理研究,2007(02):258−264.

[7] 刘彦随,朱琳,李玉恒. 转型期农村土地整治的基础理论与模式探析 [J]. 地理科学进展,2012(06):777−782.

[8] 王军,钟莉娜. 中国土地整治文献分析与研究进展 [J]. 中国土地科学,2016(04):88−97.

[9] 吴正海,睢党臣,苏凤昌. 基于城乡统筹的农村土地整治:运作模式、效果评价与成功机理:以陕西省高陵县东樊村为例 [J]. 经济研究参考,2014(34):65−71.

[10] 杨军. 农业产业化视角下农村土地整治及效益研究 [J]. 资源信息与工程,2017(05):130−131.

后闲置的问题，并创新提出可以将模糊综合法应用于土地整治效益评估。2019年12月，自然资源部启动了全域土地综合整治项目试点工作，土地整治由单一项目建设转向全域土地综合整治，分散的土地整治活动逐渐具备对地区经济社会发展全局的战略支撑力。全域土地综合整治作为一种多功能的土地利用方式，是以提高土地利用效率和效益、保障土地资源永续利用、改善生态环境、优化三生空间布局为目的的，从全区域视角统筹安排农用地整治、建设用地整治、生态修复等活动①，其本质是从以经济效益为主的生产主义向兼顾社会、经济、环境等非生产主义的转变②。全面推进"田水路林村城"综合整治，有助于逐步减缓农村不平衡发展、激活乡村内生发展动力、统筹人与自然和谐发展、最终全面实现乡村振兴。③

围绕全域土地综合整治，我国学者开展了一系列研究。肖磊④从实现以人为本转型、实现目标导向转型、实现空间统筹化治理转型三个方面提出了土地整治优化转型构思。饶静⑤在梳理全域土地综合整治相关文献的基础上，整理工作中的经验做法和问题，深入剖析问题根源，提出优化路径。余建忠等⑥通过探究浙江省针对资源禀赋迥异的各类地区在土地综合整治方面采取的措施，总结多类用地相互协调、经济、生态与社会效益同步提升的全域土地综

---

① 夏方舟，杨雨濛，严金明. 中国国土综合整治近40年内涵研究综述：阶段演进与发展变化 [J]. 中国土地科学，2018（05）：78—85.

② 姜棪峰，龙花楼，唐郁婷. 土地整治与乡村振兴：土地利用多功能性视角 [J]. 地理科学进展，2021（03）：487—497.

③ 万婷，张淼. 基于乡村振兴战略的土地整治综述及发展趋势研究 [J]. 中国农业资源与区划，2018（05）：1—6.

④ 肖磊. 乡村振兴背景下全域土地综合整治转型发展探析 [J]. 现代农业科技，2021（13）：262—263.

⑤ 饶静. 土地整治社会评价内涵、原则及框架方法 [J]. 中国土地科学，2017（12）：84—91.

⑥ 余建忠，董翊明，田园，等. 基于自然资源整合的浙江省全域土地综合整治路径研究 [J]. 规划师，2021（22）：17—23.

合整治特色道路，并解析其背后的交易成本机理。夏世茂①认为农民是全域土地综合整治的直接受益者和重要的参与主体，并针对农民参与的问题和不足，提出应完善公众参与法律制度、加强宣传培训、拓宽参与途径、搭建参与平台、设立相应的激励机制，使农民能够真正积极有效地参与到整治工作中，发挥其主体作用。于水等②以苏北S县全域土地综合整治为研究个案，分析非技术层面执行困境，并建议从"价值、组织和制度"三维路径出发扭转政府、行政人员及乡村精英的实利性价值取向，构建农户自治协作组织和执行监督机构，完善农民参与机制、利益分配机制和乡镇财政整治体制。

此外，考虑地域空间分异性和发展阶段性开展差异化全域土地综合整治，是确保全域土地综合整治因地制宜、有效实施的基础与关键。我国学者基于不同的行政区域，探索差异化的全域土地综合整治模式。例如，臧玉珠等③从国家的农村减贫发展视角将全域土地综合整治模式归纳为单项土地整理模式、三生空间优化模式、土地资产显化模式和土地资本流动模式；谢金华等④从投资主体视角将湖北省天门市全域土地综合整治模式划分为政府主导型模式、新型农业经营主体主导模式等；张蚌蚌等⑤从耕地细碎化角度将陕西省榆林市榆阳区的整治模式划分为"一户一田"和"一组一田"两种模式。这些研究都从不同视角和尺度水平分析了全域土地综合整治模式的差异性。

---

① 夏世茂. 全域土地综合整治公众参与的现状及对策分析 [J]. 农村经济与科技，2021（16）：8—10.
② 于水，汤瑜. 全域土地综合整治：实践轨迹、执行困境与纾解路径：基于苏北S县的个案分析 [J]. 农业经济与管理，2020（03）：42—52.
③ 臧玉珠，刘彦随，杨园园，等. 中国精准扶贫土地整治的典型模式 [J]. 地理研究，2019（04）：856—868.
④ 谢金华，杨钢桥，许玉光，等. 农地整治对农户收入和福祉的影响机理与实证分析 [J]. 农业技术经济，2020（12）：38—54.
⑤ 张蚌蚌，郭芬，黄丹，等. 陕北"一户一田"和"一组一田"耕地细碎化整治模式与绩效评价 [J]. 农业工程学报，2020（15）：28—36.

三、农民权益研究综述

(一) 国外相关研究综述

关于农民权益的研究多集中于发展中国家,主要关注农地制度的改变能给农民带来什么,研究的角度则各有侧重,有的关注农地制度变迁中农民权益的受损情况,有的进一步考察农民权益保护中政府的作用,还有一些则关心农民权益保护的对策。就农民权益受损角度而言,Zemenfes 等[1]通过对埃塞俄比亚部分地区的征地研究,指出该地区对被征地农民的补偿存在不公平的情况,并缺乏损失的恢复支持,农民权利一定程度受损。Govindaprasad 等[2]探析了发展中国家农业非农化的加深对农业和农民收益的损害程度。就政府作用农民权益保护的角度而言,Zeemering[3] 研究了在土地流转协议的达成中,地方政府和不同角色的影响,而农民与地方政府和土地流入方的商议能力决定了农民经济权益的实现程度。Zemenfes 等[4]认为政府征地补偿的不合理以及农地价值确认方式的不科学等影响农民权益。Thomas 等[5]通过进一步研究地方政府中的裙带关系,认为政府官员的不恰当行为侵犯了公民的土地

---

[1] ZEMENFES G M, KWAME C S Y. Farmland conversion and the compensation question in Mekelle (Ethiopia) [J]. Developing Country Studies, 2014 (04): 64.

[2] GOVINDAPRASAD P K, MANIKANDAN K. Farm land conversion and food security: Empirical evidences from three villages of Tamil Nadu [J]. Indian Journal of Agricultural Economics, 2016 (04): 493−503.

[3] ZEEMERING E S. Negotiation and noncooperation: Debating Michigan's conditional land transfer agreement [J]. State & Local Government Review, 2008 (01): 1−11.

[4] ZEMENFES G M, KWAME C S Y. Farmland conversion and the compensation question in Mekelle (Ethiopia) [J]. Developing Country Studies, 2014 (04): 64.

[5] THOMAS M, FINN T. Political connections and land−related investment in rural Vietnam [J]. Journal of Development Economics, 2014 (110): 291−302.

权和土地市场的独立性。就保护农民权益对策而言，Juan 等①建议在增加农民土地经济收益、培育新型职业农民、促进农村稳定发展、完善经济权益表达机制四方面做出努力，在农民表达权上建议强化农民权益保护和表达意识、畅通权益表达机制、建立农民权益诉求机构、加强农民权益引导。Liu 等②运用决策试验和平价试验（decision-making trial and evaluation laboratory，简称 DEMATEL）方法分析了失地农民幸福感的影响因素，结果表明，政府可以通过完善征地、社会保障、就业等社会环境政策来影响其他因素，提高失地农民的幸福感水平，保护农民权益。

（二）国内相关研究综述

土地整治政策实施以来，尤其是全域土地综合整治在国内试点后，如何在土地整治的过程中维护农民权益成为研究热点，农民权益愈发受到国内学者的关注。他们开展了广泛的研究与探讨，研讨的重点集中在农民权益受损的现状、受损的原因以及对策建议上。

农民权益是一个外延不断发展的概念。最初，人们关注到的农民权益往往是指农民土地权益。恩格斯指出，农民"为了保持他们那一小块岌岌可危的土地而进行的斗争越加艰苦，他们便越加顽固地拼命抓住这一小块土地不放"③。可以说，农民土地权益与农民起义是密不可分的，而从《物权法》（现已失效）出发，土地权益的定义则局限在了农民的土地权利，即对土地的占有、使用、收益、处分、抵押及地上权、地役权等，具体包括"农村集体

---

① JUAN C, DU X D. Protection of farmers' interests in rural land circulation of China: Theoretical frame and realization mechanism [J]. Cross-Cultural Communication, 2014（02）：15-24.

② LIU L X, WANG T T, XIE L, et al. Influencing factors analysis on land-lost farmers' happiness based on the rough DEMATEL method [J]. Discrete Dynamics in Nature and Society, 2020（04）：1-10.

③ 中共中央马克思恩格斯列宁斯大林著作编译局. 马克思恩格斯全集（第二十九卷）[M]. 北京：人民出版社，2020：595.

（土地）所有权""土地承包经营权"和"宅基地使用权"。① 当前，农民权益不仅仅局限于土地权益，其概念内涵更为完整，概念外延更加宽广。农民土地权益是农民基于土地所享有的权益，而不是农民享有的土地权益，它不仅包括农民土地经济权益、土地政治权益、土地社会权益和土地文化权益等实体权益，还包括农民土地程序权益。

农民权益事关一个国家的根基，意义重大。我国学者多以乡村振兴为背景，从农民群体地位出发，认为农民是农村生产生活的主体，"农民权益"具有不可替代的研究意义。② 当对我国农村政策演变的内在逻辑进行深入地分析，则可发现"农民权益"这一价值理念不仅与马克思主义经典作家的思想一脉相承，而且对当前全面推进乡村振兴过程中解决农民的权益诉求有着重要的启示，同时具有理论意义与现实意义。③

农民的特殊地位也意味着其权益保护具有必要性。准确、全面地识别出农民权益面临的流失风险，是保护农民权益的第一步。孙守相等④认为，农民权益受损表现为其主体地位和意愿没有得到充分的尊重，农民意愿、主体地位以及利益的被"挤出"。张超正等⑤通过实证，以中介效应模型作为研究方法，探讨农地整治过程中农民权益面临的风险及其程度，认为不同的农地整治模式对于农民权益的影响不同。还有部分学者认为，农民权益受损的根本原因在于农民群体无法有效实现多维权益，且这一群体权益缺失情况持续多

---

① 王权典. 农民土地权利保障因应法律变革之演进：结合《物权法》的基本理念及创制范畴 [J]. 河北法学，2011（06）：17—25.
② 石丹丹. 实现农民在乡村振兴中的主体地位 [J]. 现代经济信息，2018（21）：5.
③ 解安，侯启缘. 以"农三权益"为核心的农村政策演变的内在逻辑与启示 [J]. 理论与改革，2021（05）：129—139，156.
④ 孙守相，李秋仪. 挤出与回归：乡村振兴战略中农民地位及权益保障研究 [J]. 北京农业职业学院学报，2021（04）：31—36.
⑤ 张超正，杨钢桥，陈丹玲. 不同模式农地整治对农民生活满意度的影响差异研究：基于生计资本总量和结构的中介效应分析 [J]. 长江流域资源与环境，2020（06）：1462—1472.

样化,既包括农民群体的知情权和参与权缺失①②,也包括农民群体的生存权、生活保障权、子女受教育权等的相对缺失或受损③④。路荣荣等⑤则从农村社区存在的非正式制度驱动力要素和管护状态要素两方面出发,认为农民权益流失风险在于其主动性不足,表现在权益风险上为农民发展权益的缺失。石峡等⑥从需求层次出发,将农民权益的流失定义为其农村公共品的缺失上,从需求偏好、需求强度和需求演化上看,农民社会保障权、社会文化权的流失均会影响农民的日常生活。

四、全域土地综合整治中的农民权益

(一) 国外相关研究综述

Cheng⑦运用计划行为理论和个案研究方法分析了农民参与挂钩政策的决策行为,为地方政府在安置过程中保护农民权益提供政策建议。Liu等⑧采用

---

① 龙开胜,陈利根. 基于农民土地处置意愿的农村土地配置机制分析 [J]. 南京农业大学学报(社会科学版), 2011 (04): 80—87.

② 孙鹤汀,刘培进. 论被征地农民政治参与的障碍与对策 [J]. 山东科技大学学报(社会科学版), 2009 (03): 38—41.

③ 杜书云,徐景霞. 内源式发展视角下失地农民可持续生计困境及破解机制研究 [J]. 经济学家, 2016 (07): 76—83.

④ 康岚. 失地农民被征用土地的意愿及其影响因素 [J]. 中国农村经济, 2009 (08): 53—62.

⑤ 路荣荣,赵微,陆昊天,等. 农民参与农地整理后期管护的态度与意愿研究:基于"驱动力—状态—响应"的分析框架 [J]. 中国土地科学, 2018 (05): 71—77.

⑥ 石峡,朱道林,张军连,等. 土地整治农民需求层次特征及影响因素研究 [J]. 农业工程学报, 2015 (03): 304—311.

⑦ CHENG L. To leave or not to leave? "Intention" is the question. Investigating farmers' decision behaviours of participating in contemporary China's rural resettlement programme [J]. Environmental Impact Assessment Review, 2022: 97.

⑧ LIU B, CHEN C, TANG L, et al. Estimation method of the consolidation potential of rural residential land considering farmers' willingness [J]. Discrete Dynamics in Nature and Society, 2021: 1—13.

多方法综合测算农村居民点整理理论潜力，从自然条件和经济可行性两个维度构建校正指标体系，并且从农民意愿的角度对校正指标体系进行了进一步优化，将农村宅基地整理与农民土地权益保护有机结合起来。Wang 等[1]探讨了农民身份认同和产权认知对农民宅基地分配公平感的影响，最终认为农村宅基地政策判断应该着眼于农民的身份，政府在农村宅基地分配过程中应该保护农民的合法权益。Wang 等[2]认为要更好地实施城乡建设用地置换，必须始终把农民的权益放在首位，更加尊重农民的意愿，建立统一的城乡土地市场，完善土地市场机制。Zhang 等[3]认为农村建设用地作为一项重要的财产，关系到农民的根本利益，在建设用地整理过程中需要充分尊重农民意愿、保护农民权益。

（二）国内相关研究综述

当前，我国学术界对于全域土地综合整治中农民权益的研究虽然较少，但随着我国土地整治范围的扩大、试点的增加，关于全域土地综合整治的研究也日渐增多。全域土地综合整治过程中的农民权益，是农民基于土地整治所享有的全部权益，是农民围绕土地整治项目全过程所产生的并且应当享有的全部权益，主要包括经济权益、政治权益、社会文化权益、生态环境权益等。

---

[1] WANG Y R, CHEN L G, LONG K S. Farmers' identity, property rights cognition and perception of rural residential land distributive justice in China: Findings from Nanjing, Jiangsu Province [J]. Habitat International, 2018 (79): 99-108.

[2] WANG J, LI Y R, WANG Q Y, et al. Urban–rural construction land replacement for more sustainable land use and regional development in China: Policies and practices [J]. Lang, 2019 (11): 1-18.

[3] ZHANG Y Y, ZHANG Z S, SUN X S. The approaches from rural construction land consolidation to sustainable rural land resource development [J]. IOP Conference Series Earth and Environmental Science, 2020: 508.

关于农地整治过程中农民权益概念的研究,张东旭①在乡村振兴的背景下认为农民权益保护意识应当贯穿农地整治全过程,保障农民的监督权、参与权和知情权等,充分调动公众参与积极性。杨晨丹妮等②认为农民土地权益的定义存在广义和狭义两种:广义上,农民土地权益是一个"权利束",包含农民对于土地的使用权、收益权等经济权益,及由承包土地而获得的社会保障权、发展权等政治、社会权益;狭义上,农民土地权益仅指农民基于土地使用权而获得的收益权、土地处置权等;农民土地权益的实现是农民个体、农民群体及农民组织所应该享有的各项土地权益得到全面尊重、落实和持续增进的状态。

关于全域土地综合整治中农民权益受损的表现研究。孙婧雯等③以平原地区为例,认为土地综合整治过程中农民权益受损表现为生产空间低值低效、生活空间无序空废、生态空间污损衰退上,这些问题会严重阻碍农民的未来发展权与社会权益。陈凯④认为,由于农业、生态用途土地租金收益远低于开发建设用地,导致全域土地综合整治的综合经济效益不明显,农民的经济权益、生态权益受到损害。杨喜⑤认为农民在乡村土地整治中的诉求表达权、过程参与权、收益分配权等方面都处于弱势地位,导致乡村土地整治中农民主体地位不完整,土地整治供给与农民实际需求难以有效对接。于水等⑥认为农

---

① 张东旭. 乡村振兴背景下的农村土地整治研究 [J]. 新农业, 2022 (09): 83—85.

② 杨晨丹妮, 洪名勇. 土地流转中的农民土地权益实现研究: 基于农民主体性的实证分析 [J]. 农业技术经济, 2022 (03): 21—37.

③ 孙婧雯, 刘彦随, 戈大专, 等. 平原农区土地综合整治与乡村转型发展协同机制 [J]. 地理学报, 2022 (08): 1971—1986.

④ 陈凯. 全域土地综合整治的现实困境及政策思考: 以广东省为例 [J]. 中国国土资源经济, 2021 (10): 44—49, 54.

⑤ 杨喜. 供给侧结构性改革视域下乡村土地综合整治研究 [J]. 长春理工大学学报(社会科学版), 2021 (02): 11—15, 22.

⑥ 于水, 汤瑜. 全域土地综合整治: 实践轨迹、执行困境与纾解路径: 基于苏北S县的个案分析 [J]. 农业经济与管理, 2020 (03): 42—52.

民权益受损的主要原因在于地方政府常依托科层制权威包揽整治工作，与此同时弱组织化小农由于文化水平相对较低、利益分散、机会主义行动以及主体意识匮乏等因素，在面临"自上而下、政府主导"的全域土地综合整治时存在"失语"现象，造成农民在整治中话语表达弱势化、利益分配边缘化。

而对于全域土地综合整治中农民权益受损的原因，我国学者也做了多方面的分析。曾柳絮等[①②]认为政府在土地综合整治过程中积极性不强是导致农民权益受损的主要原因。首先，地方政府的不积极会导致土地整治进程滞后，有的地方政府甚至会出现盲目追求眼前利益，如经济效益、建设用地指标等，而做出损害农民权益的举动，影响整个地方政府在农民心中的口碑、信誉以及影响力；其次，部分地方政府在规划上的懒政导致农业逐渐被边缘化，损害了农民应得权益；最后，部分地方政府的不作为很大程度上会导致土地资源的浪费，损害农民的土地权益。张俊凤等[③]认为我国农地整治工作起步较晚，相关法律法规体系尚未完善，一些地方政府及相关部门不具备长远发展眼光，未能全面认识农地整治的功能及目标，造成目前农地整治项目仍在片面追求增加耕地数量，忽视了农地整治中保护农民权益对建设社会主义新农村及社会主义和谐社会的推动作用。张丽等[④]则认为，农民权益受损的主要原因在于农民主体对于土地整治的认识不够，参与积极性低。闫宇鹤等[⑤]则认为制度是影响农民权益的主要原因，土地整治程序的不规范、土地整治机制的

---

① 曾柳絮，宾联明，陈柯夫. 耕地保护目标下的全域土地综合整治工作探究[J]. 国土资源导刊，2022（02）：63－65，91.

② 陈赟. 乡村振兴背景下全域土地综合整治优化发展分析[J]. 山西农经，2021（21）：145－146.

③ 张俊凤，刘友兆. 农村土地整治对"新三农"问题的效应研究：以江苏省为例[J]. 农业现代化研究，2013（02）：144－148.

④ 张丽，张磊. 浅析农村土地综合整治的问题与对策[J]. 甘肃农业，2020（05）：47－48.

⑤ 闫宇鹤，郑兴明. 资本下乡中农民权益流失风险防范[J]. 福州党校学报，2022（02）：54－59.

不健全都是导致农民经济权益、土地权益受损的原因。

关于全域土地综合整治中农民权益保护对策的研究,侯向娟等[①]认为可以通过就业帮助、产业发展、易地搬迁、生态保护的方式去保障农民的经济权益与生态权益,充分发挥土地整治的扶贫功能。黄豪[②]、赖松坡[③]都从农民自身出发,提出了保护农民权益最根本的是要提升农民自主性。前者认为想要从根本上保护农民权益,就要加强农民土地整治相关知识的普及,只有提高农民自身对于土地整治的认识,才能提高其参与度,规避土地整治过程中自主权的流失;后者则同样强调了农民在土地整治过程中的主体地位,认为农民权益的保护具有迫切性,要不断加强农民对农村土地制度改革的认识以及责任感等,号召农民积极参与、充分表达所需,奠定自身在土地制度改革中的主体地位,发挥最大效应。梁芮[④]认为规避农民权益流失风险,需要科学有序推进城镇化,同时要加强对于农民诉求的了解,完善土地整治制度。

五、 研究评述

通过上述对于国内外土地整治发展历程、农民权益发展现状以及全域土地综合整治中农民权益的研究现状梳理可以发现,目前,学术界对农民权益保护、土地整治中农民权益的研究较多,对于全域土地综合整治过程中农民利益流失风险的研究较少。现有的关于土地整治过程中农民利益的研究主要

---

① 侯向娟,申潞玲. 土地综合整治对山西省脱贫的作用和促进策略[J]. 华北自然资源,2021(01):100-102.
② 黄豪. 农村土地综合整治中农民权益保护问题研究[J]. 甘肃农业,2020(11):81-82.
③ 赖松坡. 当前农村土地综合整治存在的主要问题与对策[J]. 现代农业,2020(10):62.
④ 梁芮. 农村集体土地征收过程中失地农民权益保障问题研究[J]. 农村实用技术,2022(02):13-14,17.

集中在农民利益的意义、农民权益的定义上。在土地整治中农民利益风险方面，现有文献主要关注农民的经济收益权流失风险，对于自主选择权流失风险、社会保障权流失风险、生态环境权益流失风险与司法诉讼权益流失风险研究较少。近年来，随着社会经济的不断发展，土地整治的内涵和外延不断拓展。目前，在全域土地综合整治项目运行过程中，农民不仅关心自身的经济收益权，而且关心自身的自主选择权、社会保障权、生态环境权与司法诉讼权。只有充分了解土地整治过程中农民各方面的权益流失风险，才能更好地规避农民权益流失，充分保障农民各方面的权益。

农民作为弱势群体，面临着自主选择权流失风险、经济收益权流失风险、社会保障权流失风险、生态环境权益流失风险与司法诉讼权益流失风险。首先，在自主选择权益诉求中，农民通常会关注到其意见与建议能否得以反馈并落实，在现实中体现为农地整治项目信息公开，其后依次为项目民主决策、项目民主监督、项目民主管理。其次，在经济收益诉求中，农民最看重的是农产品产量的提高，接下来依次为农业生产方式的转变、农业生产结构的调整、更高农地转出收入的获得、经济损失补偿的获得和劳动报酬的获得。再次，在社会保障权益诉求中，农民最看重的是丰富农村文化生活，其后依次为构建和谐农村社区、提升农民在农村社区的地位和价值。随后，在生态环境权益诉求中，农民最看重的是改善村庄内部生活环境，其后依次为保护农业生产环境、节约土地资源、节约水资源。最后，在司法诉讼权益诉求中，农民往往更关心自身权益是否遭到非法损害。

在全域土地综合整治的过程中，不仅要尊重并保护农民的经济收益权，对于自主选择权、社会保障权、生态环境权与司法诉讼权也要加强保护与研究。要根据农民各方面的权益诉求及其差异，因时因地确定农地整治的方向、内容及重点，促进全域土地综合整治事业健康、持续发展。要保障农民在整治过程中的权益，首先是保障农民的自主选择权益，其次是保障农民的经济收益权、社会保障权、生态环境权与司法诉讼权。具体措施如下：第一，充分尊重农民的意愿，完善土地整治项目农民全程参与机制，切实执行土地整治项目信息公开制度，防止农民的自主选择权流失；第二，对于参与全域土地综合整治的农户，政府应该制定详细、合理的补偿与报酬计划，针对不同类型的工作内容，安排不同水平的经济报酬，防止农民经济收益权的流失；第三，建立积极反馈与激励机制，对于积极参与全域土地综合整治的农户进行荣誉表彰，并且加强整治区基础设施建设，推进乡村产业振兴，增加农民就业机会，防止农民社会保障权的流失；第四，加强政府对生态环境治理的监管，建立农村生态环境治理队伍，积极发动农户参与农村生态环境治理保护，防止农民生态环境权益的流失；第五，健全全域土地综合整治中有关农民权益的法律法规，保障农民权益不受侵害，防止其司法诉讼权益流失。

第四编　社会治理

SHEHUI ZHILI
CHUANGXIN FAZHAN BAOGAO（2022）

信息技术何以赋能基层治理

刘 锐 潘 越①

一、问题提出

2005年以来,信息技术在城乡基层快速运用。早期的研究抽象地看待技术的治理功能。随着信息技术的运用领域越发广泛,嵌入基层治理的过程越发深入,不少学者研究发现了实际运作问题。他们开始深思,影响技术效能的核心因素是什么,如何构建机制促进有效治理。具有代表性的研究者是简·芳汀。他认为信息技术分为两类——客观技术和执行技术,信息技术在设计和运用过程中会被改变,技术引进要受制度和组织的影响。② 受执行技术框架的影响,国内研究主要分为三个方向。

一是"技术—组织"研究。相关研究认为,信息技术有某种特定的结构,输入组织会对组织结构产生影响,技术运用过程内含结构冲突。如果技术对组织具有某种意义,组织就会从不同层面运用技术。当技术不能带来治理绩

---

① 刘锐,四川大学公共管理学院副教授,博士,研究方向为公共政策与基层治理。潘越,四川大学公共管理学院硕士研究生,研究方向为城乡基层治理。本文系四川省哲学社会科学重点研究基地社会发展与社会风险控制研究中心项目"农村风险防范与技术治理研究"(编号:SR22A16)成果。

② 〔美〕简·芳汀. 构建虚拟政府:信息技术与制度创新[M]. 邵国松,译. 北京:中国人民大学出版社,2004.

效的提升时，组织会对技术进行有限吸纳；当技术带来了组织高绩效时，技术会与组织有效结合。技术能否成功改造组织，取决于技术的组织合法性程度。实践层面的组织运用技术具有情境特征，核心行动者对技术运用机遇认识的差异，组织内部权力利益的复杂互动现实，带来不同的互动策略和应用效果。①②③

二是"技术—制度"研究。相关研究认为，当信息技术与制度安排相互关联，二者之间会形成互为因果和相互证成的关系。当组织认可技术治理固有逻辑，设计新型制度推动技术运用，就会强化"执行技术"的内在偏好。结果是：一方面，通过简化复杂的事务，降低执行的风险，优化事务管理流程，能实现清晰的技术治理；另一方面，将模糊的社会空间抽象为简单图像，将复杂的组织治理抽象为形式流程，会带来技术迷思和政治社会影响，再造治理空间形成反向适配。④⑤⑥

三是"技术—结构"研究。相关研究认为，技术本身不能直接引发变化，技术的治理后果取决于组织变革效应。组织会通过设定技术的运用方式，来延续组织内不同力量的影响。一般说来，改革者会基于制度逻辑惯性，尤其是治理逻辑调适技术方案。当组织在不改变治理结构的前提下，应用技术提供组织治理弹性，就可以一方面解决棘手问题，一方面促进多元主体的良性

---

① 任敏. 技术应用何以成功？一个组织合法性框架的解释［J］. 社会学研究，2017（03）：169－192，245.

② 冯雪阳，李振. 组织对技术的有限吸纳：以价格监管体系中信息技术运用为例［J］. 中国行政管理，2019（07）：139－145.

③ 谭海波，孟庆国，张楠. 信息技术应用中的政府运作机制研究：以 J 市政府网上行政服务系统建设为例［J］. 社会学研究，2015（06）：73－98，243－244.

④ 彭亚平. 技术治理的悖论：一项民意调查的政治过程及其结果［J］. 社会，2018（03）：46－78.

⑤ 陈晓运. 从模糊走向清晰：城市基层治理的全景敞视主义：以乐街"智慧平台"建设为例［J］. 中国行政管理，2020（07）：84－90.

⑥ 杜月. 制图术：国家治理研究的一个新视角［J］. 社会学研究，2017（05）：192－217.

互动，从而为未来重塑组织结构提供渐变的低成本方案。①②③

既有研究从不同角度展现信息技术嵌入治理体系的过程，为我们理解地方政府引入信息技术推动社会治理转型提供了有益视角。基于执行技术的研究框架我们会发现，学界对技术治理或褒或贬的价值判断，根源是技术嵌入政府的层次不同，技术的刚性特征在不同阶段呈现的特征不同。我们在分析技术应用效能时，不仅要关注技术的固有功能，还要关注其建构过程及其约束。基层治理的对象是基层事务，需要治理组织进行有效应对，当我们对基层治理的现状有把握，对组织治理的困境爬梳清楚，就能捋出技术应用的环境。当技术与组织结构多元互动，不仅提升了组织的治理能力，而且优化了组织运作体系，技术功能的发挥又能保持适度，我们就能认为是技术赋能治理。

近年来，笔者及团队在全国十余个省市开展田野调查，构成本研究的经验基础。2018—2019 年，笔者及团队在苏南吴中区驻地调查 40 天，重点关注信息技术的基层实践问题。吴中区的农村作为东部发达农村的典型，针对基层治理问题进行系列创新，结合事务治理的现状构建有效的运作模式。为分析方便，本研究选取吴中区技术治理作为经验点。

二、 基层事务治理风险

吴中区隶属江苏省苏州市，是苏州市的中心城区，全区总面积 2 231 平方公里。截至 2020 年年末，吴中区的人口接近 140 万人。本研究调研的张巷街

---

① 黄晓春. 技术治理的运作机制研究——以上海市 L 街道一门式电子政务中心为案例 [J]. 社会，2010（04）：1—31.
② 关婷，薛澜，赵静. 技术赋能的治理创新：基于中国环境领域的实践案例 [J]. 中国行政管理，2019（04）：58—65.
③ 郁建兴，高翔. 浙江省"最多跑一次"改革的基本经验与未来 [J]. 浙江社会科学，2018（04）：76—85，158.

道国安社区,2005年成立于村庄撤并,占地2.75平方公里,常住人口8 316人,暂住人口1.8万人。从形式上看,国安社区的治理资源丰富,如行政和半行政人员众多,每年的集体收入近2 000万元人民币,物业由政府出资聘请。但是,辖区人口流动大且庞杂,各类治理安全隐患多。随着时间的不断推移,治理风险越发突出。

其一是空间混杂带来的治理难题。国安社区位于城郊,生产和生活区域交叠。一方面,国安社区为中西部农民提供就业机会,外来人口流入逐步改变人口结构,使空间关系出现多元利益交织的特征。另一方面,按照拆迁补偿和安置顺序,原来的居民被分散安排进社区,推动社区形成混合居住格局,整体看有"小聚居、大杂居"特征。相较过去的农村社会,社区化使人口居住密度加大,日常的人情关联几乎中断。人口集聚使事务增多,空间性质变得越发复杂,传统治理模式逐渐失效。

其二是流动人口管理与服务风险。外来人口进入国安社区,脱离原有基层治理体系,只有进行动态社会认证,方能变成属地管理客体。笔者及团队调研发现,大部分乡镇实施半正式认证机制,很难避免村民逃避认证行为。结果是,流动人口扩大活动空间,肆意侵占社区公共空间,不仅易引起接触性的纠纷,还出现外来人口"抱团"现象。外来人口的居住地,不仅缺少配套安全设施,还有卫生环境问题,使防火防盗变得必要。部分外来人口非法经营,被举报后就会望风通知,派出所很容易无功而返。

其三是空间竞争引发的治理风险。空间治理源自西方国家的公共领域争论,以城市空间公私领域明晰界定作为讨论前提。兼有城市性与农村性的郊区农村,显露出公私产权混合的复杂空间形态,易因规则不稳定而发生空间冲突。例如,伴随外来人口大量涌入,国安社区的房屋租赁市场兴起,加之早期宅基地管理不严格,大量出租房不断加高或外扩,社区空间使用矛盾日益突出。一方面,居民基于公共空间产权模糊超越私人边界建设出租屋,邻里围绕空间相邻权问题争夺剩余空间,进而产生冲突。拆除越界的附属棚屋,越发有现实必要性。另一方面，村民的空间认知向权利方向转变，常见的狗吠猫叫、车辆鸣笛成为问题，甚至村民打骂孩子、在家种花养草等，都会引起邻居的"扰民"抱怨，向基层政府投诉环境问题。

其四是治理事务膨胀化与缝隙化。现代化诸要素非均衡侵入社区，带来国安社区社会公共性缺乏，要求政府发挥属地管理职责，对事务进行全方位治理。要素流变带来基层治理事务的膨胀和繁杂，既包括模糊连带的传统邻里纠纷和家事矛盾，又包括人口流入与村民市民化下的个体化异质化服务诉求，还有新增的治安消防和卫生管理诉求等。更重要的是，生产空间与生活空间分离程度弱，二者的缝隙潜伏各类突发风险。例如，生产安全不到位，易引发人口居住风险；工友关系变成邻里关系，易形成基层社会亚文化。诸事务相互叠加和不断转化，易形成系统性和突发性的伤害。在流变的空间重构空间秩序，破解事务变异治理难题，成为基层治理新兴考验。

伴随空间事务现代化进程，事务治理机制理应变化，治理规则应适时嵌入社会。典型的事务治理过程应是，职能部门切实履行自身责任，事务治理遵循专业化逻辑。但是，单一空间受水利、卫生、交通、城管、消防等多重条线部门分割，分散的职能设置使事务治理被分割为多重治理单元。空间分割不等同于空间碎片化。① 部门分工核心的管理制度具备权责清晰、执行高效的特征。其发挥作用的前提是，应用的场景由匀质空间构成，治理事务高度标准和规则。现实情况则是，国安社区治理事务受空间性质影响，表现出相当程度的模糊与不规则性，难以分门别类地应用科层治理的逻辑，加之各个条线即使各司其职，也无法克服多头治理的困境，使得没被回应治理的事务溢出，成为基层治理的灰色地带。这直接表现出以下三个特征。

其一是粗糙化与精细化治理偏差。治理粗糙包括两方面内容：一是指基

---

① 朱静辉，林磊. 空间规训与空间治理：国家权力下沉的逻辑阐释［J］. 公共管理学报，2020（03）：139—149，175.

层治理场景中，虽然有大量的正式制度存在，但是相关制度没有发挥作用，治理过程不规范仍存在；二是指基层虽有治理主体和治理安排，但没有有效的方式激活治理资源，缺乏对变迁事务的精细治理①。国安社区位于城市与农村交接部，空间治理事务多元且混杂。地方政府理应掌握空间事务的特征，一方面洞察群众的小微异质诉求，一方面推动行政治理力量下沉，由"面"到"点"实现精细治理与靶向治理。当简约治理过程越发粗糙化，无法与精细化的要求耦合，就会带来常规事务治理空白，进而带来事务变异风险。

其二是碎片化与协同化治理偏差。国安社区空间事务纷繁复杂，需要构建契合性治理结构，具体说来，需要包括县乡政府、社区组织、科层部门等构建多元共治机制，通过组织建设、技术保障、责任落实等，实现整体性、协调性、统筹性的治理绩效。现在的情况是，基层治理呈现治理理念、治理制度、治理责任等方面的碎片化。基层政府的"任务—资源"失衡，各个条线部门权力越发分散，体制外精英缺乏参与激励，不少村民缺少参与兴趣，治理主体难以实现结构化聚合，治理制度无法得到组织化保障，治理机制无法实现整合式协调，信息孤岛和治理孤岛现象凸显，与治理共同体建设目标相距甚远。

其三是底线式与回应式治理偏差。基层增多的复杂治理事务，要求治理组织及时回应。现实情况是，由于高速发展的城镇化工业化、地方激烈的竞争等，地方政府尤其是县乡政府要承载诸多的经济发展任务，强发展倾向带出发展吸纳治理②逻辑，使基层呈现维持底线秩序的维稳治理逻辑，即以"不出事"作为基层治理的宗旨。基层政府的主要目标是维持稳定。"不出事"逻辑一方面导致正常治理路径异化，群众的正当诉求得不到充分回应，另一方

---

① 肖琳. 粗糙治理：京郊利益密集型农村基层治理模式研究：基于北京M区的实地调查[D]. 武汉：华中科技大学，2019：42—43.

② 郁建兴，高翔. 地方发展型政府的行为逻辑及制度基础[J]. 中国社会科学，2012（05）：95—112，206，207.

面导致特殊时期为保证稳定，政府实施运动式治理路径，造成常规治理机制的缺失，进而带来基层治理风险。

三、信息技术运用的举措

作为东部沿海发达地区的苏州市2004年起就尝试探索信息技术赋能社会治理。2004年5月，苏州市建立"苏州市便民服务中心"，旨在整合政府部门和行业单位的服务资源，设立统一的12345政府公共服务热线平台，24小时为市民提供方便、规范、优质、高效的服务。2012年，12345政府公共服务热线网络版"寒山闻钟"论坛正式运行。"寒山闻钟"坚持"优质高效处办小事、协调配合处置中事、及时准确反映大事"的定位，是百姓反映小微问题的重要渠道、当地政府听取民意的重要窗口。

便民服务中心和"寒山闻钟"借助网络平台，对市民的需求进行整合与反馈，节省了市民到相关部门反应的时间，提高了基层政府回应效率。但是，老百姓需要对事件性质有清晰认识，对事务进行分类并找到相应职能部门。不少人对庞大复杂的政府结构不了解，寻求帮助时仍然存在不知道找谁处理的问题。如何促进职能部门的联动协调以更好提升办事和服务效率，成为吴中区社会治理改革方向。2017年，苏州市吴中区人民政府发布《关于推动社会综合治理联动机制建设的实施意见》，提出加快社会综合治理联动机制建设，推动政府职能部门资源整合、联动共治，实现网格化、信息化、精细化治理。吴中区设立区联动中心作为网格化联动协调机构，区联动中心下设办公室、受理协调科、督查考核科、网格管理科、信息保障科，在上下之间、部门之间、干群之间从事协调联动工作。区联动中心的运行使老百姓咨询、求助、纠纷、投诉、举报等可以运用同一平台，"村不漏户、户不漏人"的网格覆盖极大提升了为民服务和政府办事的效率。其举措主要包括以下四个方向。

一是构建三级网格管理架构。组织机构设置上,区级成立社会治理联动中心,直接受区委区政府领导。街道成立社会综合治理联动中心,上面对接区级联动中心,下面对接社区和职能部门。网格划分上,吴中区实行三级网格管理:一级网格以街道为单位,街道主任为一级网格长;二级网格以社区为单位,社区书记兼任二级网格长;三级网格以社区片区为单位,社区工作人员担任三级网格长。根据社区的实际情况,三级网格下面可自设四级或五级网格。一般情况下,三级网格长是网格体系的终端,吸纳积极分子和党员作为协助主体。全区745平方公里陆域范围,划分出14个一级网格、212个二级网格、946个三级网格,配备三级网格长923名、指导员2 104名、协管员1 457名、参与员3 330名。下属的18个职能部门下沉到各个网格,构建了"横向到边、纵向到底、左右协调、上下联动、网中有格、格中有人"的"一张网",做到"事事有人管,事事有落实"。国安社区有7个网格,设置7个三级网格长。最初联动中心工作由社区支部书记负责处理,但社区支部书记兼任社区两委成员,有本职工作、条线工作和上级下派的工作,难以兼顾,就雇用3名工作人员处理联动中心事务,7个网格长负责接单并传递给3名专职人员,专职人员与相关责任部门协同处理事务,无法处理的则向二级网格长说明和请示。

二是实行"一长五员"的人员安排。三级网格实行"一长五员"制,即网格长、指导员、协管员、参与员、坐席员和巡查员。网格长由社区班子成员担任,负责派遣网格处置力量,统筹推动扁平化管理,夯实"一张网"的治理能力。网格工作人员要求实名制,采集好人员姓名、照片等各类信息。网格长只需打开网格通App,就可以查看网格内的成员,因地制宜统筹调遣人员处置。网格指导员是网格化管理的指导力量,由镇(街道)职能部门下沉干部担任。网格协管员是网格化管理的专职力量,包括安监、环保、公安、人社等专职协管员,协助网格长的工作。网格参与员是网格化管理的基础力量,包括党员骨干、村(居)民代表、小组长、"两代表一委员"、志愿者及其他社会力量。坐席员要处理区联动中心下派的工单。巡查员平时分散在所在的三级网格巡查问题与核实问题,被称为"城市啄木鸟"。区联动中心鼓励街道自主配备巡查员,建议行道配备至少 2 名专职巡查员,但不做硬性要求。多数二级网格的巡查员都是兼职。巡查员主要在社区网格内活动。区联动中心成立督查组监督区巡查员,发现有擅自脱离岗位的会予以通报,严重的会批评甚至是辞退。街道负责对所辖区域巡查员进行监督。针对巡查员的考核有三条:出勤、工作量(每天巡查问题的质和量)、核查问题的即时性。为鼓励巡查员发现重要问题,区里对问题进行等级划分,简单事务如乱停车、井盖缺失,分值最低,一个月有二十单类似事务,该层次分值到顶;重大事务如安全隐患、制假贩假,加分高。分数直接与巡查员工资和奖励挂钩。为防止巡查员"刷单"凑数量,吴中区不规定巡查员必须完成的最低工单量,而是借助经济手段激励其发现重要问题。

三是细化信息采集与输入机制。网格信息来源于五大渠道,分别是 12345 政府公共服务热线、数字城管、巡查员巡查、其他平台投诉、110 警务平台。问题来源渠道依托信息技术(如电话、微信、网络),反映的多是自下而上的群众诉求,只有巡查的问题来自联动中心。网格平台是基础治理平台,不同时期治理内容不同。区联动中心根据"两张清单"对事件分类,分为公众咨询、城市部件、城市管理、安全生产、社会治安和环境保护六类。"两张清单"即事件责任清单和部件责任清单。事件责任清单以问题为导向,组成要素包括事项分类名称,事项处置、管理、执法主体,相应的法律法规依据,事项处置时限和派单流程,事项处置的结案标准。事件责任清单将事件分为城市管理、安全生产、环境保护和社会治安四类,每个类别再细分为事件大类和事件小类，共有45个大类，158个小类，414个问题。① 部件责任清单是委托专业普查公司对全区部件进行普查，所有部件全部编码入库，做到人、地、物、事、组织的全部确权，针对不同部件不同类型问题，聘请相应的专业公司处理，细分为公用设施、交通设施和市容环境三类。除开区联动中心明确规定的六大类事务，坐席员分类和定责靠经验判断，出现权责不清的案件，就先按属地派给社区，社区解决不了的再上报，区联动中心再进行派单，直到问题都得到解决。

四是建立事项处理与考核流程。①核实处理。由街道、社区或职能部门对区联动中心派发的工单进行核实和处理。属于社区范围的问题，由社区进行属地处理；不属于社区治责范围的问题，街道派发给职能部门；若遇到无法确定部件权属的问题，街道分管领导邀请相关方召开协调会，确定部件权属再进行流程处理。事项处理完成后，要拍照上传到网格系统，并附上相应的文字说明。事项处置和回复有时间限制，事项性质不同要求不同。例如，警务类信息要求2小时内回复；纠纷调解类要求35个工作日内处理；道路垃圾类要求3小时内处理；最长的工单处理时间是违建类，要求108个工作日内处理完毕。区联动中心定期进行大数据分析、梳理问题类型并分析投诉多的问题，每月召开例会并进行月报周报。区联动中心的工单以市民投诉为主自己发现为辅，市民可以通过12345政府公共服务热线平台、微信、微博及"寒山闻钟"投诉，同样可以在"数字城管"平台上传案件的照片，审核通过有2元报酬，每月的报酬300元封顶，主要为鼓励市民多举报。②考核评价。一是对区级联动中心考核，采取自上而下的评分模式，工单处置考核占比65%，网格力量配置占比25%，组织保障方面占比10%。对区联动中心考核

---

① 例如，社会治安可分为非法经营、矛盾纠纷、小区管理、乱收停车费、非法占用停车位、教育培训、非法捕鱼及妨害社会管理8类。其中的矛盾纠纷可分为物业纠纷、消费纠纷、劳动争议纠纷、邻里纠纷、村务管理纠纷、房屋纠纷、医疗纠纷与征地拆迁纠纷。

注重工单治理，没有完成工单的会被扣分，评分后在区里进行排名。二是区联动中心对网格治理绩效进行考核排名，结合月度通报、双月述职和年度考核。连续三个月不满90分，街道领导和分管领导要做汇报，考核对象分为乡镇（街道）、区级部门和专业公司。考核实行百分制，街道考核为组织建设10分，案件处置55分，群众满意率20分，自管案件10分，其他5分；区级部门考核为组织建设5分，案件处置50分，群众满意率20分，知识库更新20分，其他5分；专业公司考核为案件处置60分，群众满意率35分，其他5分。三是街道对社区进行考核，主要考核工单是否回复和处理，二、三级网格考核秉持属地负责取向，没有及时处理工单会被扣分。一般说来，考核单位的分数会形成图表，在系统平台中显示并形成排名，年终考核即每月考核的累加。连续三个月得分90分以下，单位领导就会被谈话，也会影响被考核单位的整体绩效及领导晋升。

四、技术赋能治理的要点

信息技术运用要能实现基层治理绩效，需立足事务属性匹配治理机制。具体说来包括三个方面：一是督促治理主体解决职责范围内问题，二是分级分类处理不同属性的事务，三是条块结合和协同处置模糊基层事务。我们依据国安社区的调查资料，结合常见的技术治理问题，分析吴中区的基层治理经验。

一是针对私人事务的治理难题，吴中区重构基层治理结构。信息技术在基层治理领域的应用，能使居民表达意见更为常规和便捷，实现国家与居民的直接联系。居民诉求可以在不消耗经济成本的情况下，通过信息技术系统向政府反映，避免与多重治理主体碰撞。不过，当诉求上传至信息技术平台，工作人员面对多元诉求信息，难对其真伪做出判断，导致的结果是，部分居民利用信息优势掩盖矛盾，表达私人利益获取超额服务。另外，个体能在自身能力范围解决的事务,同样能借助公共资源寻求解决。社区干部张某说:"现在有手机太方便了,居民动不动就投诉。"一方面,区联动中心必须进行回复,必须反馈居民的意见,即处理后会询问当事人是否满意,不满意会影响治理主体考核。另一方面,不实信息很难回复,工单又很少能退回,退回要写明原因。结果是,技术治理规则越畅通,接到的投诉就越多,工作量就有膨胀趋势,导致治理资源的浪费,加重基层组织负担。

吴中区以加强党建引领治理。国安小区网格由党组织牵头,先有党组织后有网格化,社区网格与社区党组织同构。依托社区党建来引领网格治理,可以促进治理共同体发育。吴中区将党建引领网格建设概括为:"一核四共、两种思维、三种方式、四类主体"。"一核四共"即以党建引领为核心,通过共建、共治、共享打造党建共同体;"两种思维"即网格治理思维和依法治理思维;"三种方式"即平台共建、事务共治、资源共享;"四类主体"即党委牵头,办事处负责,社会协同,公众参与。引入网格化管理后,首先,党组织重划空间治理边界。支部以网格方式建在社区中,国安社区称为"双网融合"。三级网格长由社区党委书记兼任,下属网格员是支部党员和热心群众。国安社区设置四级网格,党小组组长兼任网格长,每月组织召开3~4次会,既沟通组织建设情况,又协商网格事务治理。三级网格长领导网格员支持四级网格建设,不仅动员热心群众充当民情联络员,还利用"双网"反映问题和向下治理,引导居民有事先与党员和网格员沟通,基于具体的自治过程重塑公私关系。其次,将党建引领建立在服务基础上。为方便居民办理民生服务事项,街道将服务下沉至三级网格。在一站式服务大厅内,办理社会保障、社会救助、婚育服务、老龄服务、创业服务、就业失业、民政及其他服务,街道动员和抽调非两委党员参与公共服务,将党建引领嵌入细微的社区生活服务过程。部分事务难在社区层面解决,就将其下沉至网格服务点,即在三级或四级网格解决。① 在党群服务驿站内，党员既可以做群众工作，赢得居民的认可和理解，又可以动员多元治理主体，整合多源资源进行互动，发挥网格治理平台作用，促进基层的共建共治。② 从而既利于党员能力培养和思想巩固，又利于依托服务过程增进党群关系。

国安社区网格化管理还有非行政化吸纳特点，主要表现是对老干部和热心群众的动员。混合社区既有"刚刚上楼"的农民，还有外地来打工寄居的农民，以及少部分本地工作的市民。不少事务难以根据城市治理原则处理，推动居民行为方式或思想观念的转变需要时间，适度引导显得很有必要。动员有时间有精力的居民参与，能帮助解决某些社区性问题。①动员退休老干部参与。国安社区作为超大型社区，仅靠社区干部难以有效治理。国安社区是混合社区，相较城市商品房社区，居民仍有半熟人关系。最了解情况的是原村落干部。拆迁安置10多年，他们大多退休，但对原村村民而言仍有社会威望。通过政治动员和适度补贴，能将老干部群体组织起来，让他们作为志愿者参与服务治理。社区内部发生邻里争吵、居民因空间利用发生纠纷等，都能由老干部出面协调。②鼓励热心群众参与，即鼓励原村落的小组长、老党员和热心群众成为楼栋和院落代表。作为社区治理的最末梢，他们不算社区工作人员，但能帮助社区及时发现异常，将群众的意见反映到社区，协助做好入户宣传登记等工作。作为非正式治理人员的热心群众要解释、宣传和带头，成为毛细血管般的社会性治理纽带。热心群众本身就是群众的一部分，吸纳性治理可以直接伸入其中，既实现国家权力微观渗透，又引导居民协调公私诉求。

二是针对技术治理两大延伸问题，吴中区提升组织治理水平。①网格员策略主义履职问题。对问题进行记录是网格化管理的重要环节，贯穿信息搜

---

① 当地称为党群服务驿站。
② 彭勃，吴金鹏. 以空间治理破解基层党建"科层化旋涡"[J]. 上海交通大学学报（哲学社会科学版），2021（01）：134-142.

集、上报、回应和考核全程。网格员要不断到基层发现问题，确保问题的量和质都达标。但是，基层问题发生是随机的，不是任何时候都有。很多问题不是一次性的，即使前期能够大致解决，后面还可能不时出现。为完成网格任务考核要求，网格员可能利用信息优势，虚假治理或者干脆不报。如有网格员提到，本来社区公共卫生良好，但是因发现不了别的问题，就将垃圾桶垃圾倒出，先拍照再扫垃圾上传。②技术治理蔓延至基层的问题。技术治理大量被运用于基层的动机是，部分政府部门倾向将体制问题化约为技术问题，将存量结构改革转为"增量创新"，但那些原有的治理体系难以处理的问题，技术治理手段同样难以有效处理。例如，劳资、环保、征地和城建领域，多元利益的表达和协调机制尚未形成，部门倾向在行政体制内解决问题，意味着会有个案特殊解决方式，甚至会有非制度化的谈判与妥协，易形成"小闹小解决、大闹大解决"治理逻辑，导致基层治理成本高昂，影响基层政府公信力。政府只能花费时间做材料，按规定完成程序规范，即便完成不了任务，也尽量呈现较好的结果。

吴中区联动中心将收集到的问题进行分类确权分责，根据法律规则及部门权责进行事务治理责任划定，有针对性地派单到相关主体，对诉求反应渠道重新整合，再向治理主体施加考核压力。通过区联动中心技术监督和考核，实现对治理主体的行政动员，回应居民诉求能力遂提高。过去部门之间、条块之间权责不明确，遇到居民投诉或发现问题，不少部门倾向将问题推给相关部门。区联动中心重新整合条块责任边界，可以是专门相关职能部门介入，可以是区联动中心协调多部门解决。通过技术平台的可视化呈现，部门的处理进度清晰可见，不再有可逃避和推诿的空间，使得巡查发现和居民投诉的问题能有相对清晰客观的责任权属，实现对投诉问题的有针对性解决。例如，区联动中心接到十多起投诉，反映某路段的管道破裂，联动中心到现场查看，发现地下管网权属难以确认，就启动多部门"大联动"机制。街道召集物管办、建管科、城管中队等部门召开现场会；物管办联系物业公司现场确认；

建管科现场查看雨水、污水市政管网；城管中队确认是否有单位开挖道路；供水部门确认小区内外部管道排空减压……经过多方的联系和查访，确认管网为水务公司途径社区的源水管，第一时间联系水务公司成功修复。区联动中心的优势在于，协调部门参与集体确权处置，明确责任后及时解决问题。区联动中心不增加治理部门和人员，而是重构既有组织治理体系，重新划分条块责任及治理权力。联动治理体系有效运转的关键是新增问题的发现与监督考核组织，完成对治理主体的有效动员。

  区联动中心的治理动员依靠巡查员或网格员。他们的主要工作是在网格内进行巡查。吴中区的治理创新是"巡办分离"，即区聘用的专职巡查员负责发现问题，基层组织和职能部门负责处理问题。常规的信息技术治理逻辑是，基层组织发现和解决问题，既当裁判员又当运动员，易出现选择性治理的情况。区巡查员通过驻点，发挥了两方面作用：第一，发现问题，主要是治理主体忽视和不愿处理的问题，巡查员将问题暴露出来后必须处理；第二，在地监督，让下级直接感受上级压力，推动他们积极处理问题。巡查员由区联动员中心管理，区里对巡查员进行直接考核，督促其主动及时发现问题。区里对巡查员的考核要素包括出勤、问题上报量、问题是否及时有效，考核结果与薪酬挂钩。巡查员要对区里负责，就要公正发现问题。区联动中心主任说："巡查员队伍很关键，谁管辖直接决定治理效果。"同样发挥类巡查作用的还有网格员。网格员接到反映的问题便做出反应，分清楚是哪个治理主体管辖，然后实地查看问题否属实、发生地点是否在辖区，明确治理责任后将信息向上反馈，监督治理主体是否及时回应。如果问题过大、涉及面过宽，网格员便上报上级单位。工单到达网格后，区联动中心还有监督评价的步骤。网格员打电话确认问题是否解决，问题解决后在系统上消除工单。问题仍然没有解决，网格员就不时督促，直至问题解决为止。围绕巡办分离机制，区联动员中心完善"六步闭环"工作法①,保证问题发现及时性和问题分类专业性,倒逼社区和部门做出及时有效的反应,建立专业治理与综合治理结合格局。

三是针对行政组织卸责的问题,吴中区重构基层治理权责。通过信息技术改革治理系统,会提升基层政府统筹治理能力。不过,社区的人、财、物等治理资源,被纳入政府主导的技术治理体系,易带来两大基层治理难题。①社区组织缺乏能动性。在服务型组织理念指导下,基层治理从"官本位"转为"民本位",要求公务人员树立服务意识,满足居民增长的生活需要。伴随着资源和技术的输入,基层组织处于双重监控下,治理主体性易被弱化。为进行自我保护,基层组织行为会规范化和标准化,通过办事留痕的方式来规避责任。一方面,基层组织花费大量时间做材料,即使有完成不了的任务,也会尽量呈现规范结果。另一方面,基层组织实施选择性治理,以形式治理取代实质治理。②行政吸纳与去自治性。技术治理要在政府体系发生作用,实现层级信息的传递与监督,就要在社区场域新增科层层级,降低基层组织灵活性和弹性②。技术体制运作采用行政科层机制,构建起完整的事务处理流程,包括发现、上报、派单、反馈和考核等环节。带有行政特征的治理过程会与基层自治产生冲突。行政意志主导的技术治理过程,很大程度会吸纳基层自治。基层有大量治理事务,有些本应由基层调适解决,社区组织却成为行政末端,在流程压力下丧失能动性。"积极行政、消极治理"遂成为新常态。

吴中区以加强精细治理能力,即发挥网格化管理"微治理"机制,提升网格事务基础性治理能力。①缩小治理单元。在传统的基层治理中,社区是

---

① "六步闭环"工作法即采集上报、核实立案、指挥派遣、处理反馈、核查结案及考核评价。
② 何瑞文. 网格化管理的实践困扰 [J]. 苏州大学学报(哲学社会科学版),2016(01):16—22.

最小的治理单元，网格划分推动组织架构下沉，通过网格来承接下沉的条线权力，可实现权力的毛细血管式渗入。②解决小微事务。网格化管理作为常态治理制度存在，对网格的人、地、事等信息进行常态化采集。通过系统的信息技术反馈机制，能快速反映居民小微需求。相较传统诉求反应方式，网格化管理利用技术手段能实现问题收集的多样化。通过网格收集的问题多是琐事，大多是隐而未发的不规则事务，伴随社会发展产生，有待识别和解决。③组织主体重构。网格员主要做基础信息收集和简单问题处理。网格员原本散落在各职能部门，联动中心对其重新整合能提高部门治理效率。④运作过程精细化。事件反馈方面，网格系统根据事件性质，对治理过程提出细致要求。治理考核方面，精确量化到各层级各事项，能提升人岗匹配和小微治理的水平。

光有网格化管理精细机制还不够，还要提升分类分级治理水平。首先看"解决小事"的能力。居民反映的多是关联生活利益的小事，尤其是不被治理主体注意的问题。囿于社区组织的治理惰性，日常小事易被忽视或拖延，导致事务积少成多，变成大事且上移，引发群众不满的同时，还加大治理难度，甚至带来治理风险。吴中区构建两大治理路径：①技术倒逼基层回应。区联动中心根据事件责任下派工单，能清晰治理主体的职责归属。区联动中心坐席员根据责任清单，将工单下派到所在片区的网格长，督促网格长按时处置、及时结办，使小微问题尽量在基层解决。正如某街道干部所言："现在有人从头到尾盯着，处理不好就要扣分，没在规定期限内处理要扣分，效率自然就会上去。"②防止政府转嫁治责。大量诉求和事务进入技术系统，使得政府组织面临更大治理负担。当事务变得愈发复杂，有些事务治责不明，职能部门的治理资源未变，职能部门就会利用权力优势，根据属地原则卸责到基层。吴中区协调构建"三定"方案，一是依据国家法律法规，二是依据地方规章办法。对无法通过法律和政策划分责任的，由分管领导决定由哪个主体处理。分管领导以解决问题为目标，要承担模糊事务的政治职责，有权根据处理问题的需要，直接进行政治责任划分。

再来看常规事务的治理能力。权属不清的模糊事务带来的挑战，当然可以通过领导授权进行决定，但行政界限不清的"三不管"地带，权属不清带来的部门推诿，要求构建常态合作治理机制。①专项事务合作治理。技术治理系统除开处理输入的事务，还承担政府专项任务及部门重要任务，根据治理要求对巡查员灵活调动。科层治理与技术治理结合可分派事务到条块，推动网格队伍与条线人员参与专项治理，调动部门和政府力量处置综合问题。部门人员与治理资源同时下沉，与整体性的网格治理力量合作，能打破条块分割的治理局面，形成多网融合的综合治理格局。以网格为单位进行基层治理，对政府和部门重新整合和调动，形成以"块"为单位的综合性治理，就能创新属地合作治理机制。②技术再造合作治理。条块组织可以利用信息和资源应对常规工作，但不足以应对上级任务、满足居民诉求和应对突发事件等问题。技术治理基于信息共享、资源整合属性，可以实现"纵向到底、横向到边"的治理目标。第一，通过动态搜集、部门汇总和信息分类等，推动信息搜集和传递过程的动态化，可以促进组织权责再造和合作治理。第二，网格机制重置组织架构，即基于"一张网"的服务管理模式，对部门进行重新界定，对治理事务重新分类，工单派发带有明显的分流治理特征。分流治理遵循权责一致的原则，强调明确权责来精准治理。第三，当权责不清时推动属地治理，将三级管理主体纳入联动治理平台，确保相关条线人员能下沉到底，实现部门间的互相借力赋能，推动综合执法实现全覆盖，促使问题得到高效的解决。

五、结　语

如何实现国家意志在基层社会的下沉，实现国家与社会的有效沟通，是基层治理领域的重点问题。黄宗智认为，进入 21 世纪后新型地方治理模式兴起，新的公共服务型国家可能取代过去的汲取控制型国家。他对官僚体系的公共服务能力表示担忧。① 吴中区的技术治理实践证伪了他的怀疑。信息技术赋能基层治理的实质是，国家利用技术制度实现精细管理，即运用数字化和信息化手段，以"街道—社区—网格"作为单元，以事件信息为管理内容，以处置部门为治理主体，通过技术平台的整合和触发，实现资源共享和联动治理。

吴中区技术治理能实行有效治理，根本原因在于事务本身属性，即社区空间事务虽然是细小琐事，却与中西部事务性质不同。作为复杂社会"人—事"分离的基层事务，治理主体可以借助信息技术进行分类治理。"网格员—社区—街道—区"的层级分解机制，既能提高基层问题的敏捷治理和专业治理效率，又能实现"小事不出社区、大事不出区"的目标。作为技术治理典型的"吴中探索"，一方面实现治理资源下沉和监控权力渗透，另一方面构建服务型组织有效回应老百姓需要。基层事务属性变迁和基层治理目标转型，要求信息技术与治理组织互构合作，优化组织结构赋能琐碎事务治理机制。"吴中经验"证明，技术治理发挥期许作用的同时，能推动现实组织与虚拟组织结合，实现专门治理与综合治理融合，促进治理模式创新，实现全面的善治秩序。

---

① 黄宗智. 集权的简约治理：中国以准官员和纠纷解决为主的半正式基层行政 [J]. 开放时代，2008（02）：10-29.

疫情背景下社区教育的叙事策略研究

孟凯宁 孙 宁 姜敏慧[①]

本研究先对社区教育的理论思考与方法探索进行整理,深入分析了当前各领域学者对社区教育的研究角度,厘清了社区教育蕴含的叙事基础;然后,从不同维度研究了叙事融入社区教育的价值导向,构建了社区教育叙事结构分析框架;最后,对社区教育叙事策略中的叙事设计路径进行了分步解释。将叙事学视角融入社区教育体系研究中,以叙事的形式传递社区教育中的多元化信息,并通过对社区教育中的叙事要素、内容研究来分析社区教育叙事体系,希望以故事、角色的代入使居民自然融入社区治理的场景化教育过程,为构建柔性意识形态的治理范式提供理论指导与支持,有利于社区治理突出文化内核与特色,增强教育的叙事性,实现社区教育和社区治理能力现代化,促进社会协调发展。

一、研究背景

在"十三五"规划中,党提出要创新社会治理,建立共建共享的社会治

[①] 孟凯宁,西华大学美术与设计学院教授、硕士生导师,研究方向为服务设计与创意产业、生态设计、产品设计创新方法与应用。孙宁,西华大学美术与设计学院硕士研究生。姜敏慧,西华大学美术与设计学院硕士研究生。

理格局。党的十九大又在"共建共享"的基础上增加了"共治"。① 社区是社会治理和社会教育的基本单元,始终是政策制定者和学者研究关注的重点,社区教育与社区治理存在着不可分割的联系。因此,社区教育模式研究正是响应国家政策和回应社会治理发展现实需求的切实探索。2020年年初,新冠肺炎疫情这一公共卫生危机事件折射出我国基层社区协同治理中多元化主体分散、社区协同治理意识淡薄、社区建设与教育参与不足、社区工作者队伍整体素质不齐等问题。有效满足社区居民的防疫教育需求是积极应对公共安全事件中社区治理的一项重要任务。此外,现有社区教育体系中存在供给需求不平衡、历史记忆淡化、教育模式单一、社会认同碎化、共同体意识缺失等问题,严重影响社区治理的效率。当风险社会逐渐成为社区治理亟须面对的新常态时,未来社区治理的发展必然是坚持以人为本,多元协同治理主体的社区认同建设和社区教育内含着提高协调效力与治理效能的可能性。

社区教育承担着社会治理和社会宣教的责任,同时有助于社区内居民的个体价值和社会价值的提升。疫情危机考验着基层社区的治理能力、管理能力和教育能力,也暴露了我国社区教育中的不足。这不仅引发了各界对社区教育体系建设的思考,还引发了学者基于社区教育在应对疫情的防控阶段、应急处置阶段和善后阶段的作用和效能思考。其在教育层面的不足主要体现在以下三个方面。

第一,教育供给需求不平衡。社区教育是受国家政策指导的事业。常态化防疫背景下的社区教育应落实下沉防控力量的政策,积极采取预防措施、应变措施,强化安全措施。未建立相应工作细则和配套措施的社区很难在疫情防控中形成有力的领导和推进力量。疫情之下的社区教育需求极具不稳定性并呈现出因社区防控状态变化而处于动态活化的特征。且因经费制度、课

---

① 赵杰. 协同共治理念下的社区治理研究:以新冠肺炎疫情防控时期为例[J]. 决策探索(下),2021(06):90—92.

程体系、教育资源等不够健全和完善，社区教育的实践面临巨大难题。由于各组织和主体的参与不足，社区教育趋于碎片化和形式化，难以满足当下社区成员面对公共安全危机事件的各种教育需求。

第二，共同体意识缺失。当前大部分居民对社区教育的功能认识不足。社区教育缺乏科学合理的管理和教育制度，导致社区教育缺乏组织和引导，社区成员难以建立集体认同感和归属感。在疫情防控中，居民的纪律性和规范性缺失给社区带来的防控压力不容小觑。

第三，教育模式和教育体系亟待更新。科技和信息化社会的不断发展使人们对教育模式、教育形式和教育媒介的选择也提出了更高的要求。多元主体复杂的社会背景、社区环境的区域性和多样性特征给疫情之下的社区治理和社区教育带来了更大的挑战。此次突发的新冠肺炎疫情让人直接地感受到基层社区教育在危机处理中存在着较为严重的问题，如没有建立相对完善的教育体系、教育模式与教育活动单一、教育组织能力不足等。

二、社区教育与叙事研究现状

（一）社区教育文献述评

社区教育的概念源于西方，目前国内对其定义尚不统一，学界也没有围绕社区教育形成一套完整独立的理论体系。社区教育的理论主要源于社会教育、终身教育等概念，其基础理论也主要源于教育理论。学界在研究中借鉴了教育学、社会学和管理学等学科视角理论对其加以阐述。[1] 现有研究从三个维度将社区教育与其他相关概念进行了区分：一是用目的区分了社区教育和成人教育。学者们认为社区教育开展的前提是社区居民具有学习的需求，并且社区教育能够促进社区和谐建设、社区经济建设、社区服务和社会发展；

---

[1] 侯怀银，张宏波."社会教育"解读［J］.教育学报，2007（04）：3-8.

而成人教育的根本目的是增加教育机会，实施终身教育。二是通过功能区分了社区教育和社区建设。学者们认为社区教育的本质是满足社区场域中不同层次的成员对教育知识的选择性需求①；社区教育的发展能够促进社区建设，而社区建设更突出管理引导作用。三是用场域区分了社区教育和社会教育。学者们认为社区教育具有区域性，社会教育更宏观。

诸多学者对社区教育意义空间的研究可以从以下三个维度理解。

一是宏观管理维度。学者在此视角下多认为社区教育具备育人性、区域性、多样性和人文性等特征，且认为社区是社会生活和社会发展中教育和管理功能的承载者。因此，很多学者采用不同的研究方法对社区教育结构模式、发展路径、教育资源整合、制度优化、学习组织建构等内容进行了研究。例如，肖甜等②采用理论分析法提出加强社区教育资源空间布局研究的层次及视角；程仙平③认为生态化是社区教育发展的新风向，提出通过生态化理念搭建社区教育的生态链、提升生态位等来优化社区教育的发展路径；徐鸿洲④从治理理论视角探讨了乡镇社区教育中心运行的现象与问题，提出要明确多元主体责任与权力，运行以可持续发展为核心的教育中心建设路径。

二是认同建构维度。学者在此视角下认为社区蕴含着复杂的文化、利益和权力关系，具有社会性建构的特征。社区成员多具有可共享或相似的生活经历和背景，使社区成为一个相对独立的"共同体"。而社区教育的认同建构是在社区成员对信息交换所涉及的符号有普遍共识、集体认同感和归属感的

---

① 沈光辉，蔡亮光. 海峡两岸社区教育比较研究 [J]. 成人教育，2010（10）：7—14.

② 肖甜，李劲松，李梦琦. 中国社区教育资源空间不均衡的研究述评与展望 [J]. 当代教育论坛，2021（01）：59—66.

③ 程仙平. 生态化：当代社区教育发展转向与路径 [J]. 成人教育，2018（12）：37—40.

④ 徐鸿洲. 治理视角下乡镇社区教育中心运行问题及建设路径研究 [J]. 成人教育，2018（11）：44—47.

基础上的。① 例如，梁鹏等②从认同理论视角进行研究，提出为促进社区教育健康发展，社区应创设多样化的教育活动，满足不同居民的实际需求，强化非户籍居民对社区的归属感和自豪感，促进文化融合；马桂霞③通过参与观察法与半结构访谈梳理老旧里弄"社区改造"过程及"社区改造"中社区认同建设的策略，发现居民再建构的社区认同表现为社区文化认同、组织认同、邻里认同三种不同维度的社区认同，且可通过互动环境的营造、居民与居委会关系的强化以及居民与居民互动关系的加深而共同形塑，表现出以认同和互动的循环结构为主的重要特征，反映了社区环境、社区服务及社区互动是居民认同感构建过程中的关键力量。黄立丰④在新型农村社区探索实施"嵌入式"党建模式，提出新的组织、党员、服务嵌入机制，借此激发社区居民的主体意识并引导其在互动参与社区治理的实践中培育对新社区的情感归属。

三是供给需求维度。学者在此视角下认为社区同时具备共同体和结合体的意义，应丰富社区教育的研究层面、研究方法和研究角度，平衡社区教育发展研究中政府政策、教育结构、教育方向等宏观管控与社区多元主体建构认同的关系。例如，范会芳等⑤采用问卷调查法通过对区域内社区教育供给和需求情况进行调查，分析供需矛盾，探讨以需求为本的教育供给机制，提高社区教育供给能力（总量、结构、质量、区域）；吴杰⑥通过探索社区教育生

---

① 舒晓虎，陈伟东，罗朋飞."新邻里主义"与新城市社区认同机制：对苏州工业园区构建和谐新邻里关系的调查研究 [J]. 社会主义研究，2013（04）：147—152，170.
② 梁鹏，郑淮. 认同理论视角下居民参与社区教育的动因分析 [J]. 当代职业教育，2021（05）：43—50.
③ 马桂霞. 老旧里弄社区改造中的居民社区认同再建构研究：基于X里弄的个案研究 [J]. 都市社会工作研究，2020（01）：138—164.
④ 黄立丰. 建构文化认同："嵌入式"党建何以可能与何以可为：浙江宁波F新型农村社区的探索思考 [J]. 理论月刊，2019（10）：153—160.
⑤ 范会芳，张宁. 需求视角下社区教育供给机制的构建：以河南省社区教育实践为例 [J]. 成人教育，2021（04）：23—27.
⑥ 吴杰. 社区教育的生活化向度 [J]. 成人教育，2021（01）：25—29.

活化内涵，提出要增强社区居民参与度，避免泛化倾向，丰富社区教育理论内涵，完善评价维度；宋亦芳①认为推动社区教育的高质量发展最直接的因素就是教育的供给能力，提出要增强社区的内生动力，强调以改革促进提升。

本研究在此明确了各学者从宏观"国家—社会"、文化认同和供给需求三个不同层面对社区教育价值和建设的探讨，为后续将叙事融入社区教育的价值和功能提供了研究基础。为了探究社区教育中的叙事意义，首先结合文献分析教育叙事与叙事教育相关概念的区别和联系，然后深入分析社区教育中的叙事行为过程并构建叙事结构分析框架。

（二）社区教育与叙事的关联性

20 世纪 80 年代，加拿大学者克兰迪宁、奈利等人开始将叙事研究引入教育领域。20 世纪 90 年代，我国开始在教育领域应用叙事研究方法。直至当前，教育学研究亦表明了跨界综合的学术理念和研究状态。而从功能角度出发看"叙事＋教育"体系：一是偏向发现教育中问题具有研究功能的教育叙事，其真正目的是研究和表述研究成果；二是偏向产生教育意义、属于教育实践、作为教育方法和教育理念的叙事教育，主要强调实践的重要性。② 教育叙事与叙事教育相互联系又有一定区别，如果在社区的教育叙事研究中，不仅能发现教育过程的问题，而且也能通过叙事教育使受教者或叙事者受到教育和启发，那教育叙事和叙事教育就在此过程中做到了融合。在新冠肺炎疫情这一重大突发公共卫生事件中，我国社区教育的管理功能和认同建构功能凸显。在此，叙事作为输出教育意义和解决教育问题的工具具有重要作用。当前，已有部分学者对社区教育进行了叙事相关的研究，如温小平等③提出以

---

① 宋亦芳. 社区教育高质量发展的理论解析［J］. 职教论坛，2021（09）：98－106.
② 任丹凤. 对教育叙事和叙事教育的功能及意义的解读［J］. 教育探索，2009（12）：137－138.
③ 温小平，何华珍. 社会记忆与思想政治教育叙事建构、挑战及优化［J］. 思想教育研究，2021（08）：64－69.

优化社区思想政治教育叙事为媒介,创设合适的情境,选择既合乎目的又合情合景的叙事内容,往往对于增强思想政治教育的实效性具有重要的作用。黄瓒[①]认为探讨社区场域与教育叙事理论、叙事对象特点、叙事模式,可有效缓解理论困境,使得社区教育研究获得现实生命力。

三、 社区教育叙事策略的理论分析

叙事在社区教育中是一种社会影响手段,具有多重的社会功能,因而叙事体系的构建需要有相应的理论指导。当前,我国仍处于常态化防疫的状态,分析中国特色的社区教育叙事行为和结构显得尤为迫切。

(一) 社区教育中的叙事行为分析

基本的叙事元素是叙事体系中的重要成分,在叙事活动中缺一不可。社区教育中的叙事元素有叙事者、叙事对象、叙事内容、叙事载体、手段、计划、工具、场域等,这些叙事要素对于分析社区教育系统内部的教育结构、功能和模式颇有启示。社区教育中的叙事是一种具有教育意义和传播意义的行为,其行为过程如图1所示,其目的是由叙事主体(叙事者)向叙事对象(接收者)运用"讲故事"的方式实现教育功能的传播。[②] 社区教育中的叙事主体包含叙事组织或作为个体存在的叙事当事人,是确定叙事目的、引导叙事方向、设计叙事触点和建构叙事模型的主导者。社区教育中的叙事对象感知叙事过程,对叙事内容产生理解,直接接触叙事触点(视觉、听觉、嗅觉、味觉、触觉),并可能成为叙事内容的间接传播者。叙事内容是指叙事活动中的核心故事。故事可能是某一事件的缩影,可能事关一个场景,也可能事关冲突的产生。其中涉及的人物具有多元的价值观。直接和间接叙事者在以不

---

① 黄瓒. 论社区场域的教育叙事模式 [J]. 全球教育展望,2007 (04):67-70.
② 杨明星,赵玉倩. 中国共产党外交叙事的百年演进与历史经验 [J]. 国际观察,2021 (06):1-26.

同的价值观念讲述同一个过程时会产生不同的效果。例如，将不遵守防疫规定的黄码人员跨区域活动引起社会风险的行为事件作为内容进行讲述，因口吻不同、视角不同都会产生不同的教育传达效果。常态化防疫背景下，社区场域的环境本身就具有风险性、不确定性和动态性，这也意味着社区场域叙事体系中的教育内容和叙事策略需要紧跟动态即时调整以适应当前阶段社区教育体系中的诸多要素。例如，叙事者需要根据实情调整叙事策略，根据防疫状态下社区内的供给需求确定叙事目的和叙事主题，根据叙事内容和叙事环境选择合适的叙事方式和触点。叙事对象的文化背景和社会经历可能存在差异，叙事场域受社会环境因素影响也可能具有区域特征。因此，叙事者或叙事组织在叙事策略的建构过程中考量多方要素才能产生更好的叙事效能。

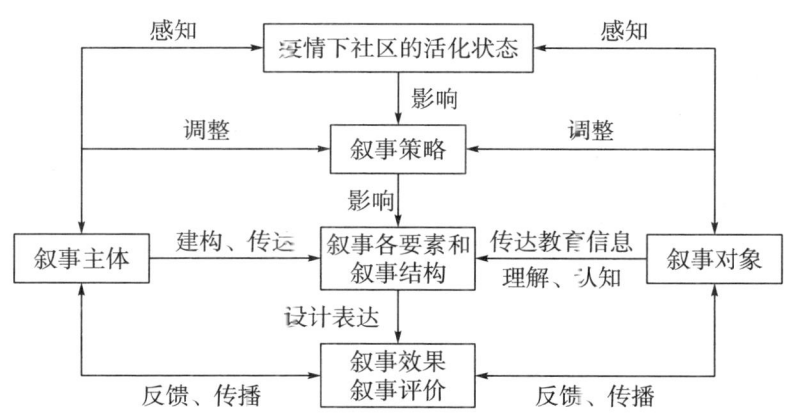

图1　社区教育的叙事行为过程

（二）社区教育中叙事的三层次结构

叙事结构可以被视为一种"讲故事"时的框架结构。它一直是中西叙事理论中的研究重点，格雷马斯、普罗普、巴尔特等不同的结构主义叙事学家用不同的结构观、不同的研究方法对叙事结构进行了研究。其中，国际学术界公认的非常严谨的结构叙事学家格雷马斯提出了叙事文本三层次结构：深层结构、表层结构和显层结构。格雷马斯的三层次结构分析如图2所示。他认为：深层结构是表层结构的基础和依据，是一切文本意义生成的文化价值与规则;叙事作品的表层结构指的是表层的叙事语法,是深层文化价值与转化映射在表层层次的规则与结构①;显层结构是表层结构之上的表达层面,由具体化的话语组织和创造的故事、情节、场景、形态等构成②,这一层次的重点是建立或设计构成能指的载体。从复杂性和价值外显度两个维度来看,深层结构、表层结构和显层结构呈现层级性向外扩散的特征,设计层中的所有叙事载体的最终呈现都渗透了深层结构中特定的文化和价值,而叙事行为的产生和宏观上叙事结构的体系本身受外界环境的影响导致表达层需要考虑更多的因素。显层结构具有设计层面的属性,因此在这一结构中设计者在设计过程中还要考量到叙事对象的认知能力。

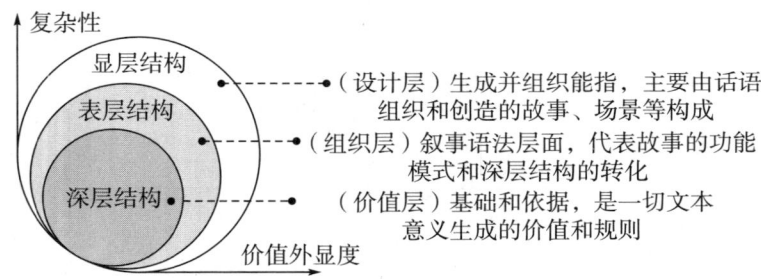

图 2　格雷马斯的三层次结构分析

社区教育中叙事行为过程受短期内的防疫状态的影响,需要形成战略性的叙事策略来指导叙事主题和叙事结构的确立。根据上述格雷马斯的三层次结构理论,建立对应的社区教育叙事三层次结构分析框架如图 3 所示。

---

① 张开焱. 格雷马斯行动元模式与理论基础质疑:兼论行动元的三元鼎立结构及其理论基础[J]. 湖北师范大学学报(哲学社会科学版),2021(06):37—47.
② 张开焱,王文惠. 形式—结构叙事学的政治无意识[J]. 文艺争鸣,2021(11):119—127.

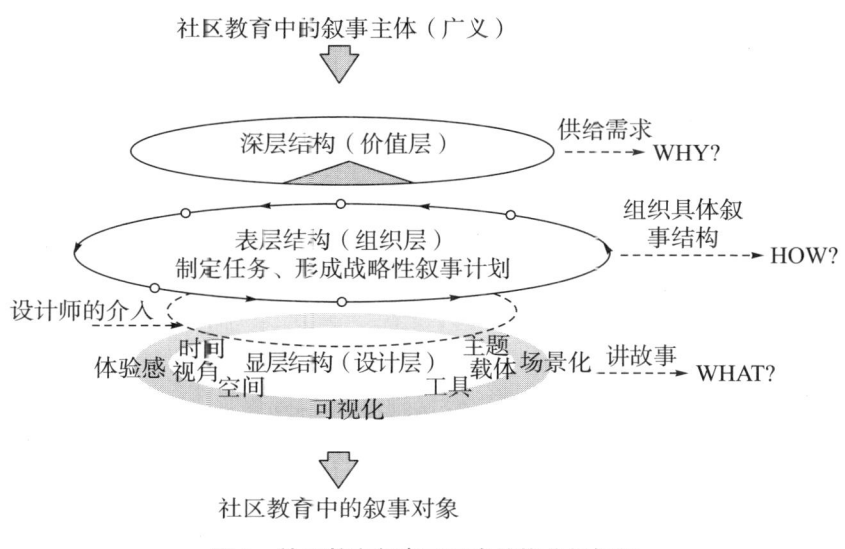

图 3　社区教育叙事三层次结构分析框架

1. 社区教育中的叙事价值层

叙事的目标是在叙事者和叙事对象之间建立起共通的理解。叙事价值层意味着宏观叙事组织要在明确叙事策略之前探究进行叙事行为的意义。社区教育中的叙事价值可以是优化治理问题、讲好中国故事、强化社会认同等。前期的叙事价值定位决定着叙事组织层的结构搭建和设计层的表达。例如，当叙事目标为优化治理问题时，可以通过艺术形式建构形象、规范行为、突出涉疫舆情事件、防疫要求可视化来优化叙事内容、强化叙事传播、净化叙事环境，最终增强社区场域中多元主体的受教程度、提升社会治理效率。

2. 社区教育中的叙事组织层

社区教育中的叙事组织层是建构故事语法，需要制定核心任务并形成战略性叙事计划，也就是在表达讲故事的方法。本研究对"讲故事"常用的线性叙事、非线性叙事和反线性叙事这三种叙事结构进行了分析。

线性叙事具有内容的连贯性和情节的节奏性，一切情节走向都需要建立在因果关系的基础上。叙事者需把故事发生的起因、过程、冲突和结局以线性的联系叙述出来，并且要把握好节奏，善用情绪的起伏转折调动叙事对象的情绪，促进后续故事的展开。非线性叙事中较为突出的是板块式叙事，具有各部分内容相互独立的性质。各板块的内容不存在逻辑、连续性和因果关系，但又同属于一个系统，具有情感的共通性。板块式叙事具有较强的创作思维，创作者可以将不同的内容进行组织，突出同一个主题。① 例如，浙江卫视播出的《王牌对王牌》，节目每期围绕一个主题邀请不同的嘉宾进行才艺比拼，各个板块的内容完全独立和并列，并不呈现线性叙事的特征。将每一期内容看作单独的叙事体系，节目中才艺比拼的各个主题以及故事情节的展示呈现出板块式叙事的结构，直到我们将视线聚焦到每一个真实的讲故事的人身上，便能从微观角度发现线性叙事的逻辑性和连贯性。反线性叙事在运用中更注重情绪的表达，并不强调叙事本身。它们呈现出的特征就是去故事化、去结构、去角色，淡化叙事任务关系。②

社区教育中的叙事重点可能源于冲突、对事件的判断、社会现象隐喻等，叙事的主题又可以由供给需求进行决策。因此，在宏观的叙事结构中，线性叙事并不适用。因为社区教育叙事体系中所涉及的叙事主题和叙事内容并不单一，所以每个主题都可以当作单独的板块式叙事结构来分析。这样不仅可以合理地将不同的叙事主题组合到一起突出社区教育的核心功能，又能从不同时空、不同组织、不同场域中提取出适合用于同一主题的故事文本。当具体分析单独叙事主题下叙事结构的分支时，如果叙事对象直接接收叙事者的信息内容，那么叙事对象就更加注重真实讲述者的逻辑性。此时，叙事者应满足事件推理过程中叙事对象对故事连续性的要求，确保故事的因果关系。因此，社区教育中的组织层可以以某一叙事价值为主线，板块式多元主题与单线性主题故事并存的结构制订叙事计划。

---

① 张继心. 历史文化纪录片的叙事结构研究 [D]. 郑州：郑州大学，2021.
② 王伟楠. 线性与非线性：论电影叙事结构的划分 [J]. 剧影月报，2021（03）：9—10.

3. 社区教育中叙事的设计层

社区教育中的叙事效能与叙事对象对叙事内容的接受和理解息息相关，在叙事策略维度可以将其理解为叙事计划和叙事媒介的选择，而从设计学角度便可以将整个叙事行为看作一个设计流程，那么叙事对象能够接收教育信号的叙事媒介、人和物质中都蕴含着多维的叙事触点。从形式上可以将叙事的触点分为线上触点和线下触点，从视角出发又可以将触点分为视觉、触觉、味觉、嗅觉、听觉等。① 例如，叙事对象通过手机 App 接收到的视觉层面的社区防疫通知和管控建议，做核酸时接收到听觉层面的喇叭播放的防控要求，社区内举办教育宣传活动所营造的场景。以上皆为设计层面的感知触点，也属于叙事计划中的一部分。触点的设计直接影响叙事对象的体验感和叙事者传达的价值内涵。

（三）叙事融入社区教育的价值导向

社区场域涉及复杂的文化、社会、权力等因素，为避免因叙事主体的差异、叙事接收者个体感知意识的不同而造成社区教育中的叙事立场模糊、教育价值偏差与错位，需要明确社区教育中叙事的价值导向，把控好叙事应用的核心要义。

1. 结构层面："国家—社会"层面的宏观叙事与个人感知的结合

以新冠肺炎疫情为代表的各类突发安全事件呈现出极强的突发性、破坏性。叙事融入社区教育最为直接的受益者是社区居民和社会，对于提高居民面临突发安全事件的自救自护能力、培养居民的社区认同、规范和突出社区的治理功能具有显著价值与作用。

叙事教育是在供给需求现实存在的基础上，对宏观管理和认同建构进行平衡的一种媒介。它可以将多主体、多层次、多维度的教育需求和要素进行重构和整合，明晰多元主体的功能边界，普及应急文化，培育社会组织，增

---

① 杜晓. 习近平思想政治教育叙事研究 [D]. 西安：西北大学，2021.

强制度供给，激发行为主体意愿，完善社区协同治理机制，提升社区治理能力和水平。同时它也有助于在基层传播正向价值观，并可以通过社会记忆建构解决历史记忆淡化、教育模式单一、社会认同碎化、共同体意识缺失等带来的问题。而丰富的叙事模式、叙事媒介、叙事要素可以使社区成员在接受教育时满足求知的心理，拥有更强的体验感和认同感。

2. 过程层面：场景化重现与动态建构的结合

叙事融入社区教育不仅包含着对教育者进行叙事化的培养与培训，丰富教育者的相关知识、形塑教育者的公共安全意识、提高教育者的公共安全技能，也意味着运用更有效、更具故事性和感知性的场景化方式开展社区教育，落实常态化疫情防控背景下的公共安全工作，进而帮助居民提高应对公共安全问题的能力。社区教育中的教育叙事和叙事教育都需要着眼于教育事件的内容和事件相关者之间的互动。叙事者需要在教育叙事研究中挖掘事件背后的社会和文化因素。在叙事教育的过程中可以通过场景化重现，依据事件发生时的人物角色、画面、决策、行为等诸多叙事元素进行映射和作用；在叙事过程中可以通过控制变量呈现多种叙事教育结果，促进多样化的感知情景产生。又因接收者的视角和维度皆不同，教育场景的重现会一直处于动态建构的过程中，这将促进社区教育的教育方式活化、文化内容活化和治理过程活化。

3. 效能层面：深化社会记忆与历史建构

亚里士多德将记忆当作经验，奥古斯丁将记忆作为过去的痕迹。回顾历史，我国自古以来就有学习古人优良智慧的传统，孟母三迁、岳飞精忠报国等典故是古代教育叙事的典型代表。古人的教育叙事艺术更多是以他人的言行和举止来对自身进行价值引领。而在抗击新冠肺炎疫情这一重大突发公共卫生事件中产生了社会集体记忆，这种记忆为社区教育中的叙事功能建构提供了"事、境、情、理"。①② 在合适的情境融入合情合理的叙事内容和目的，可以发挥社会集体记忆所蕴含的改变社会实践与建构历史的力量，使社区教育中的叙事教育具有历史内涵。叙事融入社区教育可以打破固化的传统媒介传播，为我国从不同教育视角回忆历史带来可能性。多样化的叙事手段不仅能抚平信息杂乱、舆情蔓延所导致的恐慌情绪，还能在教育过程中打破区域和个体的限制，在社会层面上增强民族自信和凝聚力。社区成员作为接受故事的主体，也可以通过叙事教育引发情感共鸣，厚植家国情怀。

四、社区教育中的叙事设计思路

（一）明确叙事目标

具体叙事目标的制定应在开展叙事教育之前，需要了解常态化疫情防控下社区发展和社区治理对教育功能、教育内容的需求。此处的目标可以为较为宏观的意图，如优化社区治理中的问题，指导社区居民的防疫工作、培育健康生活的理念、增强社区成员的公共安全意识、提供心理健康教育等。较为明确的叙事目标可以增强社区教育叙事行为中的笃定感，有助于共同价值认同的塑造。

（二）把握叙事主题

叙事主题就是"看什么"，是社区教育叙事内容的基准。叙事主题贯穿于整个叙事行为过程中，指导着所有要素的表达，从宏观的视角向叙事对象传递着明确的价值信号。

疫情下社区教育中主要的教育需求包含着健康教育、公共安全教育、心

---

① 严国华. 讲好抗疫思政大课强化中国梦宣传教育叙事［J］. 重庆第二师范学院学报，2021（03）：11—14.
② 吴璐薇，骆乐，吴潞铉. 教育叙事视域下的"形势与政策"课程实效性提升路径探究［J］. 中国多媒体与网络教学学报（上旬刊），2022（02）：69—72.

理健康教育、危机应急教育、急救教育、社会教育、科学教育、生活教育、感恩教育、亲情教育和人生观教育等。而社区教育中故事内涵的复杂性和重叠性导致这一步骤的主题可以为独立主题、并置主题和多重主题。当叙事主题为多重主题时，叙事主体应把控好后续叙事要素的分布，有层次、有逻辑地展示相互糅合在同一叙事体系中的丰富多元的内容。

（三）选择叙事视角

叙事视角是指讲故事的角度和立足点，一般包含对故事进行观察的叙事对象的角度以及叙事者讲述的角度。同样的叙事内容和叙事结构从不同的角度入手可能传达给叙事对象不同的重点和面貌。叙事对象因其特别的个体差异也会理解到不同的内涵。① 在选择叙事视角时，要考虑政治、经济、文化、社会环境、叙事对象的处境等因素，发掘叙事者和叙事对象之间的共情点与连接点。

（四）设计表达方法

设计表达方法属于设计显性结构中的设计表达层，直接影响叙事对象对教育内容的感知，因此要慎重选择叙事视角。通常故事讲述中的叙事视角包含着全知视角、内视角和外视角。当以全知视角进行叙事时，我们可以理解为叙事者在叙事任务中知道得最多，他全知全觉。② 因此，笔者认为社区教育中叙事策略的制定者和组织者应处于这种宏观视角进行叙事设计。因为这种视角视野十分开阔，便于把控整个叙事行为的进度，观察叙事者视角的传达层次和叙事对象视角的接收程度。从宏观的叙事策略全知视角出发，笔者总结了三种叙事设计策略类型，分析了叙事任务的基本要素、叙事者视角的任务进度和叙事对象视角下的心理需求。宏观视角下叙事设计与双主体视角的

---

① 陈磊. 专题博物馆地方文化叙事感知研究：以中国昆曲博物馆为例［D］. 苏州：苏州大学，2019.

② 陈一雷. 纪录片故事化的叙事策略解读［J］. 南京工程学院学报（社会科学版），2013（04）：35—38.

对应关系如图 4 所示。

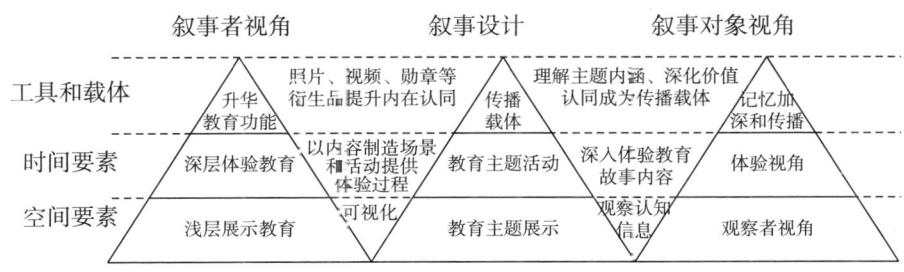

图 4　叙事设计与双主体视角的对应关系

第一类是以空间要素为主进行的教育主题展示。它能够从五感层面对叙事对象进行引导教育，在第一时间满足教育对象求知和好奇的心理。它主要包括叙事对象在接触叙事主题之前接收到的教育信息、功能和意义等，以及进入空间叙事场景中，感知到的与主题相关的文字、图形、环境、故事等。例如，以卫生防疫为主题的安全教育，可以在核酸检测点以及周边进行场景化的故事演练，包括但不限于可视化教育信息的展示。社区居民用观察者视角分析教育主题展示时，能够客观地接收到叙事主体传达的浅层教育任务并推理主题内涵，全面地了解教育主题。

第二类是以时间要素为主进行的教育主题体验活动。在教育叙事体系的建构过程中，要重视被教育者的体验视角，避免使其处于观察者视角被动接受教育，感受叙事对象的情绪状态和提高叙事对象的认同感。叙事性教育体验能够使人在短时间内体验疫情防控中的教育意义，增强对教育内容的价值认同感。疫情常态化也催生了"互联网+"的教育需求。教育主题体验活动可以根据社区场域的状态，按需选择线上线下的形式。线上的教育主题活动应以某一平台为基础，依赖于稳定的叙事组织和运营者。线下的教育主题活动应在遵循防疫规定的前提下有序开展。活动的参与与体验能够唤醒居民对自我能力的肯定，使其产生自我认同感，同时提高社区教育效率。

第三类是以物质和物质载体，使受教者能够回忆起教育主题与教育活动，加深对疫情教育的印象和理解。① 这里的物质载体可以是照片、视频、勋章或其他衍生品。叙事主体在此过程中应该努力升华教育功能。这个阶段的叙事设计主要是为了加强受教者对主题教育的文化认同感，让其自身能够建立对教育的价值认同，从而升华社区教育的拓展性功能、社会价值和个人价值。因叙事对象本身就是叙事体系中的动态参与者，具有成为叙事教育活动中传播载体的属性，所以这一阶段叙事对象可以处于再体验视角，对叙事内容进行反思和传播。

五、结　语

社区是国家治理、社会治理的基本单元，也是常态化疫情防控工作中的重点和关键。聚合微观的社区空间内，社区教育旨在推动教育与社区场域的融合，使得教育赋能社区治理具备实践基础。学界对社区教育视角在社区治理中的应用关注较高，其研究主要包括基于基础治理理论研究、基层需求研究、社会资本理论研究等，而学者针对社区教育的对象、教育内容、教育形式、教育功能、教育体系建构等理论研究还不足。本研究归纳了社区教育理论和研究范式，意图通过叙事介入社区教育，来强化社区教育作为"柔性力量"在协同治理中的价值。社区教育中的叙事者可以通过创设合适的情境，选择合乎目的和合情合景的叙事要素，满足社区成员的教育需求，向基层传播正向价值观。社区教育中的叙事研究有助于形成善教善治的新格局，为之后应对突发公共危机事件提供良好的借鉴。

---

① 任英丽，朱春艳. 叙述视角下的特色小镇服务设计研究［J］. 包装工程，2021（06）：120－125.

儿童青少年创伤后成长的保护性因素研究
——以汶川地震幸存者为例

徐文健[1]

一、引 言

作为重大自然灾害事件，地震可能对儿童青少年造成严重且长期的消极心理影响。[2] 国内外研究者对震后灾民心理精神状况进行了大量考察，发现儿童青少年幸存者在震后6个月、1.5年、2年、3年甚至多年后仍普遍存在抑郁、焦虑、睡眠障碍、创伤后应激障碍等心理问题[3][4]，同时容易出现学习倦

---

[1] 徐文健，四川大学公共管理学院副教授，教育学博士，研究方向为社会心理学、社会困境群体的心理健康。

[2] BULUT S, BULUT S, TAYLI A. The dose of exposure and prevalence rates of post-traumatic stress disorder in a sample of Turkish children eleven months after the 1999 Marmara earthquakes [J]. School Psychology International, 2005 (01): 55-70.

[3] 范方, 耿富磊, 张岚, 等. 负性生活事件、社会支持和创伤后应激障碍症状：对汶川地震后青少年的追踪研究 [J]. 心理学报, 2011 (12): 1398-1407.

[4] Tang W, Xu Dun, XU J P. Impact of earthquake exposure, family adversity and peer problems on anxiety-related emotional disorders in adolescent survivors three years after the Ya'an earthquake [J]. Journal of Affective Disorders, 2020 (273): 215-222.

息、物质滥用及自杀倾向等行为问题[①][②]。但是，也有研究者发现，儿童青少年幸存者并非只存在消极的心理和行为问题，也可能出现积极的变化。一些研究者逐渐将重心从震后的消极心理影响转向逆境中的"韧性和成长"，力求寻找有效的创伤后心理重建机制和干预路径，促进个体的积极心理适应，如创伤后成长（post-traumatic growth，简称PTG)[③]。

PTG是指个体在与重大生活危机或极具挑战的创伤事件进行抗争后所体验到的积极心理变化[④]，包括对个人力量的积极感知、与他人情感联结的增进、生活重心的改变、对生命的升华和未来生活的憧憬等[⑤]。PTG在自然灾害暴露人群中广泛存在。Linley等[⑥]的回顾性研究发现，在经历过不同创伤事件的人群中，30%~70%报告了PTG。而在汶川地震幸存者中，PTG的报告率高达51.1%。[⑦] 同时，PTG对个体的影响长期存在。相较于短时期，个体在经历创伤事件后较长时期内更有可能产生积极情绪，获得感悟与成长，且

[①] SUMNER J A, PIETRZAK R H, DANIELSON C K, et al. Elucidating dimensions of posttraumatic stress symptoms and their functional correlates in disaster-exposed adolescents [J]. Journal of Psychiatric Research, 2014 (59): 85-92.

[②] TANAKA E, TSUTSUMI A, KAWAKAMI N, et al. Long-term psychological consequences among adolescent survivors of the Wenchuan earthquake in China: A cross-sectional survey six years after the disaster [J]. Journal of Affective Disorders, 2016 (204): 255-261.

[③] CLAY R, KNIBBS J, JOSEPH S. Measurement of posttraumatic growth in young people: A review [J]. Clinical Child Psychology and Psychiatry, 2009 (03): 411-422.

[④] TEDESCHI R G, CALHOUN L G. Posttraumatic growth: Conceptual foundations and empirical evidence [J]. Psychological Inquiry, 2004 (01): 1-18.

[⑤] 张倩，郑涌. 创伤后成长：5·12地震创伤的新视角 [J]. 心理科学进展，2009 (03): 623-630.

[⑥] LINLEY P A, JOSEPH S. Positive change following trauma and adversity: A review [J]. Journal of Traumatic Stress, 2004 (01): 11-21.

[⑦] JIN Y C, XU J P, LIU D Y. The relationship between posttraumatic stress disorder and post traumatic growth: Gender differences in PTG and PTSD subgroups [J]. Social Psychiatry and Psychiatric Epidemiology, 2014 (12): 1903-1910.

时间越长,PTG 的影响可能越大。①

(一)领悟社会支持与 PTG

研究者们围绕 PTG 的保护性因素进行了广泛考察,其中讨论较多的是领悟社会支持。② 作为人际间的一种积极互动,社会支持既是个体在压力或不确定时期从人际环境中获得的物质和精神支持,又是个体所拥有的社会关系的量化表征。社会支持的缓冲器模型(the buffering model)认为,社会支持可以通过降低压力事件的负性评估和提供压力事件的解决策略来保护个体免受压力事件的潜在不利影响,维护个体的身心健康。③ 同时,Tedeschi 等④提出的 PTG 完全模型(Full Models of PTG)认为,来自外部的社会支持可以帮助创伤暴露个体缓解创伤心理应激,提供一种对已发生的环境变化进行叙述和情绪表达的机会,使个体已有的灾害认知图式得以积极建构,最终促进其 PTG。⑤

领悟社会支持是影响个体 PTG 的重要因素。个体感知到越多的社会支持,越有利于其 PTG 的形成。Scrignaro 等⑥发现,社会支持能够促使癌症患者积极地整合反刍(将不幸或失败归因于自身)等认知过程,最终提升其

---

① 许丹. 创伤经历与亲社会行为的关系及机制评述[J]. 中国社会心理学评论,2018(02):198—214,249—250.

② LIU A Y, WANG W C, WU X C. Self—compassion and posttraumatic growth mediate the relations between social support, prosocial behavior, and antisocial behavior among adolescents after the Ya'an earthquake[J]. European Journal of Psychotraumatology, 2021(01):1564949.

③ COHEN S, WILLS T A. Stress, social support, and the buffering hypothesis[J]. Psychological Bulletin, 1985(02):310—357.

④ TEDESCHI R G, CALHOUN L G. Posttraumatic growth: Conceptual foundations and empirical evidence[J]. Psychological Inquiry, 2004(01):1—18.

⑤ 王文超,伍新春. 共情对灾后青少年亲社会行为的影响:感恩、社会支持和创伤后成长的中介作用[J]. 心理学报,2020(03):307—316.

⑥ SCRIGNARO M, BARNI S, MAGRIN E M. The combined contribution of social support and coping strategies in predicting post—traumatic growth: A longitudinal study on cancer patients[J]. Psycho—oncology, 2011(08):823—831.

PTG 水平。Bhat 等①发现，在战争当中，领悟社会支持可以给难民提供有效的心理保护，并能正向预测个体的 PTG。在自然灾害心理领域，领悟社会支持同样对 PTG 具有显著的影响。② 有研究发现，领悟社会支持可以预测汶川地震 12 至 24 个月后幸存者的 PTG 水平。③ 然而，也有研究者指出，领悟社会支持与 PTG 的关系并非一成不变，可能随着创伤暴露时间的变化而发生改变。④ 因而领悟社会支持与 PTG 的关系，尤其是领悟社会支持对受创伤个体（在儿童青少年期经历过自然灾害）成年后 PTG 的影响仍需进一步探究。

（二）领悟社会支持、感恩与 PTG

创伤后个体的认知和情绪过程是影响 PTG 的关键因素。⑤ 所以，作为与个体认知和情绪有关的积极心理品质，感恩对促进 PTG 具有重要意义。感恩（gratitude）一词来源于拉丁字根 gratia，即恩惠的、令人愉快的。作为积极心理学的一大研究热点，感恩对个体的积极心理作用这一主题得到了广泛探讨。一方面，感恩作为一种积极力量，可以帮助个体减少来自负性事件的影

---

① BHAT R M, RANGAIAH B, ELMER S. The impact of conflict exposure and social support on posttraumatic growth among the young adults in Kashmir [J]. Cogent Psychology，2015（01）：1000077.

② LIU A Y, WANG W C, WU X C. Self－compassion and posttraumatic growth mediate the relations between social support, prosocial behavior, and antisocial behavior among adolescents after the Ya'an earthquake [J]. European Journal of Psychotraumarology，2021（01）：1864949.

③ JIA X J, LIU X, YING L H, et al. Longitudinal relationships between social support and posttraumatic growth among adolescent survivors of the Wenchuan earthquake [J]. Frontiers in Psychology，2017（08）：1275.

④ OZER E J, BEST S R, LIPSEY T L, et al. Predictors of posttraumatic stress disorder and symptoms in adults：A meta－analysis [J]. Psychological Bulletin，2003（01）：52－73.

⑤ 王文超，伍新春. 共情对灾后青少年亲社会行为的影响：感恩、社会支持和创伤后成长的中介作用 [J]. 心理学报，2020（03）：307－316.

响①；另一方面，感恩可以推动更多积极认知和感受的发展，提升个体的心理健康水平②。根据感恩—拓展构建理论，感恩可以拓宽个体的认知水平和思维行动范畴，帮助个体构建身体、智力、心理和社会等持久性资源，并有效缓解个体由于消极认知情绪所引起的不良生理反应，从而推动自我的发展。对于受创伤个体而言，感恩能够帮助其从消极体验中发现益处，重新构建对世界的理解，从而推动PTG的发展③。

此外，社会支持与感恩密切相关。Alfieri等④发现，来自母亲的情感支持对青少年的感恩水平具有重要的保护作用。杨欣欣等⑤发现，在高水平网络社会支持情境下，个体更容易获得感恩的积极体验。对社会支持和帮助的领悟程度是影响一个人在受到恩惠后能否体验到感恩的重要因素。高领悟社会支持个体更能够感受到来自社会群体的支持、理解和尊重，从而产生感恩体验和情绪。据此，本研究假设：感恩在领悟社会支持影响PTG的路径中可能起着中介作用。

（三）领悟社会支持、自我效能感与PTG

除了认知和情绪过程，社会支持还可以通过个体的人格或内在积极动力

---

① SIROIS F M, WOOD A M. Gratitude uniquely predicts lower depression in chronic illness populations: A longitudinal study of inflammatory bowel disease and arthritis [J]. Health Psychology, 2017 (02): 122−132.

② BONO G, MANGAN S, FAUTEUX M, et al. A new approach to gratitude interventions in high schools that supports student wellbeing [J]. The Journal of Positive Psychology, 2020 (05): 657−665.

③ VIESELMEYER J, HOLGUIN J, MEZULIS A. The role of resilience and gratitude in posttraumatic stress and growth following a campus shooting [J]. Psychological Trauma: Theory, Research, Practice, and Policy, 2017 (01): 62−69.

④ ALFIERI S, TAGLIABUE S, MARTA E, et al. Gratitude as a variable of mediation between parental support and self−esteem in adolescence [J]. Journal of Child and Family Studies, 2018 (05): 1394−1401.

⑤ 杨欣欣,刘勤学,周宗奎. 大学生网络社会支持对网络利他行为的影响：感恩和社会认同的作用 [J]. 心理发展与教育, 2017 (02): 183−190.

对 PTG 产生保护作用，如自我效能感的实现。自我效能感是指个体对自身能否完成某种行为或任务的推测、判断和信念程度。首先，领悟社会支持对自我效能感具有显著的正向预测作用，且这种预测具有跨文化一致性。[1][2] 社会支持可以提供给个体充分的资源，帮助其采取有效措施来应对创伤事件，从而提升个体的自我效能感。其次，自我效能感与 PTG 密切相关。遭受"9·11事件"15 年后受害者的追踪研究和对艾滋病患者的元分析[3]都表明自我效能感会对 PTG 产生一定的影响。自我调节转换理论（self-regulation shift theory）指出，创伤后个体如果能够获得良好的社会支持，将会感受到自我决策信念的提升，进而提升感知与评估能力，并促进积极的心理适应和成长。[4] 因此，本研究假设：自我效能感在领悟社会支持影响 PTG 的路径中可能起着中介作用。

在汶川地震中，儿童青少年群体创伤暴露程度尤为严重。不少研究者对该群体给予了重点关注，但鲜有研究追踪其成年后的心理发展情况，忽略了自然灾害对儿童青少年的长期心理作用机制。本研究基于积极心理学视角，在汶川地震 12 年后，以在儿童青少年时期（6—19 岁）经历汶川地震、现在年龄为 18—31 岁的幸存者为研究对象，旨在探究 PTG 的现状特征、领悟社会支持对 PTG 的保护性作用，以及感恩和自我效能感在二者之间的中介机

---

[1] 安媛媛，苑广哲，伍新春，等. 社会支持对震后青少年创伤后应激障碍和创伤后成长的影响：自我效能感的中介作用 [J]. 心理发展与教育，2018（01）：98-104.

[2] MAEDA U, SHEN B J, SCHWARZ E R, et al. Self-efficacy mediates the associations of social support and depression with treatment adherence in heart failure patients [J]. International Journal of Behavioral Medicine, 2013（01）：88-96.

[3] RZESZUTEK M, GRUSZCZYNSKA E. Posttraumatic growth among people living with HIV: A systematic review [J]. Journal of Psychosomatic Research, 2018（114）：81-91.

[4] BENIGHT C C, SHOJI K, DELAHANTY D L. Self-regulation shift theory: A dynamic systems approach to traumatic stress [J]. Journal of Traumatic Stress, 2017（04）：333-342.

制，以期丰富灾后较长时期内灾后儿童青少年 PTG 保护性影响因素的理论研究，并为灾后心理风险防控提供实践参考。

二、研究方法

（一）研究对象

都江堰市距离汶川地震震中仅 21 公里，因受灾严重被列为全国十大重灾区之一。当地的儿童青少年也在地震中受到了严重的创伤。本研究中的有效被试需同时满足"汶川地震发生当时所在地为都江堰"和"地震时为 6—19 岁"两个条件。笔者共发放问卷 606 份，经筛选最终得到 476 份有效问卷，有效率为 78.55%，男性 264 名（55.46%），平均年龄为 24.69 岁（标准差＝4.25）。

（二）研究工具

1. 领悟社会支持量表

本研究采用 Zimet 等人编制、姜乾金等人修订的 12 项目领悟社会支持量表。量表包含 3 个维度：家庭支持、朋友支持和重要他人支持。为方便被试理解，本研究将原量表中所有'家人、朋友或重要他人支持"的题目拆分为"家人支持""朋友支持""重要他人支持" 3 种情境，最终共计 20 个项目。采用 7 点计分，1 表示"完全不同意"，7 表示"完全同意"，总分越高表示个体领悟社会支持越多。量表 Cronbach's α 系数为 0.96，3 个维度的 Cronbach's α 系数分别为 0.95、0.94 和 0.92。

2. 创伤后成长评定量表

本研究采用 Tedeschi 和 Calhoun 编制的 21 项目创伤后成长评定量表。该量表由三名心理学专业人员分别翻译，最终达成共识。量表包含 5 个维度：①与他人关系，即感到与别人愈加亲密；②新可能性，即意识到生活中出现了新的机会和可能；③个人力量，即意识到自己具备应付困难和挫折的更强内在力量；④欣赏生活，即对当前生活更加珍惜和满足，对生活事件的优先顺序做出调整；⑤精神成长，即个体在人生信仰和领悟生命真谛等方面发生积极变化。采用6点计分，1表示"完全没有变化"，6表示"变化非常大"，总分越高表示个体的PTG水平越高。量表Cronbach's α系数为0.97。

3. 感恩问卷

采用McCullough等人编制、魏昶等人修订的6项目感恩问卷。采用7点计分，1表示"完全不同意"，7表示"完全同意"，其中2个为反向计分题目。经转换处理后，总分越高表示感恩倾向越强。量表Cronbach's α系数为0.68。

4. 一般自我效能感量表

采用Schwarzer等人于1981年编制的10项目一般自我效能感量表。采用4点计分，1表示"完全不符合"，4表示"完全符合"，总分越高表示自我效能感水平越高。量表Cronbach's α系数为0.94。

5. 创伤暴露程度问卷

采用Wu等人编制的创伤暴露程度问卷，问卷内容主要是地震发生时幸存者的家人、老师、同学、亲戚或朋友受伤和死亡情况。采用3点计分，亲眼看见计2分，事后得知计1分，无该情况计0分，总分越高表示客观创伤暴露越严重。量表Cronbach's α系数为0.82。

(三) 研究程序

本研究使用SPSS 22.0和Amos 20.0进行统计分析。在问卷发放过程中已进行必要的处理，如保护被试隐私、向被试充分说明数据仅限用于学术研究等。采用探索性因子分析对潜在共同方法偏差进行检验。得到第一个公因子解释率为33.82%（小于40%），表明数据不存在严重的共同方法偏差。

三、结果与分析

(一) 描述性统计和相关分析

由表1可知,地震幸存者的领悟社会支持、感恩、自我效能感均与PTG呈显著正相关,领悟社会支持与感恩和自我效能感均呈显著正相关,感恩与自我效能感呈显著正相关。

表1 各变量描述性统计结果和变量间的相关 ($N=476$)

	均值	方差	1	2	3	4	5	6	7
1. 领悟社会支持	109.58	19.93	1						
2. 家庭支持	44.87	9.50	0.90**	1					
3. 朋友支持	44.23	8.04	0.90**	0.69**	1				
4. 重要他人支持	20.48	5.48	0.76**	0.51**	0.60**	1			
5. 感恩	31.70	5.46	0.40**	0.40**	0.40**	0.13**	1		
6. 自我效能感	25.58	6.29	0.46**	0.39**	0.43**	0.33**	0.19**	1	
7. 创伤后成长	89.51	23.00	0.41**	0.38**	0.34**	0.34**	0.25**	0.40**	1

注:①N为有效问卷份数。② * 表示 $p<0.05$,** 表示 $p<0.01$,*** 表示 $p<0.001$;下同。

(二) 中介效应检验

采用结构方程模型探究感恩、自我效能感在领悟社会支持与PTG之间的中介作用。首先,尽管都江堰市为汶川地震重灾区之一,但不同个体的创伤暴露程度存在一定差异,所以在中介分析中对被试的创伤暴露程度进行控制。其次,感恩和自我效能感分别代表个体的认知情绪过程和内在人格动机,所以在测量模型中假定感恩和自我效能感是两个相互独立的中介变量。

领悟社会支持可以显著正向预测PTG ($\beta=0.43$,$p<0.001$)。结构方程模型结果见图1。整体中介模型拟合良好:$\chi^2/df=3.74$,CFI=0.97,TLI=

0.96，RMSEA=0.07。各路径也均达到显著性水平：领悟社会支持显著正向预测感恩（$\beta=0.44$，$p<0.001$）、自我效能感（$\beta=0.53$，$p<0.001$）和PTG（$\beta=0.28$，$p<0.001$）；感恩显著正向预测PTG（$\beta=0.08$，$p<0.05$）；自我效能感显著正向预测PTG（$\beta=0.20$，$p<0.001$）。对模型的间接效应进行解析，发现包含2条路径：路径1，领悟社会支持→感恩→PTG的中介效应显著（$\beta=0.04$，95％ CI：0.00，0.08）；路径2，领悟社会支持→自我效能感→PTG的中介效应显著（$\beta=0.10$，95％ CI：0.04，0.15）。据此，感恩和自我效能感分别在领悟社会支持影响PTG的路径中起到部分中介作用，中介效应合计占总效应比例为31.07％。

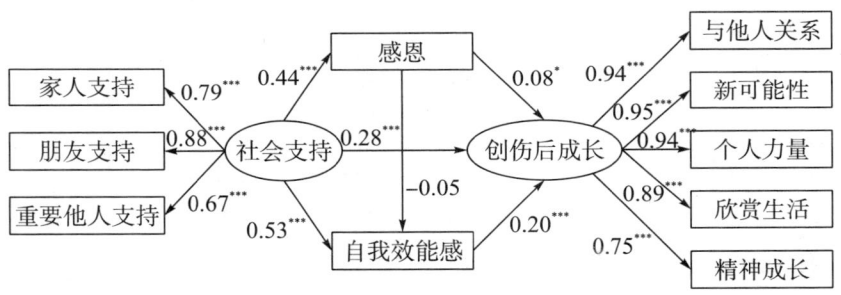

图1　领悟社会支持影响PTG：感恩和自我效能感的中介作用

四、讨 论

本研究基于积极心理学的视角，以社会认知理论（个体并非完全被动地接受外界刺激和影响，而是会主动对事物进行解释，赋予其一定的意义）和自我调节转换理论（强调认知对个体行为的影响）为基础，以汶川地震12年后的幸存者为案例，构建结构方程模型，揭示了儿童青少年PTG的现状特征，领悟社会支持对PTG的保护性机制，以及感恩和自我效能感分别在二者之间的中介作用。

（一）领悟社会支持与PTG

成长需要时间。随着时间的推移，成长的适应机制才能够更好地发挥作用。① Ying等②发现在汶川地震2.5年后儿童青少年群体的PTG项目均分为2.77；Du等③发现在汶川地震8年后青少年群体的PTG项目均分为2.25（一般灾区为1.90，重点灾区为2.58）；本研究的PTG项目均分则更高，为3.29。所以，PTG在地震发生12年后仍然存在，且维持在较高水平。

研究结果发现，领悟社会支持能够显著正向预测PTG。这说明个体感知到的社会支持是促进PTG的重要因素。社会支持的缓冲器模型认为，当应激事件发生时，无论个体处于何种压力情境，领悟社会支持都可以作为缓冲器，起到保护个体身心健康的作用。对地震幸存者而言，个体如果拥有更多与他人谈论自己经历并收获帮助和建议的机会，就更有可能感受到来自外界的关心和鼓励，推动自身更好地整合或更新原有图式，最终实现PTG。④ 同时，研究还发现领悟社会支持对PTG的直接效应约占总效应的七成。这一结果支持了领悟社会支持的主效应模型（the main effect model）的观点，即社会支持具有普遍的积极作用，领悟社会支持越多，个体抵御心理压力的能力就越强，其PTG发展得也越好。研究结果为长期灾后心理重建和心理风险防控提供了重要的实证依据，即在地震后长时期内，领悟社会支持对儿童青少年

---

① ZOELLNER T, RABE S, KARL A, et al. Posttraumatic growth in accident survivors: Openness and optimism as predictors of its constructive or illusory sides [J]. Journal of Clinical Psychology, 2008 (03): 245−263.

② YING L H, LIN C D, WU X C, et al. Trauma severity and control beliefs as predictors of posttraumatic growth among adolescent survivors of the Wenchuan earthquake [J]. Psychological Trauma Theory Research Practice and Policy, 2014 (02): 192−198.

③ DU B L, MA X Z, OU X C, et al. The prevalence of posttraumatic stress in adolescents eight years after the Wenchuan earthquake [J]. Psychiatry Research, 2018 (262): 262−269.

④ TEDESCHI R G, CALHOUN L G. Posttraumatic growth: Conceptual foundations and empirical evidence [J]. Psychological Inquiry, 2004 (01): 1−18.

PTG 仍具有显著的增益作用。结果预示着，严重灾难事件对个体的影响难以随着时间的流逝而消减、消失或被其他事物取代。社会支持不仅对地震后短时期内促进和维持 PTG 至关重要，而且对于 PTG 的长时期发展也十分重要。

（二）感恩的中介作用

研究结果发现，领悟社会支持可以通过提升地震幸存者的感恩水平来促进其 PTG 的发展。一方面，领悟社会支持可以显著正向预测感恩，即地震幸存者领悟到的社会支持越多，其感恩水平越高。根据归因理论，倾向于对社会支持做出积极归因的个体更有可能认识到过去为他们提供帮助的人的功劳，从而产生感恩的认知和情感体验。[1] 另一方面，感恩可以显著正向预测 PTG，即个体的感恩水平越高，其 PTG 的发展也越好。究其原因，首先，感恩可以在一定程度上保护受创伤个体，使他们较少受到压力、抑郁和创伤后应激障碍等负性心理的影响[2]；其次，感恩可以推动其他正面认知和行为的发展[3]，感恩水平高的个体更可能拥有良好的人际关系和积极的生活态度，最终实现 PTG。所以，地震幸存者感受到的社会支持越多，其感恩水平就越高，而较高的感恩水平又会促进其 PTG 的发展。这一发现启示心理工作者在为灾后幸存者提供或链接社会支持的时候，要着重关注幸存者积极的情绪反馈，特别是感恩，因为它不仅是对工作者的一种肯定，也是幸存者未来健康成长的有利因素。

（三）自我效能感的中介作用

研究结果发现，自我效能感在领悟社会支持影响 PTG 的关系路径中起着

---

[1] WEINER B. An attributional theory of achievement motivation and emotion [J]. Psychological Review, 1985 (04): 548-573.

[2] 范方, 耿富磊, 张岚, 等. 负性生活事件、社会支持和创伤后应激障碍症状: 对汶川地震后青少年的追踪研究 [J]. 心理学报, 2011 (12): 1398-1407.

[3] WOOD A M, FROH J J, GERAGHTY A W A. Gratitude and well-being: A review and theoretical integration [J]. Clinical Psychology Review, 2010 (07): 890-905.

中介作用。这与安媛媛等①的研究结果一致，也印证了自我调节转换理论的观点。具体来讲，社会支持可以为个体提供充足的资源，帮助其采取有效措施来应对创伤事件，从而提升其自我效能感；而自我效能感作为一种内在的积极动力，又会激励个体采用乐观的态度和行为来面对生活，并从中获得正向的体验，从而提升其PTG。当个体面对创伤事件及其引发的消极心理和行为结果持有较强的信念时，可能采用问题聚焦（集中所有资源和方式来解决问题）的应对方式，且在应对创伤相关线索时能够有效避免外界干扰，克服创伤后心理障碍并促进PTG。研究结果为社会认知理论提供了来自地震灾害心理的实证，同时也为灾后心理干预路径提供了实践启示，即针对社会支持提供和自我效能感提升的心理—社会干预技术。这对提升灾区群众的心理社会适应能力具有重要的现实意义。

五、结　论

汶川地震后的较长时期内，地震幸存者的PTG仍然存在，且处于中上水平。领悟社会支持显著正向预测地震幸存者的PTG，是地震幸存者PTG的重要保护性因素。

感恩和自我效能感分别在地震幸存者领悟社会支持影响PTG的路径中起到中介作用。本研究结果对挖掘个体积极特质包括积极认知和情绪、人格或内在积极动力对灾后心理干预和情绪风险防控方面具有一定启示。

---

① 安媛媛，苑广哲，伍新春，等. 社会支持对震后青少年创伤后应激障碍和创伤后成长的影响：自我效能感的中介作用［J］. 心理发展与教育，2018（01）：98—104.

技术依赖、财政支持与府际竞争：政府数据开放绩效的"推拉模型"研究

代佳欣　许　阳①

一、问题提出

政府数据开放已成为我国促进数据经济发展、释放数据治理红利的重要战略。《国务院关于印发"十四五"数字经济发展规划的通知》要求："建立健全国家公共数据资源体系……推动基础公共数据安全有序开放，构建统一的国家公共数据开放平台和开放利用端口，提升公共数据开放水平。"② 为敦促政府开放数据有效嵌入地方治理实践，国务院 2015 年印发了《促进大数据发展行动纲要》，强调"推动政府数据开放共享……为有效处理复杂社会问题提供新的手段。建立'用数据说话、用数据决策、用数据管理、用数据创新'的管理机制"。此外，中央近年来相继出台了《关于推进公共信息资源开放的若干意见》《政务信息系统整合共享实施方案》《公共信息资源开放试点工作

---

① 代佳欣，西南交通大学公共管理学院副教授，研究方向为政府数据治理、基本公共服务研究。许阳，西南交通大学公共管理学院硕士，研究方向为政府数字治理。本文系国家社会科学基金青年项目（编号：20CZZ025）、教育部人文社会科学研究规划项目（编号：19YJC810002）、四川省哲学社会科学重点研究基地社会发展与社会风险控制研究中心课题（SR22A03）的成果。

② 中国政府网. 国务院关于印发"十四五"数字经济发展规划的通知 [EB/OL]. https://www.gov.cn/zhengce/zhengceku/2022-01/12/content_5667817.htm.

方案》等与政府数据开放密切相关的系列公共政策，为地方政府自主探索开放数据方案释放了激励性政策信号。

根据加拿大国际发展研究中心、世界银行和英国国际发展部联合制定的数据开放晴雨表（global report fourth edition open data barometer），我国政府数据开放水平在人均可及性、需求回应性和数据利用便捷性等核心评价维度上表现欠佳，政府数据开放绩效在亚洲地区排名靠后。国内政府数据开放的权威统计数据也一定程度印证了这一国际评价结果。复旦大学和国家信息中心数字中国研究院的调查研究报告表明，截至2020年10月，我国省级、副省级、地级市等地方政府建立的数据开放平台共142个。其中，部分地区（如浙江省、上海市、贵州省等地）也已成为数据开放的"先行模范"，推进政府数据开放的创新举措甚至具有国际引领性。但有部分地区的政府数据开放在准备度、平台层、数据层、利用层等方面均呈现较低水平。这在均值意义上导致我国政府开放数据绩效不彰。

为何在同样的央级激励性政策作用下，有的地方政府数据开放绩效水平高，而有的地方政府数据开放绩效水平低？进一步地，这一绩效水平差异的复杂机制如何形成？这将是本研究尝试回答的核心问题。为此，本研究发展出一个解释我国地方政府数据开放绩效影响机制的"推拉模型"，选取国内30个地级市的政府数据开放案例作模糊及定性比较分析，探讨政府数据开放绩效高水平与反向非高水平的组态解，力图揭示地方政府数据开放绩效差异的多重条件组态和复杂机制。

二、文献综述与分析框架

（一）政府数据开放绩效影响机制的文献综述：进路与观点

国内外政府数据开放绩效影响机制的既有文献，主要有制度环境、政府创新扩散、组织压力、技术驱动等研究进路。①制度环境的研究进路。上官莉娜①主张政府数据开放绩效主要受到顶层设计、基本准备、数据利用、便民互动等多个制度性因素的共同作用和影响。Emily 等②则强调跨部门协作制度，认为政府数据开放要保证政府数据开放跨部门有效协作，政府数据开放绩效实现要依赖明确的权责制度规范和协作机制。②政府创新扩散的研究进路。Vishanth 等③从创新扩散理论视角指出，政府数据开放绩效的挑战是数据开放成本、数据归属权风险、法律冲突、隐私保障和公众利用数据意愿。汤志伟等④同样从政府创新扩散的角度开展研究，但分析得出政府数据开放绩效水平的差异是缘于各地区政治、经济和社会发展的不平衡。这种不平衡具体表现为数据开放政策强度、经济发展与信息产业发展水平。③组织压力的研究进路。雷玉琼等⑤指出领导驱动要素对政府数据开放平台绩效的影响最为显著。这导致环境促进—领导驱动型、环境制约—领导驱动型两类政府数据开放模式都表现出较高的绩效水平。除了组织框架下的领导驱动和权力要素外，刘淑妍等⑥认为省级政府在面临强烈的府际竞争激励和公民需求等外部结构性约束条件下，技术上要具备较强的数字技术分析能力且数据平台搭建完备，组织上还要设立数据开放的专门管理机构和部门共享机制，政府数据开

---

① 上官莉娜，潘晨. 制度逻辑视角下省级政府数据开放绩效的影响因素及生成机制：基于20省的模糊集定性比较分析[J]. 情报杂志，2021（12）：150-157，176.
② EMILY B, FRANK B. Barriers to open data release: a view from the top [J]. Information Polity，2014（02）：129-152.
③ VISHANTH W, ZAHIR I, KAWAL K, et al. Open data and its usability: An empirical view from the citizen's perspective [J]. Information Systems Frontiers，2017（02）：285-300.
④ 汤志伟，郭雨晖，顾金周，等. 创新扩散视角下政府数据开放平台发展水平研究：基于全国18个地方政府的实证分析[J]. 图书馆理论与实践，2018（06）：1-7.
⑤ 雷玉琼，苏艳红. 地方政府数据开放平台发展模式及绩效差异[J]. 中国行政管理，2020（12）：40-46.
⑥ 刘淑妍，王湖葩. TOE框架下地方政府数据开放制度绩效评价与路径生成研究：基于20省数据的模糊集定性比较分析[J]. 中国行政管理，2021（09）：34-41.

放的绩效才能较好。王法硕等①尝试将横向竞争引入政府数据开放绩效的评价框架。他们的研究发现,省内率先采纳政府数据开放的城市会形成先行示范和竞争压力,于是,地级市政府面临的横向竞争压力越大,越倾向于采纳推行政府数据开放政策。④技术驱动的研究进路。围绕技术驱动与政府数据开放绩效的关系,学界存在观点争议。一种代表性观点指向技术因素是驱动政府数据开放的基础性要件。夏义堃②就指出政府数据开放技术应用与基础设施、数据发布类型、数据发布标准、互操作性、可获取性等,在国际上被认定为评价政府数据开放水平差异的重要指标。但另一种有解释力的观点却表明技术引入并不意味着数据开放绩效产出。胡业飞等③就将政府数据开放绩效目标界定为通过向社会供给公共数据资源,实现公共产品的合作供给以及数据经济价值的释放。从绩效目标的角度看,绩效实现并非单靠技术引入可达成。

国内外既有文献围绕解释政府数据开放绩效的影响机制做了有益探索。大多数学者依循制度环境、政府创新扩散、组织压力、技术驱动等主要研究进路,开展了多维变量相关性检验、事件史研究、跨案例比较等实证分析。但我们在破解我国地级市政府数据开放绩效为何存在差异,换言之,为何有的地方政府数据开放绩效高,而有的地方政府数据开放绩效低的谜题时,发现既有文献还存在一些理论贡献上的薄弱之处。一是既有文献强调验证变量而非构建理论和阐释机制。目前,诸多文献都是从经验上寻找到碎片性的多个变量,进而验证与政府数据开放绩效之间的相关性。但变量相关却未必具有理论意义;并且,许多变量与理论框架之间的关联不清晰,相应地,变量

---

① 王法硕,项佳囡. 中国地方政府数据开放政策扩散影响因素研究:基于283个地级市数据的事件史分析[J]. 情报杂志,2021(11):113—120.

② 夏义堃. 国际比较视野下我国开放政府数据的现状、问题与对策[J]. 图书情报工作,2016(07):34—40.

③ 胡业飞,孙华俊. 政府信息公开与数据开放的关联及治理逻辑辨析:基于"政府—市场—社会"关系变迁视角[J]. 中国行政管理,2021(02):31—39

之间影响机制的解释也比较薄弱。二是既有文献欠缺对变量之间复合组合关系的具体解读。政府数据开放绩效的形成过程是由多个复杂变量交互影响的。哪些变量组合能够引致政府数据开放绩效产生差异？既有文献围绕这一关键问题的解读还不够深入。鉴于此，本研究将基于"技术—组织—环境"的理论框架，结合资源基础理论和绩效锦标赛理论，发展一个解释我国地级市政府数据开放绩效水平差异影响机制的"推拉模型"。可能的理论贡献在于：一是批判重构了分析政府数据开放绩效的"霸权理论"。国内外既有研究鲜有根据具体研究对象和情境，批判重构"技术—组织—环境"（TOE）框架的内容要素。本研究结合资源基础理论和绩效锦标赛理论作此尝试，反思TOE框架过分精练的内容要素对我国地方政府数据开放绩效复杂机制的解释力。二是细致分析了我国地方政府数据开放绩效的推力和拉力，并从复杂条件要素中，重点挖掘了技术依赖、财政支持和府际竞争三个核心机制如何影响地方政府数据开放绩效高低。这也解释了为何在同样的央级激励性政策的作用下，有的地方政府数据开放绩效水平高，而有的地方政府数据开放绩效水平低。

（二）政府数据开放绩效影响机制"推拉模型"的构建

现阶段，学界解释政府数据开放绩效的理论模型还比较单一，主要集中于借鉴三种理论模型，包括TOE框架、生态系统理论框架、政策扩散模型。其中，TOE框架囊括了较丰富的解释变量，逐渐成为政府数据开放研究的重要理论来源。从理论渊源上看，TOE框架是由创新扩散理论和技术接受理论整合而来，主张一项新的社会技术的采纳和推广应用并不是由单一的技术要素决定，而要受到组织要素和环境要素的综合影响。因此，该理论在内容架构上，就包括了技术要素、组织要素和环境要素。具体地，技术要素是指技术相对优势、兼容性、技术成本、复杂性、信息技术创新力度等。组织要素则重点指财政能力、需求、组织规模与层次等变量。环境要素主要指外部制度环境（广义上的政治、经济、社会、文化等外部因素）。虽然TOE框架在政府数据开放的研究中使用颇多，但是随着应用的深入，其解释力局限也不断被讨论和澄清。我们发现 TOE 框架作为一个实证分析框架，主要局限在于核心变量的描述和使用情景的具体分析并不细致，技术、组织和环境变量放在任何组织情景中都具有一定程度的解释力。也就是说，TOE 框架虽然发展出了技术、组织和环境三个分析维度，但缺乏基于对象和情景对三个维度包含的具体变量的深描。正因为此，本研究针对具体的分析单位和研究情景，结合资源基础理论和绩效锦标赛理论，对 TOE 框架作拓展和补充。

资源基础理论认为组织要长效实现绩效目标，必须以资源基础为关键推动力。具言之，资源是指组织能够展现组织核心竞争力的一系列属性组合。Robert[①] 将这些属性组合划分为三类，即有形资源、无形资源和人力资源。其中，有形资源主要包括财务资源和实体资源，无形资源主要是指文化、声誉和技术，人力资源主要是指员工的沟通能力、专业技术和知识。该理论在解释为何组织间会产生绩效差异时指出：同一体系下的组织所拥有的资源不同，而这些资源具有不可复制性和跨组织应用等特征。从资源基础的角度看，组织间因持有不同资源而导致的绩效差异可以持续较长一段时间。政府数据开放作为一种组织行为，其绩效实现同样要以资源基础作为关键推动力。因此，本研究结合资源基础理论的观点，将 TOE 框架中的技术要素和组织要素具体化为技术管理能力、信息技术水平、地方财政支持和政策法规制定，分别对应人力、技术、财政和制度四维资源基础变量。

那么，是否组织资源基础一定意味着绩效产出呢？答案是否定的。行为主义阶段的组织管理学在研究劳动行为和激励制度时发展出竞赛理论。分析发现，与计件工资理论相比，竞赛理论比较的是相对业绩而不是绝对业绩，这为参赛者消除了一些风险，起到了一定的激励作用。[②] 这说明比较竞争对组

---

① ROBERT M G. The resource-based theory of competitive advantage: implications for strategy formulation [J]. California Management Review, 1991 (03): 114-135.

② BRIAN E B, MARK A F. The incentive effects of tournament compensation systems [J]. Administrative Science Quarterly, 1992 (02): 336-350.

织绩效管理的重要价值。同样，在政府组织结构中，比较竞争机制也是政府组织绩效持续生产的关键拉力。曹光宇等①建立了政治晋升博弈模型，研究我国绩效考核在官员晋升竞争中的作用，指出地方官员在"政治市场"中瞄准任期内的经济增长绩效指标展开角逐。有学者跳出绩效锦标赛理论的分析范式，认为锦标赛这种比较竞争机制已成为中央强化控制和激励地方作为的一种治理体制，能够拉动地方政府持续开展治理创新和绩效竞争。比如，锦标赛体制下的横向竞争构成市域社会治理试点的动力②，地方政府之间会通过营造亮点形成锦标赛式的横向竞争应对政府业绩考核③。近年来，数字治理亮点营造已成为地方政府间开展绩效锦标赛横向竞争的新领域。那么，数据开放的横向府际竞争能否影响数据开放绩效呢？本研究对TOE框架中的环境要素做了变量补充，强调横向府际竞争对政府数据开放绩效构成重要拉力。

鉴于此，本研究通过整合TOE框架、资源基础理论和绩效锦标赛理论，构建一个"推拉模型"解释我国地方政府数据开放绩效的影响机制（图1），破解地方政府数据开放绩效差异的组态效应。

---

① 曹光宇，周黎安，翁翕. 官员更替对经济增长的影响及其作用机制：来自地级行政区的经验证据［J］. 经济学报，2019（04）：102－126.

② 谢小芹，姜敏. 政策工具视角下市域社会治理现代化政策试点的扎根分析：基于全国60个试点城市的研究［J］. 中国行政管理，2021（06）：98－104.

③ 陈新. 注意力竞争与技术执行：数字化形式主义的反思及其超越［J］. 社会科学战线，2021（08）：229－234.

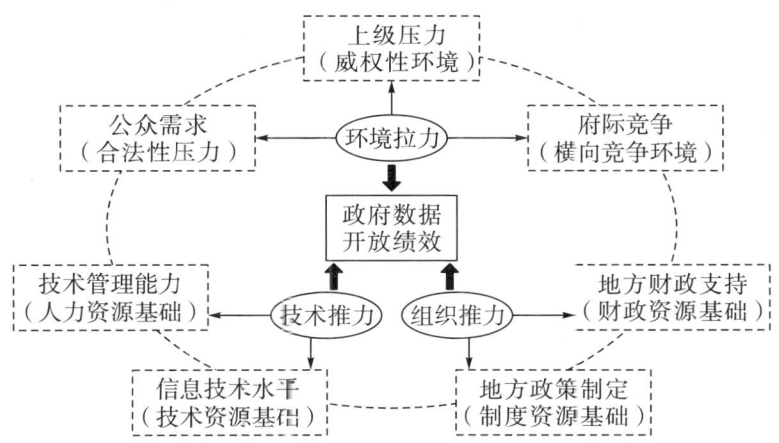

图 1　我国地方政府数据开放绩效影响机制的"推拉模型"示意

三、 研究设计

（一）定性比较分析

本研究尝试采用定性比较分析的方法，基于组态视角探究政府数据开放绩效的影响机制，拟采用模糊集定性比较分析方法开展实证检验。定性比较法是一种基于布尔代数的集合论组态分析方法，适用于通过跨案例比较，找到不同条件的匹配模式与结果之间的逻辑关系。[①] 组态视角认为，组织的多样性是由一群相互关联的结构和实践的集群所表征。因而，不能以孤立分析部件的方式理解组织，而要通过跨案例比较考察前因条件和结果之间的充分与必要子集关系，也就是探索不同前因条件组态如何诱致结果的出现或不出现。[②] 对于研究复杂因果问题，定性比较法的比较优势主要在于：第一，在组

---

① 谭海波，范籽腾，杜运周. 技术管理能力、注意力分配与地方政府网站建设：一项基于 TOE 框架的组态分析 [J]. 管理世界，2019（09）：86.

② RAGIN C C. The comparative method：Moving beyond qualitative and quantitative strategies [M]. Los Angeles：University of California Press，1987：9—10.

织实践中，单一前因条件很少能够充分解释某一特定结果的出现。定性比较法能够识别出影响给定结果出现的组合式原因。第二，实现某一期望结果的可能路径是多样的，并不存在均衡的唯一最佳路径的解。定性比较法能够析出具有等效结果的条件组态，能够辅助呈现导致结果差异的变量组合和机制。第三，不同结果出现的条件组态具有非对称性。也就是说，某一条件变量的出现会导致高结果变量的出现，但不能由此推断该条件变量的缺失会导致低结果变量的出现。这就是很好解释案例间差异性以及条件变量间相互依赖的组态效应。定性比较法包括清晰集定性比较分析（csQCA）、模糊集定性比较分析（fsQCA）以及多值集定性比较分析（mvQCA）三个基本类别。模糊集定性比较分析能够处理有关程度变化抑或部分隶属的问题。由于政府数据开放绩效的影响机制涉及复杂变量的协同影响。因此，模糊集定性比较分析方法用于探究本研究的问题是恰当的。

（二）案例选取

本研究以地方政府数据开放为研究对象，以地方政府数据开放绩效为结果变量，探讨生成高的地方政府数据开放绩效的影响因素和组态路径。根据《2020年下半年中国地方政府数据开放报告》，笔者从已经开展政府数据开放建设的117个地级市政府中随机抽取了30个地级市的政府数据开放作为分析案例。案例样本基本特征情况见表1。

案例样本选取的标准如下：①案例样本数量规模。Axel[1]认为包含7个条件的模型应至少包含30个案例样本数量，并且案例样本数量规模在10至60个的中等程度有利于采取定性比较。②案例数据的可获得性。地级市的统计数据较为全面，权威性较强。在统计年鉴中，也以城市为统计样本。这使得本研究获取的分析数据更具客观性和科学性。③案例间的异质性。所选案

---

[1] AXEL M. Crisp－set qualitative comparative analysis（csQCA）and model specification：Benchmarks for future csQCA applications [J]. International Journal of Multiple Research Approaches，2010（02）：138－158.

例在单个或多个条件中能表现出不同的特征,并且同时包含"正面"结果与"负面"结果。④案例的可比性。本研究所选的案例样本能够产生本研究的结果变量,结果是可确定的。同时,本研究从时间和空间上对案例样本选择进行了限定,也能增强案例样本的同质性和可比性。

表1 案例样本基本情况特征

案例样本名称	2016—2019年人均GDP均值/元	2016—2019年年末户籍总人口均值/万人	政府数据开放平台上线时间
温州市	62885.00	825.97	2020年
贵阳市	88149.25	483.80	2017年
济南市	99401.00	682.27	2018年
无锡市	162911.50	494.82	2018年
成都市	90656.75	1452.60	2018年
威海市	107293.25	256.28	2018年
乐山市	44652.50	351.68	2019年
连云港市	62322.75	533.82	2019年
六安市	28890.50	588.82	2018年
六盘水市	37290.75	300.63	2019年
苏州市	163609.00	698.86	2018年
承德市	39309.00	381.90	2020年
南昌市	88720.50	528.83	2020年
南宁市	57633.50	765.35	2019年
孝感市	39318.75	518.77	2020年
常德市	56657.25	606.60	2019年
桂林市	41130.75	536.70	2020年
三亚市	74398.00	60.59	2019年
中卫市	33492.50	121.87	2019年
宜宾市	46420.75	553.82	2020年
长沙市	130026.25	717.97	2017年

续表1

案例样本名称	2016—2019 年人均 GDP 均值/元	2016—2019 年年末户籍总人口均值/万人	政府数据开放平台上线时间
杭州市	180070.25	764.84	2020 年
福州市	104042.00	698.29	2019 年
广州市	143312.25	912.44	2016 年
哈尔滨市	60868.75	954.98	2016 年
武汉市	127551.00	869.41	2015 年
银川市	75260.25	223.26	2018 年
蚌埠市	51222.50	381.96	2019 年
抚州市	33861.25	403.51	2019 年
佳木斯市	37602.25	234.34	2019 年

（三）变量设计与校准

1. 结果变量设计

本研究选取《2020 年下半年中国地方政府数据开放报告》关于"中国省级与地级（含副省级）开放数林综合指数"的排名及得分结果作为结果变量的基础数据。原因在于，这一方面可以反映出案例样本政府数据开放过程中的整体绩效，另一方面可以得到具有差异性的相对权威分数。需要说明的是，由于《中国地方政府数据开放报告》没有明确给出本研究选取出的排名 12 以后的地方政府数据开放综合指数得分，而是以排名和指数区间来表示，因此，本研究根据报告中的排名划分对结果变量进行赋值。基于此，本研究将 29—30 名的赋值为 0，25—28 名的赋值为 1，21—24 名的赋值为 2，13—20 名赋值为 3，前 12 名赋值为 4（表2）。

表2　案例样本开放数林综合指数排名和赋值

排名	案例样本	综合指数	赋值	排名	案例样本	综合指数	赋值
1—12	温州市	59.32	4	13—20	蚌埠市	20.80—30.99	3
	贵阳市	56.33			抚州市		
	济南市	54.44			佳木斯市		
	无锡市	52.65			乐山市		
	成都市	51.86			连云港市		
	威海市	51.49			六安市		
	杭州市	49.76			六盘水市		
	福州市	45.02			苏州市		
	广州市	38.64		21—24	承德市	10.47—19.96	2
	哈尔滨市	37.02			南昌市		
	武汉市	34.77			南宁市		
	银川市	32.85			孝感市		
25	常德市	4.00—9.77	1	26	桂林市	4.00—9.77	1
27	三亚市	4.00—9.77	1	28	中卫市	4.00—9.77	1
29	宜宾市	有平台无数据	0	30	长沙市	有平台无数据	0

2. 条件变量设计

根据前文构建的政府数据开放绩效影响机制"推拉模型",本研究开展定性比较分析所涉条件变量主要包括技术推力、组织推力和环境拉力。其中,关于时间跨度的条件变量范围统一采用2016年至2019年。一方面,这是由于国务院于2015年8月31日印发的《促进大数据发展行动纲要》提出了政府的主要任务是"加快政府数据开放共享,推动资源整合,提升治理能力"。自此,我国政府开放数据工作才从宏观层面得到国家重视。也就是说,地方政府获得了同样的央级激励性政策。另一方面,受到新冠肺炎疫情这一全球重大突发公共卫生事件影响,2023年后一段时间的一些数据存在统计间断和内容残缺。

技术推力条件变量。技术推力条件变量主要包括技术管理能力和信息技术水平，指向地方政府数据开放的人力资源基础和技术资源基础。具言之，技术管理能力是指政府数据开放建设不仅需要各职能部门的数据支持，还需要政府提供专业的技术运营。本研究对技术管理能力变量采用"是否安排专业企/事业单位参与管理和运营政府数据开放的技术建设"进行说明。同时，根据政府数据开放技术工作的主办、承办或技术支持单位的相关信息进行编码。数据主要来源于各省市人民政府网站、各地方政府数据开放相关文件、各地级市政府数据开放平台的平台声明、中国政府采购网。若地方政府数据开放工作仅有人民政府办公厅（室）或下辖工作部门牵头，则编码为1。若既以人民政府办公厅（室）主办，又委托其他事业单位负责承建和维护，则编码为2。若在前两种条件的基础上，再以服务外包的形式，还委托第三方的信息技术公司或科研机构提供技术支持，则编码为3。此外，信息技术水平主要是依据腾讯研究院发布的《中国"互联网＋"指数报告》中全国各个城市的"互联网＋"指数的得分来进行衡量。与其他信息技术水平相关的统计报告相比，该报告涉及全国351个城市，数据的可得性更高、覆盖面更广。并且，该指数依照"由基础而产业、由产业而创新、最终实现移动互联网普惠社会民生"的思路，设置了"互联网＋基础""互联网＋产业""互联网＋创新创业"和"互联网＋政务服务"四个分指数，客观体现了各个领域和行业的互联网建设程度和信息化水平，能够全面反映各个城市整体的信息技术水平能给政府数据开放建设提供的支撑。

组织推力条件变量。组织推力条件变量主要包括地方财政支持和地方政策制定，反映地方政府数据开放的财政资源基础和制度资源基础。具体来讲，本研究根据《中国城市统计年鉴》，选择"2016—2019年财政支出中的科学技术支出额的年度均值"来体现案例样本在实施政府数据开放过程中的地方财政禀赋。同时，以"2016—2019年是否出台了与政府数据开放直接相关的具体政策法规"为指标，操作政策法规制定变量。若某地级市政府出台相关具体政策法规则赋值为1，否则赋值为0。

环境拉力条件变量。环境拉力条件变量主要包括公众需求、上级压力和府际竞争，代表地方政府数据开放面临的合法性压力、威权性环境和横向竞争环境。对公共需求变量的测度，本研究选择各个地方政府 2016—2019 年的《政府信息公开工作年度报告》中"本年新收政府信息公开申请数量"的年度均值来进行衡量，数据来源于各市人民政府网站。对于上级压力变量的操作性分析，学界并未形成共识。具有代表性的观点是陈潭等[①]提出的上级压力变量具体设计要以中央政府出台制度规范性文件的时间节点为准，在中央政府未发布行政指令和规范性文件前，各省份不会受到上级压力的影响。鉴于此，本研究通过"所属的省级政府数据开放政策最早发文时间是否先于本地级市"来衡量上级压力。若省级政府先于本地级市政府，则赋值为 1，否则赋值为 0。此外，本研究采用"2015—2019 年所属省份内建设政府数据开放平台的地级市比例"作为衡量府际竞争的说明指标。若本省内建设政府数据开放平台的地级市的个数占总地级市个数的比例越高，则说明该城市实施政府数据开放面临的横向府际竞争压力更大。

3. 数据校准

本研究依据既有理论，参照既有文献的数据校准标准，采用 Ragin[②] 提供的直接校准法，将数据转换为模糊集隶属分数，确定地方政府数据开放绩效结果变量与条件变量的三项锚点为"完全隶属＝0.95""交叉点＝0.5"以及"完全不隶属＝0.05"。条件变量和结果变量基础数据的校准锚点如表 3 所示。

---

① 陈潭，李义科. 公共政策创新扩散的影响因素：基于 31 个省级居住证制度的数据分析 [J]. 中南大学学报（社会科学版），2020（05）：107-113.
② RAGIN C C. Redesigning social inquiry: Fuzzy sets and beyond [M]. Cambridge: University of Chicago Press，2008：77-78.

表3 条件变量与结果变量基础数据的校准锚点

结果变量/条件变量	完全隶属	交叉点	完全不隶属
开放水平（K）	3.95	3.05	0.45
技术管理能力（J）	2.95	2.5	1.05
信息技术水平（X）	6.78	0.785	0.338
地方财政支持（C）	133.7745	10.655	1.4855
公众需求（G）	9496.275	386.125	100.6125
府际竞争（F）	1.0935	0.61	0.1635

四、数据分析与实证结果

（一）必要条件分析

在进行模糊集真值表分析之前，须对各条件做必要性检验。某项条件变量通过必要性检验是结果变量的必要条件，则表明这个条件是核心条件。本研究采取条件一致性高于临界值0.9作为衡量标准，对于高地方政府数据开放绩效和非高地方政府数据开放绩效的条件变量分别做了必要条件分析。

根据表4可知，在高地方政府数据开放绩效与非高地方政府数据开放绩效的条件变量作为必要条件的一致性程度均小于0.9，不构成必要条件。这说明各个单项前因条件都无法构成解释结果变量的必要条件。这一结果进一步说明了政府数据开放绩效产生的复杂性。它受到多维"推力""拉力"的共同作用，而非某一个因素单一的影响。因此，地方政府数据开放绩效的影响机制，应该综合考量技术推力、组织推力、环境拉力及其具体条件的组合效应。这也才能进一步解释在同一央级激励性政策背景下，地方政府数据开放绩效的差异为何存在。

表 4　各维度的条件变量必要性分析

条件变量	高地方政府数据开放水平		非高地方政府数据开放水平	
	Consistency（一致性）	Coverage（覆盖度）	Consistency（一致性）	Coverage（覆盖度）
技术管理能力	0.783	0.798	0.371	0.297
~技术管理能力	0.310	0.386	0.748	0.730
信息技术水平	0.659	0.781	0.420	0.390
~信息技术水平	0.486	0.516	0.765	0.638
地方财政支持	0.681	0.835	0.438	0.422
~地方财政支持	0.528	0.545	0.829	0.671
地方政策法规	0.367	0.560	0.367	0.440
~地方政策法规	0.633	0.560	0.633	0.440
公众需求	0.669	0.828	0.406	0.394
~公众需求	0.510	0.522	0.823	0.661
上级压力	0.843	0.378	0.670	0.384
~上级压力	0.157	0.820	0.330	0.622
府际竞争	0.695	0.534	0.444	0.411
~府际竞争	0.500	0.798	0.805	0.675

（二）条件组态分析

定性比较分析需要结合简约解，区分核心条件和边缘条件。在中间解和简约解中同时出现的前因条件可以认为是核心条件；只出现在中间解而在简约解中未出现并且是非必要条件的，可以认为是边缘条件。① 在本研究中，产生高地方政府数据开放水平的具体组态路径如表 5 所示。

---

① CARSTEN Q S, CLAUDIUS W. Set-theoretic methods for the social sciences: A guide to qualitative comparative analysis [M]. Cambridge: Cambridge University Press, 2012: 203-204.

表 5 产生高地方政府数据开放水平的具体组态路径

条件变量	高地方政府数据开放水平				
	条件组态 1	条件组态 2	条件组态 3	条件组态 4	条件组态 5
技术管理能力	●	●		●	●
信息技术水平	●	●	•	⊗	
地方财政支持	•	⊗	●	⊗	●
地方政策法规		•	⊗	⊗	⊗
公众需求	•	⊗	•		•
上级压力	•	⊗	•	•	
府际竞争		⊗	•	●	●
一致性	0.96	0.99	0.96	0.81	0.95
原始覆盖度	0.47	0.04	0.34	0.14	0.33
唯一覆盖度	0.16	0.04	0.03	0.01	0.00
结果一致性			0.92		
结果覆盖度			0.58		

注：●表示核心条件存在；⊗表示核心条件缺失；•表示边缘条件存在；⊗表示边缘条件缺失；空白表示组态路径中该条件变量既可以出现也可以不出现。数据根据QCA分析结果整理得到。

由表5可知，影响高地方政府数据开放绩效的组态路径一共有5个，且5个组态的一致性指标分别为0.96、0.99、0.96、0.81、0.95。这说明5个组态都是高地方政府数据开放绩效的充分条件，而模型解的覆盖度为0.58，说明5个组态解释了约60%的高地方政府数据开放水平的原因。

条件组态1表明对于同时面临高强度的上级压力和公众需求的地方政府，无论政策法规和府际竞争是否存在，地方政府通过打造强的技术管理能力和高的信息技术水平，并且将更多的财政资源投入政府数据开放建设这一议题上，就可以产生高的地方政府数据开放绩效。其中，技术管理能力、信息技术水平等技术推力为核心条件，财政支持、公众需求、上级压力为边缘条件。该路径能够解释约47%的高地方政府数据开放水平案例，其中约16%仅能被这条路径所解释。

条件组态2说明在地方财政支持、公众需求、上级压力和府际竞争均缺乏的情况下，地方政府主要是通过提高技术管理能力和信息技术水平，并辅之以制定更加完善的政策法规，则可产生高的地方政府数据开放绩效。其中，技术管理能力、信息技术水平为核心条件，地方财政支持、地方政策法规、公众需求、上级压力、府际竞争为边缘条件。该路径能够解释约4%的高地方政府数据开放水平案例，其中约4%仅能被这条路径所解释。

条件组态3表示在缺乏地方政策法规，同时公众需求、上级压力和府际竞争均较大的情况下，地方政府主要通过加大地方财政支持力度和提高信息技术水平，来产生高的地方政府数据开放绩效。在这条路径中，技术管理能力对影响高地方政府数据开放绩效的技术推力作用并不必要。地方财政支持、地方政策法规为核心条件，信息技术水平、公众需求、上级压力、府际竞争都作为边缘条件。该路径能够解释约34%的高地方政府数据开放水平案例，其中约3%仅能被这条路径所解释。

条件组态4意味着在信息技术水平、地方财政支持、地方政策法规、公众需求均缺乏的情况下，地方政府主要通过提高技术管理能力，并利用好上级压力和府际竞争压力，将横向竞争压力转化为绩效生产动力，因地制宜地执行省级政府下达的各项工作要求，并建立起良好的府际竞争关系，进而产生高的地方政府数据开放绩效。其中，技术管理能力、府际竞争为核心条件，信息技术水平、地方财政支持、地方政策法规、公众需求、上级压力为边缘条件。这一路径没有有效的案例样本，条件组态4则不做进一步讨论。

条件组态5呈现出在缺乏地方政策法规的情况下，地方政府主要通过提高技术管理能力、增强地方财政支持，同时，强化回应公众对政府数据开放的需求、确保省级政策的有效执行、加强府际之间的交流和学习，来产生高的地方政府数据开放绩效。在此组态中，信息技术水平对产生高地方政府数据开放绩效的作用并不必要。其中，技术管理能力、地方财政支持、府际竞争、地方政策法规为核心条件，公众需求、上级压力为边缘条件。该路径能够解释约33%的高地方政府数据开放水平案例，其中只能被这条路径所解释的案例不存在。

（三）条件间的潜在替代关系

本研究通过对高地方政府数据开放水平组态的比较分析，发现技术推力、组织推力和环境拉力条件变量存在潜在替代关系。其一，影响高的政府数据开放绩效，地方政策法规、府际竞争以及技术管理能力这三个条件能够发挥关键作用。主要原因是：在特定的相同情况下，地方政策法规能够发挥出地方财政支持、公众需求、上级压力组合出现时才有的作用；府际竞争能够发挥出信息技术水平、地方财政支持、公众需求组合出现时才有的作用；技术管理能力能够发挥出信息技术水平、地方财政支持、公众需求组合出现时才有的作用。其二，技术管理能力和府际竞争的替代关系、信息技术水平和府际竞争的替代关系都进一步凸显了技术推力要素对于提升地方政府数据开放绩效的关键价值。从经验、现实的角度观之，横向府际竞争是威权体制下的一种管理激励手段，地方政府难以在短期内快速应对和改变现况。而地方政府却往往能够通过财政支出结构转变、扶持相关产业发展等改变辖域内技术资源基础，进而提升地方政府数据开放绩效。其三，信息技术水平、地方财政支持及公众需求等推力和拉力要素，可以与府际竞争和技术管理能力相互替代。这说明在引致高地方政府数据开放绩效的因素中，信息技术水平、财政支持以及公众需求这一条件组合起到的重要作用。其四，信息技术水平和技术管理能力等技术推力因素可以相互替代。因此，不同的地方政府可优先选择于自身而言相对更易解决的技术推力条件，作为改善政府数据开放绩效的着力点。

（四）因果非对称性分析

由于定性比较分析的因果非对称性原则限定，我们无法根据高地方政府数据开放绩效的条件组合，推导出非高地方政府数据开放绩效的条件组合。

因此，本研究对非高地方政府数据开放绩效的条件组态进行了具体分析。分析得出：其一，当地方政府财政支持弱、技术管理能力和信息技术水平差时，即便其他要素突出，数据开放绩效也会低；其二，即便地方政府面临较高的公众需求和上级压力，若欠缺地方财政支持、技术管理能力和府际竞争，数据开放绩效仍不高；其三，无论上级威权性压力是否存在，如果地方政府本身缺乏技术管理能力、地方财政支持和府际竞争刺激，那么则易形成非高地方数据开放绩效；其四，地方政府即便具有较强的府际竞争压力，但地方财政支持、技术管理能力和信息技术水平不足，在整体上也不利于产生高的地方政府数据开放绩效；其五，当地方政府数据开放的财政支持较强、公众需求、上级压力和府际竞争均较大时，只要技术管理能力差，则对地方政府数据开放高绩效的形成会产生负面影响。

（五）影响地方政府数据开放绩效的子机制

根据高地方政府数据开放水平的条件组态、条件间潜在替代关系和因果非对称性分析，我们发现影响地方政府数据开放绩效的最核心条件已涌现，这些核心条件能够最大程度解释地方政府数据开放绩效的影响机制与绩效差异。

1. 技术依赖：影响地方政府数据开放绩效的技术推力

技术管理能力和信息技术水平代表着技术推力的人力资源基础和技术资源基础，是影响地方政府数据开放绩效的最核心条件。可以说，技术依赖是地方政府数据开放绩效的重要影响机制之一。成都市、苏州市、无锡市、贵阳市、济南市、福州市、温州市以及哈尔滨市等8个城市属于由于技术推力强，进而形成数据开放高绩效的典型案例。而从反向分析结果中可以发现，六安市、常德市、中卫市、连云港市、桂林市、三亚市及抚州市，在政府数据开放的技术管理、人力资源架构、新型基础设施和信息产业发展等方面表现都较落后。缺乏技术推力，是导致这些地方政府数据开放绩效不高的关键诱因。

当然，在拥有高的技术管理能力和信息技术水平的基础上，还需要一些辅助的组织推力条件来获得高的地方政府数据开放绩效。一方面，地方财政支出要满足公众对政府数据开放的需求，同时也要能够具备回应上级政府对开放数据威权性压力的能力。另一方面，地方政府制定数据开放相关规章制度和政策法律也是重要的组织推力，尤其是政府数据的定义、开放的标准、数据使用权限和范围、数据下载形式、公众隐私保护等关键问题的政策制定。代表性个案是贵阳市政府数据开放建设结果。2014年，贵阳市政府在"创新驱动发展"的战略背景下，提出"以大数据为引领，打造创新型中心城市"的发展目标。在提升技术管理能力方面，贵阳市成立了大数据发展管理委员会，专门负责数据开放工作和政府信息系统的建设整合，后又逐渐优化管理模式，形成以大数据发展管理局为主办单位、大数据应用服务中心为建设单位的专业协同管理模式。此外，贵阳市通过专项财政经费购买服务实现技术外包，将大数据开放的技术运营和维护委托给拥有丰富技术建设经验的信息科技公司。2017年以来，深圳太极云软件技术股份有限公司开始承建贵阳市政府数据开放平台，连续四年助力贵阳政府数据开放工作，使贵阳市连续三年获得《中国地方政府数据开放报告（地级含副省级）》排名第一。在提升信息技术水平上，贵阳市依托"高海拔、低气温、低电价、非地震带"的条件禀赋，通过释放政策红利吸引全球各大高新科技企业在贵阳建立数据中心。由此，快速带动了贵阳市信息化数字化技术的发展。目前，我国的三大运营商中国移动、中国电信、中国联通就选择在贵阳市贵安新区建设数据中心，使贵阳周边特定区域集聚了二三十万台机架、上百万台服务器，数据存储规模可达EB级。这使得贵阳市跃升成为全球最大的数据聚集地之一，为政府数据开放奠定了扎实的信息技术资源基础。同时，在数据开放的基础设施建设方面，贵阳市所有行政村实现了光纤宽带和4G网络全覆盖，建成"贵阳·贵安国际互联网数据专用通道"。2020年，贵阳市互联网用户数为844万户，是2016年的1.13倍，信息基础设施水平提升较快，为政府数据开放的发展提供有力的技术设施保障。此外，在政府数据开放平台的建设方面，贵阳市的政府数据开放平台于2017年正式上线使用，形成了"管道式"政府数据开放共享模式，率先攻破了各级政府部门数据互联互通的技术难题。截至2020年10月，该平台共完成涉及贵阳市34家部门、14个区市县、375个单位、1715个系统、18713个数据集的共享交换，贵阳市的政府和社会数据开放互动实现了常态化。可见，贵阳市为解决政府开放过程中的"数据壁垒""数据孤岛"问题，不断推动平台功能优化和技术升级。由贵阳市政府数据开放的个案可知，以技术推力作为核心突破口，以地方政策输出和财政支持作为辅助性组织推力，地方政府能够实现高数据开放绩效。

2. 财政支持：影响地方政府数据开放绩效的组织推力

财政支持是构成地方政府数据开放绩效组织推力的财政资源基础。研究发现，相较于地方政策法规制定，财政支持对绩效的作用更为凸显，是地方政府数据开放绩效的关键影响机制之一。广州市、杭州市、武汉市、无锡市、济南市、温州市等案例表明上级压力、公众需求等环境拉力仅是辅助作用，地方财政支持是引致政府数据开放绩效高的核心因素。在反向分析的组态路径中，南宁市、孝感市和连云港市由于无法为政府数据开放提供强大的财政保障，政府数据开放发展内部动力不足、绩效水平整体偏低。广州市政府数据开放是财政支持机制的代表性个案。广州市作为广东省会城市和国家重点经济建设中心城市，2021年度GDP就已经接近3万亿元，强大地方财政实力为政府数据开放建设提供有力保障。实际上，广州市自2017年发布《广州市科技创新发展专项资金管理办法》，明确采用事前补助、事后补助等引导性财政激励方式，为包括政府数据开放在内的科技创新提供了有效财力支持。随后，广州市政府又颁布《广州市促进科技金融发展行动方案（2018—2020年）》，明确指出要完善科技金融政策体系、联动境外资金，设立50亿元广州市科技成果产业化引导基金，以发挥财政对市域数字科技发展的调节杠杆作用。2021年，广州市制定《推进科技创新领域新型基础设施建设实施方案》，要求改革资金投入方式,推动新型基础设施建设,鼓励和引导社会资本加大对科技创新领域新基建的投入;尤其指出建立多级财政保障联动机制,助推财政支持广州市超算中心、数据中心与云计算中心建设,提高政府数据开放质量。同年,《广州市数据要素市场化配置改革行动方案》又提出了统筹政务信息化项目立项和"数字政府"建设相关经费,重点做好数据治理、数据开发利用、数据要素市场化配置改革资金保障,积极稳妥引入社会资本,使其在基础设施建设、公共平台建设、政企数据融合应用等方面发挥作用。可见,2017—2021年广州市通过一系列公共财政工具的组合应用,已经显著提升了政府数据开放绩效。2020年底,广州市的数字经济增加值就达到了1.3万亿元,占GDP总额的48.5%。广州市2021年在科技金融综合发展指数统计中位列全国第四。这些统计数字背后都反映出广州市政府数据开放创造的经济与社会价值,表现出政府数据开放绩效目标的达成。

3. 府际竞争:影响地方政府数据开放绩效的环境拉力

府际竞争是构成地方政府数据开放绩效环境拉力的横向竞争环境。通过定性比较分析发现,府际竞争是环境拉力三要素中对绩效影响最显著的条件,是地方政府数据开放绩效的重要影响机制。杭州市、无锡市、济南市、温州市、威海市等案例,都体现出府际竞争在组态效应中的贡献。当城市具备较好的技术要素和组织要素时,利用好府际竞争环境,能直接影响政府数据开放的最终绩效水平。在反向分析的组态结果研究中,我们也发现横向竞争环境的缺失,会拉低政府数据开放绩效。例如,长沙市在信息技术水平、地方财政支持上的表现良好,但府际竞争压力过小、省域内传达的威权性压力不大,使得长沙市政府数据开放的绩效表现欠佳。而济南市是解释府际竞争对政府数据开放绩效影响机制的典型个案。2017年山东省全面启动省域内政府数据开放实践,对各地级市政府如何开展政府数据开放进行统筹规划。次年,在省域规划下,山东省要求16个地级市政府搭建政府数据开放平台,并按照统一标准建立平台架构,在此基础上,打通了各市之间的数据通道,推进了省内各地级市政府之间的数据流通与共享，为加强横向府际交流和学习奠定了基础。此后，山东省进一步通过制定《数字山东发展规划（2018—2022年）》，确立济南、青岛和烟台在政府数据开放上的"三核引领"格局，促使三市围绕省级数字经济发展示范区的目标展开横向竞争。为应对横向府际竞争，济南市展开一系列特色举措，有效调动公众需求的外部压力，倒逼政府提升数据开放绩效。例如，2020年济南市依托"泉城链·数字保险箱"系统推进政府数据向社会返还，在全国首创政府数据可信共享新模式，实现政府数据的个人链上授权、社会链上使用、全程追溯监管。济南市政府推出"爱山东·泉城办"App，为公民和企业用户开通"数字保险箱"，鼓励引导全市市民和企业通过"数字保险箱"认领、使用自己的数据资源，进而参与公共数据治理，不断提升开放数据质量。截至2022年年底，济南市已举办三届政府开放数据应用创新创业大赛，有效鼓励和引导多元社会主体参与公共数据开发和再利用，进一步提高市域内公众的大数据素养，增强其依托数据解决问题的意识，推动政府数据与社会数据的融合应用，激发政府各部门和全社会的数据创新活力，营造政府数据开放绩效持续优化的环境。根据2020下半年的"中国开放数林指数"的统计数据，我们发现山东省内所有城市都位列政府数据开放水平综合指数的前26名，济南市更是名列前茅。相比于其他省份，山东省内各地级市政府数据开放绩效的整体水平较高、内部差异较小。这说明了山东省利用横向府际竞争调动了地级市政府推进政府数据开放绩效的内在动力，府际竞争是显著影响地方政府数据开放绩效的拉动机制。

五、研究结论与政策建议

近年来，随着政府数字治理实践的深入，政府数据开放已成为党和国家推进数字经济发展、改善数字民生的重点战略。然而，在同样的央级激励性政策作用下，为何有的地方政府数据开放绩效水平高，而有的地方政府数据开放绩效水平低？目前，学界没有很好破解这一重要问题。本研究在借鉴经典的 TOE 框架基础上，结合资源基础理论和绩效锦标赛理论，构建了一个地方政府数据开放绩效影响机制的"推拉模型"，以提供解释我国地方政府数据开放绩效影响机制及绩效差异的本土性经验知识。研究所得的主要结论是：①技术推力、组织推力和环境拉力，共同构成政府数据开放绩效"推拉模型"的核心要素。推力强势、拉力疲弱，或拉力强势、推力疲弱都不利于地方政府数据开放绩效的持续生产。②地级市政府数据开放绩效会受到复杂条件的组合作用。地方政府数据开放绩效的形成存在技术依赖、财政支持和府际竞争等三条核心影响机制。

根据本研究构建的分析框架和核心研究结论，建议地级市政府依循"推拉结合、三维并举"的治理思路，制定政府数据开放绩效持续优化的具体策略。

第一，地方政府亟须研究开展数据开放绩效管理的地区顶层设计，为促进技术推力、组织推力、环境拉力等推拉要素同时发力提供权威制度保障。本研究分析我国 30 个地级市政府数据开放案例发现，既有地方性政策文件中还没有专门针对地方政府数据开放绩效管理的顶层制度。此外，大多绩效水平欠佳的地方政府，存在技术、组织和环境制度设计的碎片化弊端，尚未结合推拉要素同时发力，形成在地区具有统摄力和整体指导意义的数据开放绩效管理顶层设计。因此，本研究主张地级市政府应尽快开展政府数据开放绩效管理的顶层设计。一方面，这一地方级的政府数据开放绩效管理顶层设计，在内容框架上应涵括技术、组织和环境等推拉动力要素，对提升地方数据技术管理能力和信息技术水平、配置财政资源、激励地方政策优化创新进行总体规划。另一方面，这一顶层设计要充分体现地方政府数据开放的阶段性绩效管理目标、权责任务分工、绩效考核标准和指标目录；并且，要将回应公众需求、上级政府考核和横向府际竞争，纳入地方政府绩效考核的指标体系中。

第二，地方政府着力于技术牵引、财政支持和府际竞合机制，"三维并举"推进政府数据开放绩效的持续生产。首先，政府数据开放绩效对技术管理能力和信息技术水平这类技术要素有强依赖。地方政府可通过建立跨学科实验室、鼓励产学研深度融合、完善信息技术基础设施等策略，着力攻破数据开放过程中的关键信息技术难题。与此同时，地方政府还要运用信息技术人才专项计划、人才孵化器项目、干部培训等方法，提升科层系统对数据开放的胜任力。其次，地方政府要制定"向上汲取、向下盘活"的分级统筹财政支持机制，既要打造具有治理特色的地方数据开放专项项目，向上级政府争取财政拨款，又要盘活地区内各种资金来源，探索引入社会资本和企业资金，在数据开放利用的各领域展开政府、社会和市场主体间的合作。再次，地方政府要积极融入省域内和跨区域的数据开放阵营，利用府际网络中的竞合关系获得绩效激励，刺激本地政府数据开放绩效水平不断提高。具言之，地级市政府要避免在数据开放治理中成为"独行侠"，应积极参与省域内甚至跨区域府际网络，通过正式的府际协议进入政府数据开放府际网络，共享府际范围内的政府数据库，参与制定政府数据交换协议和通用标准。除此，为在整体上营造地级市开放数据的良好社会环境，地级市政府也可举办各类数据开放比赛和相关的公益活动，鼓励企业和公众参与政府数据开发、数据挖掘、数据长期保存等公共事务，为更好地参与政府数据开放府际竞争创造内部条件。

总体而言，本研究也存在一些不足。一是限于定性比较分析法本身的弊端，条件变量的组合效应显得较为繁复，条件变量之间也存在潜在替代关系。这影响了变量间的因果推论。二是选取的截面数据数量较少，分析层次仅在地级市政府，没有讨论我国不同层次地方政府数据开放绩效问题。这为后续研究提供了持续探寻之空间。

适老化改造：进展、挑战和对策

田益豪　许　茜①

人口老龄化是今后较长一段时间我国的基本国情。"十四五"时期我国养老服务体系建设面临的需求更为迫切，主要表现为老龄化程度持续加深。2020年年底，我国60岁以上的老年人口达2.6亿，今后5年60岁及以上的老年人将以每年约1000万人的速度增长。② 中国的人口老龄化已日益严峻。在此背景下，社会公共产品和公共服务的供给以及城市的建设都需要积极应对老龄化带来的影响，持续推进适老化建设和改造，为老年人提供宜居、健康的环境。因此，摸清适老化改造现状、厘清适老化改造过程中可能存在的问题和挑战，对于进一步推进适老化建设，提升老年人的获得感、安全感和幸福感具有重要的理论和现实意义。

目前，我国与适老化改造相关的研究主要分为三个方面。一是养老服务

---

① 田益豪，四川大学公共管理学院副研究员、硕士生导师，经济学博士，研究方向为应用微观计量（教育、医疗健康）和公共政策评估。许茜，四川大学公共管理学院硕士生，研究方向为教育经济与管理。

② 中国政府网. 关于印发《"十四五"积极应对人口老龄化工程和托育建设实施方案》的通知 [EB/OL]. http://www.gov.cn/zhengce/zhengceku/2021－06/25/content_5620868.htm.

建设的研究，主要研究了社区养老服务建设的可行性①②、社区养老服务质量的提升③、社区养老服务如何建设和完善④⑤以及智慧养老的概念和实践基础⑥、智慧养老面临的风险和挑战⑦⑧、智慧养老如何发展和完善⑨。二是有关适老化设施实际建设和改造的研究。这些研究中有的以具体的城市样本作为适老化设施实际建设和改造的研究对象⑩⑪⑫，有的对适老化改造提出普适

---

① 景天魁. 创建和发展社区综合养老服务体系［J］. 苏州大学学报（哲学社会科学版），2015（01）：29-33.

② 朱震宇. 社区治理视角下的养老服务供给：研究综述与展望［J］. 当代经济管理，2022（06）：60-67.

③ 梁馨月. 中国社区养老方式的新探索［J］. 山西财经大学学报，2010（增刊2）：78.

④ 王承慧. 全面连续、集约高效的社区养老服务设施体系规划思考［J］. 城市规划，2013（10）：90-96.

⑤ 仵亦畅，成虎，张建坤，等. 社区居家养老服务供给模式及支撑体系研究［J］. 现代城市研究. 2014（09）：21-25.

⑥ 杨芳. 智慧养老发展的创新逻辑与实践路向［J］. 行政论坛，2019（06）：133-138.

⑦ 代利凤. 智慧养老综合体服务：缘起、风险与政策应对［J］. 广西社会科学，2019（10）：66-70.

⑧ 朱海龙，唐辰明. 智慧养老的社会风险与法律制度安排［J］. 吉首大学学报（社会科学版），2020（05）：27-36.

⑨ 张锐昕，张昊. 智慧养老助推养老服务体系优化：思路与进路［J］. 行政论坛，2020（06）：139-145.

⑩ 程晓青，张华西，尹思谨. 既有建筑适老化改造的社区实践：北京市大栅栏社区养老服务驿站营建启示［J］. 建筑学报，2018（08）：62-67.

⑪ 涂慧君，冯艳玲，张靖，等. 上海工人新村适老改造更新模式探究：以鞍山三村为例［J］. 建筑学报，2019（02）：57-63.

⑫ 陈烨，张尚武，施雨，等. 适老化视角下的上海老旧小区更新与治理路径思考：以上海长宁路396弄工人新村社区调查实践为例［J］. 城市发展研究，2021（01）：39-44.

性的意见和建议①②。三是有关老年数字鸿沟和数字适老化改造研究，主要有关于数字鸿沟的定义③、数字鸿沟治理的困境④⑤、弥合数字鸿沟⑥和如何推进数字适老化。⑦⑧ 这三方面的研究为完善适老化改造体系提供了借鉴和建议，但总体而言研究系统性不足，研究视角局限于某一领域，尚未全面摸清目前我国适老化改造的现状及现实中存在的问题，也未提出推进适老化改造的策略。

本研究在总结目前我国适老化改造的原因、发展现状及困境挑战的基础之上，提出对策建议。本研究后续结构如下：首先，从现实背景、政策要求和社会意义三个方面分析适老化改造推进的生成逻辑；其次，分析适老化改造的进展与特点；再次，分析适老化改造面临的挑战；最后，提出进一步推进适老化改造的对策和建议。

---

① 胡刚钰，黄建中，牛强. 老龄化背景下社区服务设施相关研究综述与启示 [J]. 城市发展研究，2016（02）：78-83.

② 宋凤轩，康世宇. 人口老龄化背景下老旧小区改造的困境与路径 [J]. 河北学刊，2020（05）：191-197.

③ 黄晨熹. 老年数字鸿沟的现状、挑战及对策 [J]. 人民论坛，2020（29）：126-128.

④ 林宝. 老年群体数字贫困治理的难点与重点 [J]. 人民论坛，2020（29）：129-131.

⑤ 陆杰华，韦晓丹. 老年数字鸿沟治理的分析框架、理念及其路径选择：基于数字鸿沟与知沟理论视角 [J]. 人口研究，2021（03）：17-30.

⑥ 张建新. 信息时代老年群体数字鸿沟的弥合机制研究 [J]. 新闻爱好者，2021（07）：73-75.

⑦ 李熠煜，杨旭，孟凡坤. 从"堕距"到"融合"：社会"智"理何以"适老化"？[J]. 学术探索，2021（08）：96-103.

⑧ 李建礼，孙静，苏雅，等. 互联网应用适老化信息障碍及需求矛盾研究 [J]. 现代情报，2022（05）：121-131.

一、 适老化改造推进的生成逻辑

推进适老化改造有必要性。下面从适老化改造需求与当前社会资源供给不适老的矛盾，数字时代的到来要求推进适老化改造，推进适老化改造是积极应对人口老龄化、着力推进老年友好型社会建设的必然要求三个维度来进行阐述。

（一）适老化改造需求与当前社会资源供给不适老的矛盾

从需求侧看，据第七次全国人口普查数据，截至 2020 年 11 月，全国人口中，60 岁及以上人口约为 2.6 亿人，占 18.70%，其中 65 岁及以上人口约为 1.9 亿人，占 13.50%。与 2010 年第六次全国人口普查相比，60 岁及以上人口的比重上升 5.44 个百分点，65 岁及以上人口的比重上升 4.63 个百分点。[1] 根据国家卫生健康委员会预测，预计到 2025 年，我国 60 岁及以上老年人口数将达到 3 亿，占总人口的五分之一；到 2033 年将突破 4 亿，占总人口的四分之一左右；而到 2050 年前后将达到 4.87 亿，约占总人口的三分之一，老年人口数量和占总人口比例双双达到峰值。[2] 我国正全面迈入老龄化时代，老龄化进程不断加深。

从供给端看，现有的城市规划建设较少考虑到老年人的需求。在多为老年人居住的社区中，仍存在设施设备老旧、未设置电梯和无障碍坡道等问题，为老人出行带来了困扰。在医养设施和养老服务规划建设方面，仍然存在与老年人需求不匹配、缺乏可达性等问题。[3] 例如，有学者在对西安等地居住在

---

[1] 中国政府网. 第七次全国人口普查公报（第五号）[EB/OL]. https://www.gov.cn/xinwen/2021-05/11/content_5605787.htm.

[2] 中国政府网. 到 2050 年老年人将占我国总人口约三分之一 [EB/OL]. http://www.gov.cn/xinwen/2018-07/19/content_5307839.htm.

[3] 于立，王琪. 社区适老性及医养设施建设问题与规划设计对策思考：以厦门为案例 [J]. 城市发展研究，2020（10）：26-31.

旧居住区的老年人进行了调查，发现多数社区养老设施的种类和数量较少，其中，未配有社区医院、老年休闲娱乐中心、老年大学的社区占其所有调查样本的比例分别达到了23.5%、52.9%和84.3%。① 除了整体城市规划建设上缺乏相应的适老化改造建设，适老化改造的覆盖范围也很有限。大部分地方政府只对生活困难的老年人或者其他特殊老年人无偿或低价提供住宅改造服务。例如，福建等多地只对低保、残疾老年人的住宅进行改造，普通老年人难以享受到政府补贴的住宅改造。②

老龄化进程的加快要求积极推进适老化改造。然而，目前我国的适老化建设和改造水平还有待提升，适老化改造需求与当前社会资源供给不适老之间存在着矛盾。

（二）数字时代的到来要求推进适老化改造

与人口老龄化趋势相伴而来的还有信息技术的不断发展和数字化、智能化的新时代的到来。近年来，数字化、网络化、智能化的推进，会给社会经济生活带来深刻的变革，赋能人们生产生活的各个领域。社会全面进入数字时代，在带来机遇和数字红利的同时，也面临新的问题——数字鸿沟。而对老年群体来讲，由于他们信息技术知识拥有程度和信息技术使用程度的限制，是遭受数字鸿沟最为广泛和深刻的特殊人群，若不能融入数字时代的潮流中，会严重影响自身的生活质量，在出行、就医、消费等方面遭遇不便。此外，数字鸿沟还将持续影响社会资源的分配和再分配，重塑社会的政治、经济、文化和代际格局，由技术落差、信息落差、知识落差导致的贫富落差将随着经济社会发展和社会整体老龄化程度的加深而日益深化，形成新的结构性不

---

① 刘桦，窦立军，李博. 城市旧居住区适老改造的问题及其解决途径[J]. 城市问题，2013（05）：41—45.
② 周五四，陈社英. 比较视野下适老化改造的国际经验与中国路径[J]. 浙江工商大学学报，2022（02）：125—136.

平等问题。① 迫切需要推进社区和家庭的适老化改造，协调人口结构变化与信息技术发展所产生的矛盾，消弭数字鸿沟，满足老龄群体更好地适应社会发展和融入社会的需求，让信息技术服务全体社会成员，使全体成员享受科技革命带来的福利。

（三）推进适老化改造是积极应对人口老龄化、着力推进老年友好型社会建设的必然要求

"十四五"时期，我国开启全面建设社会主义现代化国家新征程。党中央把积极应对人口老龄化上升为国家战略，积极应对人口老龄化国家战略的制度框架基本建立，要求老龄事业和产业有效协同、高质量发展，居家社区机构相协调、医养康养相结合的养老服务体系和健康支撑体系加快健全，显著提升老年人获得感、幸福感、安全感。全国示范性老年友好型社区建设全面推进，敬老爱老助老的社会氛围日益浓厚，老年人社会参与程度不断提高。老年人在运用信息技术方面遇到的困难得到有效解决，广大老年人更好地适应并融入智慧社会。② 各部委和各地相继出台适老化改造政策，推进新时代老龄工作的进程，积极推进全社会的适老化改造进程。推进适老化改造满足老年人便捷生活的需求，确保老年人老有所养、老有所依，幸福地过好晚年生活，既是积极应对人口老龄化战略的需要，也是建设老年友好型社会的要求。随着社会进步、人民生活水平提高和信息技术的变革和发展，我们需要给予老年群体更多的关怀，在居住环境改造、基础设施建设、公共服务和公共产品供给、产品开发应用等各项工作中，充分考虑老年人的需求。推进社会适老化改造，建设老年友好型社会，既是对老年人口群体的尊重和关爱的体现，

---

① 杨峥威，曹书丽. 媒介发展中的"数字遗民"问题及其应对策略[J]. 社会福利（理论版），2021（02）：16-20.

② 中国政府网. 国务院关于印发"十四五"国家老龄事业发展和养老服务体系规划的通知[EB/OL]. http://www.gov.cn/zhengce/content/2022-02/21/content_5674844.htm.

也是对全社会的普遍关怀。

二、适老化改造的进展与特点

下面从适老化工程推进、适老化改造标准、适老化改造地区差异与网络适老化改造四个方面梳理适老化改造的进展和特点。

（一）适老化工程逐步推进，但仍在起步阶段

我国政府大力推行"以家庭为核心、以社区为依托、以专业化服务为依靠"的"居家养老"方式。目前，我国老年人大多数都是居家养老和社区养老，形成"9073"的格局，就是90％左右的老年人都是居家养老，7％左右的老年人依托社区支持养老，3％的老年人入住专业养老机构养老。显然，推进适老化建设的重点是居家适老化建设和社区适老化建设。

在居家适老化改造方面，2020年，民政部、发改委等9部委联合印发的《关于加快实施老年人居家适老化改造工程的指导意见》要求，坚持需求导向，推动各地改善老年人居家生活照护条件，增强居家生活设施设备安全性、便利性和舒适性，提升居家养老服务质量；将居家适老化改造纳入养老服务体系建设统筹推进，并且支持装修装饰、家政服务、物业等相关领域企业主体拓展适老化改造业务，推进居家适老化改造工程建设。① 除此之外，在国家层面，各部门也强调要推进适老化改造，出台了相应政策（表1）。

---

① 中国政府网. 民政部 发展改革委 财政部 住房和城乡建设部 卫生健康委 银保监会 扶贫办 中国残联 全国老龄办关于加快实施老年人居家适老化改造工程的指导意见［EB/OL］. http://www.gov.cn/zhengce/zhengceku/2020－07/16/content_5527260.htm.

表1 国家层面涉及适老化改造的相关政策文件

政策名称	发文机构	发布时间/年
《无障碍环境建设"十三五"实施方案》	中国残联等13部门	2016
《关于进一步优化人社公共服务 切实解决老年人运用智能技术困难的实施方案》	人力资源社会保障部	2020
《关于加快实施老年人居家适老化改造工程的指导意见》	民政部等9部门	2020
《关于加强新时代老龄工作的意见》	国务院	2021
《"十四五"积极应对人口老龄化工程和托育建设实施方案》	国家发展改革委等3部门	2021
《"十四五"国家老龄事业发展和养老服务体系规划》	国务院	2021

资料来源：作者根据中国政府网相关资料整理

除了国家层面的政策推进，各地也将居家适老化改造投入实践。2019年底，上海市民政局启动居家适老化改造试点工作，先期在5个区的6个街道开展试点工作，得到了社会的广泛关注和试点街道老年人的积极参与。在此基础上，2020年12月，试点扩大到全市16个区的51个街镇；2021年7月，适老化改造工作全面推开，计划年内在中心城区实现街镇全覆盖，同时根据实际需求与条件，有序向郊区扩展。截至2021年9月底，全市完成居家环境适老化改造5 718户，提前超额完成2021年5 000户的年度改造目标。[1] 除了居家适老化改造，我国目前也积极推进社区适老化改造，尤其是老旧小区改造。《关于全面推进城镇老旧小区改造工作的指导意见》指出，要重点改造完善小区配套和市政基础设施，提升社区养老、托育、医疗等公共服务水平。[2]

虽然我国在逐步推进居家和社区适老化建设，但是适老化改造的实践仍

---

[1] 上海市民政局网站. 提前超额完成全年目标，一起了解上海居家环境适老化改造试点工作[EB/OL]. https://mzj.sh.gov.cn/2021bsmz/20211209/32d7016dcce945068106ec6d3834284d.html.

[2] 中国政府网. 国务院办公厅关于全面推进城镇老旧小区改造工作的指导意见[EB/OL]. http://www.gov.cn/zhengce/content/2020-07/20/content_5528320.htm.

然处于起步阶段,还缺乏必要的社区服务体系,相关配套设施和养老机制落后,改造过程耗时,这些问题都需要在未来的适老化改造中得到解决。①

(二)适老化改造标准参差不齐,尚未实现统一化标准

在居家适老化改造和社区适老化改造方面,2020年出台的《关于加快实施老年人居家适老化改造工程的指导意见》制定了老年人居家适老化改造项目和老年用品配置推荐清单。清单所列项目被划分为基础类和可选类,这对适老化改造的各项标准进行了进一步的统一和完善。而《关于全面推进城镇老旧小区改造工作的指导意见》也对改造的基本原则和改造任务进行了规定,但未明确改造的标准。就目前适老化改造的发展情况而言,很多与老年人医疗、文娱、教育和服务相关的设施之所以没有在实际行动中得到落实,正是由于配套标准的缺失。因此,整体的适老化改造标准仍然需要继续健全,各项规章制度有待进一步完善。从市场端来看,当前适老化改造的具体项目与产品质量尚未形成统一标准,老年人所需的家具、电器等相关产品质量无法得到保证,不利于适老化市场健康发展。

在网络适老化建设方面,2020年11月,国务院办公厅印发了《关于切实解决老年人运用智能技术困难的实施方案》。工业和信息化部等部门也对智能技术和智能应用适老化做出了具体工作部署,以进一步缓解老年人运用智能技术的困难。但我国目前并没有完善的信息技术适老化标准体系,各类智能信息产品适老程度参差不齐,硬件不完善、功能体验欠佳,软硬件产品适老化改造不同步、不匹配,这些都严重影响老年人对智能产品的使用体验。

(三)适老化改造水平在地区之间存在差距

适老化改造水平也受到地区经济水平和个体等的差异的影响。城乡二元格局与地区经济发展存在的差异导致了适老化改造水平的不平衡,主要体现

---

① 宋凤轩,康世宇.人口老龄化背景下老旧小区改造的困境与路径[J].河北学刊,2020(05):191-197.

在以下两个方面。

一是东西部的差距。我国的东西部地区的经济发展水平不一致,东部地区经济发展水平高,居住适老化改造及社区适老化改造水平也相对较高。为满足老年人的物质文化生活需求,提高他们的生活质量,许多经济较发达地区推进了以基层社区为主要对象的适老化改造工程,出台了相应的补贴标准(表2),加装便民设施和无障碍设施,并且同步完善了相关的软硬设施,满足老年人抗老化需求和人际交往需求,社区适老化改造初步形成规模。与此相比,西部某些经济欠发达地区虽然提出了老旧小区改造计划,但尚未出台相应的适老化改造补贴标准,社区适老化改造相对不够完善、起步较晚,推行起来有各种压力和困难。

表2 部分地区适老化改造补贴标准

地区	标准
上海市	本市户籍年满60周岁的老年人,且对申请改造的住房拥有产权或长期使用权,改造内容符合要求的,可申请享受补贴,每户家庭最高补贴额度为3500元,其中产品服务包最高补贴3000元
苏州市	居住在本市的60周岁及以上老年人均可自愿申请改造。对符合条件的苏州户籍老年人,给予一定补贴。对审核通过的老年人家庭,每户享受最高不超过3000元的改造补贴
广州市	广州市户籍年满60周岁且符合一定条件的老年人可以获得适老化改造资助,资助金额因长者家庭具体情况而异,最高不超过3000元/户
深圳市	深圳市民政局2020年在福田、罗湖等区域筛选450户老年人家庭,按照每户1万元的资助标准,试点开展老年人家庭适老化改造
杭州市	经试点地区民政部门验收合格的家庭养老照护床位,享受建设补助。建设补助根据适老化改造内容、设施设备的安装和维护等按照每张床位3000元的标准给予一次性补助,每位老人限补助一次

资料来源:作者根据各地区政务服务网整理

二是城乡地区的差距。社区养老可包含城市社区养老和农村社区养老,而我国所谓的社区养老，主要是指城市社区养老。① 受青壮年人口流失的影响，农村以及人口流出地的抚养比将快速提升。据预测，2030年农村的老年抚养比有可能达到79.9%，2050年将达到94.7%，农村的养老压力将格外沉重。② 城市的街道办和居委会在推进社区适老化改造方面起到了很重要的作用。而在广大农村地区，由于基础条件差、经济实力相对欠缺，适老化改造水平相比于城市更低。

（四）网络适老化逐步推进，但触网比率仍然较低

在网络适老化方面，国家层面也出台了相应的政策（表3）。2020年的《关于推进信息无障碍的指导意见》，明确聚焦老年人、残疾人、偏远地区居民、文化差异人群等信息无障碍重点受益群体，着重消除信息消费资费、终端设备、服务与应用等三方面障碍，增强产品服务供给，补齐信息普惠短板，使各类社会群体都能平等方便地获取、使用信息。③《互联网应用适老化及无障碍改造专项行动方案》指出重点工作包括开展互联网网站与移动互联网应用适老化及无障碍改造、开展适老化及无障碍改造水平评测并纳入"企业信用评价"、授予信息无障碍标识及公示工作等三方面7项具体工作。④

---

① 梁馨月. 中国社区养老方式的新探索[J]. 山西财经大学学报，2010（增刊2）：78.

② 葛延风，王列军，冯文猛，等. 我国健康老龄化的挑战与策略选择[J]. 管理世界，2020（04）：86－96.

③ 中国政府网. 工业和信息化部 中国残疾人联合会关于推进信息无障碍的指导意见[EB/OL]. http://www.gov.cn/zhengce/zhengceku/2020－09/23/content_5546271.htm.

④ 中国政府网. 工业和信息化部关于印发《互联网应用适老化及无障碍改造专项行动方案》的通知[EB/OL]. http://www.gov.cn/zhengce/zhengceku/2020－12/26/content_5573472.htm.

表3 网络适老化相关政策

政策名称	发文机构	发布时间/年
《关于推进信息无障碍的指导意见》	工业和信息化部、中国残疾人联合会	2020
《关于进一步优化人社公共服务 切实解决老年人运用智能技术困难的实施方案》	人力资源社会保障部	2020
《关于切实解决老年人运用智能技术困难的实施方案》	国务院办公厅	2020
《互联网应用适老化及无障碍改造专项行动方案》	工业和信息化部	2020

资料来源：作者根据中国政府网相关资料整理

根据中国互联网络信息中心发布的第49次《中国互联网络发展状况统计报告》显示，截至2021年12月，我国60岁及以上老年网民规模达1.19亿，占总体网民比例的11.5%，互联网普及率达43.2%。① 我国老年人的"触网"比例与其他年龄阶段的相比差距正在进一步缩小，但是"触网"比例依旧较低。老年群体相对于其他年龄阶段的人而言，更不容易接触到网络信息，信息差距依旧很大。

三、 适老化改造面临的挑战

在厘清适老化改造的生成逻辑、梳理适老化改造的进展和特点的基础上，笔者将进一步总结适老化改造面临的挑战。

（一）社会层面对适老化改造的认知不够

首先，在适老化改造推进过程当中，很多家庭是在老年人发生事故之后才意识到适老化改造的重要性。并且，适老化改造的内容和效果因为宣传力度不够，被简单地等同为对房子的重新装修，与现实的居住相冲突，或者是

---

① 中国互联网络信息中心网站. 第49次《中国互联网络发展状况统计报告》[EB/OL]. https://www.cnnic.cn/n4/2022/0401/c88-1131.html.

认为适老化改造所花费用高、工期长等。其次，在老年人主体方面，老年人自身对于适老化改造了解不深入，改造意愿不强。例如，有学者在对南京市老年人群体进行随机调研后发现，35.9%的老年群体改造意愿较弱，41%的老年群体改造意愿一般，23.1%的老年群体改造意愿较强。[①] 再次，在住房建设推进的过程中，只关注了基础的居住需求，满足相关住房建设规范的要求，并没有从适老化的角度进行住房建设和小区建设。最后，很多人包括装修设计师，都认为去除高差、坡道设计等一些无障碍设施和适老化家具的配置就是适老化改造，而没有将适老化设计融入房屋装修当中。

（二）政府购买为主，欠缺市场化的发展路径

适老化改造是一项关乎民生的福利，因而政府对适老化改造的推进有着引领作用，优先保障特困人员和建档立卡贫困人口中的高龄、失能、残疾老年人，将之作为一项民生工程推进下去。但是在当下，除了政府购买，居民主动提出适老化改造的积极性不高，提供适老化改造服务的商家也比较少，供需双方都存在缺口，难以建立良性的市场。从疾病防治看，虽然专业公共卫生机构床位数逐年增长，但直至2020年专业公共卫生机构床位数占全部医疗卫生机构床位数比重仍仅有3.3%，且专业的健康管理师、营养师等仍存在较大缺口。[②] 从康复护理领域看，很多康复服务仍由大医院提供，与此相关的基层卫生服务机构没有发挥应有服务功能；现阶段我国康复护理专科医院仅706家，占全部医院比重仅2.1%。[③] 由于难以形成完整的健康养老产业供给，一些原本可以更低成本进行的健康养老产业直接转化为高成本医疗负担。

当前多数适老化改造项目均是以政府购买为主，由政府决定需要进行改

---

① 吴翔华，刘聪，於建清. 住房适老化改造意愿影响因素研究：基于南京市老年群体调研 [J]. 调研世界，2017（03）：15—19.

② 国家统计局网站.《中国统计年鉴2021》[A/OL]. http://www.stats.gov.cn/zs/tjwh/tjkw/tjzl/202302/t20230215_1907978.html.

③ 中国政府网.《2020中国卫生健康统计年鉴》[A/OL]. http://www.nhc.gov.cn/mohwsbwstjxxzx/tjtjnj/202112/dcd39654d66c4e6abf4d7b1389becd01.shtml.

造的区域，再进行公开招标，购买相关改造服务。市场端在这个过程中不能有效发挥自身的作用，而且面临一定的风险，因此只能根据政府的方案进行改造。市场端被动的处境和不健全的发展路线，制约了市场活力。很多适老化改造服务商都是奔着政府补贴参与适老化改造项目，缺乏相应的创新思维，一旦失去政府的支持，难以持续发展下去。

（三）专业化程度不够，缺乏专业人才和专业标准

首先，在适老化改造的质量方面，当前我国适老化改造的质量参差不齐，平均水平相对较低，进行适老化改造的内容较多局限于地面防滑、卧室扶手和卫生间坐便器等的安装，主要围绕老年人如厕安全、行走便利以及对最具影响的硬件设施进行有限改造[1]，但是忽视了老年人对其他基本生活设施的改造要求，如用餐、娱乐等的设施，并未满足老年人多样化和个性化的需求。其次，除了适老化改造的质量，适老化改造的服务机制也并未完善。虽然目前政府出台了一系列政策来推进适老化改造，但是由于规范程序和专业要求的不完善，各地的适老化改造出现了程序不一致、责任不明确、标准不统一、监管不到位等一系列问题。最后，在专业人才方面，进行适老化改造还需要专业健康管理师、养老评估师进行调查，再有针对性地设计相关方案。目前，我国相关专业人才比较缺乏。在医疗护理领域，2020年我国每千人口的注册护士数3.34人，仅为经济合作与发展组织国家平均水平的三分之一左右，护士医生比重也仅达到1.15，不到日本的四分之一。[2] 专业人才的缺乏，难以满足适老化改造的专业化需求。

（四）资金支持的有限性，适老化改造覆盖范围有限

适老化改造目前的资金来源还是以政府拨款为主，资金支持具有有限性，

---

[1] 申立. "积极老龄化"理念下的社区居家养老与弹性应对策略：以上海市为例[J]. 上海城市管理，2016（05）：34—40.

[2] 丁文珺，熊斌. 加快推进健康养老产业发展[J]. 宏观经济管理，2022（05）：67—75+84.

导致了改造程度普遍较低，改造的覆盖范围较小。2020年，我国60岁以上的老年人口已经达到了2.6亿，但是老年人居家适老化改造的范围主要集中在由国家财政补贴的特殊困难老年人家庭。大部分地方政府只对生活困难老年人或者其他特殊老年人无偿或低价提供住宅改造服务，如福建等多地只对低保、残疾老年人的住宅进行改造，普通老年人难以享受到政府补贴的住宅改造。[①] 因而适老化改造对于广大老年人，尤其是低龄老年人的覆盖能力还是远远不够。

（五）数字鸿沟依然存在，互联网应用适老化改造仍然面临困境

数字鸿沟是指由不同性别、年龄、收入、阶层的人在接近、使用新信息技术的机会与能力上的差异造成不平等进一步扩大的状况，具体表现在接入沟、使用沟和知识沟三个方面。近几年，尽管我国在大力推进互联网应用适老化，但是数字鸿沟依然客观存在。老年人使用搜索引擎的比例为4.4%，不足非老年网民（27.4%）的1/6；老年人人均手机App数量为37个，仅为20—29岁年轻网民（人均手机App数量为84个）的44.0%；老年人使用微信的比例为26.2%，不到非老年用户（88.9%）的1/3。[②]

首先，从电子产品的使用率来看，老年人对电子产品的拥有率相对较低，受到生理条件的限制。他们对新技术接受缓慢，使用相对迟缓，并且由于电子产品的更新迭代速度加快，老年人的适应能力相对年轻人也更慢，甚至可能基于不符合自身使用习惯、对新兴事物不信任等原因拒绝使用电子产品，因而难以跟上信息技术发展的步伐。其次，从老年人自身的文化水平和理解能力等出发，他们在使用电子产品时或多或少存在着障碍，不能及时接受新信息。最后，尽管目前我国在大力推进互联网应用适老化，但是由于缺乏相应的监管和标准，并没有达到预期的效果，对于老年人来说数字鸿沟依然存在。

[①] 周五四，陈社英. 比较视野下适老化改造的国际经验与中国路径[J]. 浙江工商大学学报，2022（02）：125−136.

[②] 黄晨熹. 老年数字鸿沟的现状、挑战及对策[J]. 人民论坛，2020（29）：126−128.

四、进一步推进适老化改造的对策建议

结合前文的分析,为应对适老化改造面临的挑战,本研究提出了进一步推进适老化改造的对策建议。

(一)宣传适老化改造

长期以来,在养老服务领域甚至是社会领域,人们很少关注到老年群体在日常生活中存在的障碍和困难,将适老化改造简单地等同为房屋装修。适老化改造的设计者也往往关注不到老年群体的真实需求,老年群体在改造中也难以表达自身主观意愿,适老化改造被视为一种社会负担。这种忽视老年群体真实需求的做法主要有:设计者从自身角度出发设计适老化改造的项目和流程,产品设计不符合老年人的需求反而迎合当下的潮流和审美等。适老化改造有效推进的一个前提就是要在社会观念层面做到"以老为本",形成关心老人的风气,家庭意识到适老化改造的重要性,设计者更多关注老年群体需求。这需要广泛的宣传和倡导。

倡导"以老为本"首先要强调的是尊重和爱护长者,了解老年人的基本特征,以老年人的实际需求为根本,构建以老年人为中心的养老服务平台。① 适老化改造的政策制定者、适老化产品的设计者和提供者都应当以了解老年人的真实需求为前提,以老年人的实际需求为根本,使适老化改造尽可能符合老年人的身体状况,真正让老年人的生活更加方便快捷。

(二)引入市场化机制,培育多方主体

为了缓解福利支出增加带来的压力,西方国家提出了福利多元理论,主张社会福利的来源、供给和运输应由多个部门共同负责和完成,社会福利应

---

① 代利凤. 智慧养老综合体服务:缘起、风险与政策应对[J]. 广西社会科学,2019(10):66—70.

该由国家、市场和家庭三方提供,这三方分别代表了正式组织、公共组织和私人组织。① 适老化改造也不能被简单地等同为慈善事业,不能单纯依靠政府来体现其公益性和福利性。面对日益增长的适老化改造需求,仅靠政府单方面的推动所能实现的成效非常有限。政府应当引入市场化机制,促进适老化改造走产业化道路,将更多的市场主体考虑在内,从适老化家具配置过渡到适老化环境的营造,从注重功能效用过渡到考虑整体的效果呈现等。

引入市场化机制也是在培育多方主体来参与适老化改造,所以,还需要建立一个协同合作机制,加强政府、服务商、社会组织、家庭各个主体之间的交流和互动,确保适老化改造的有序推进。另外,引入了市场化机制,也需要推进非营利性质适老化改造项目,让老年人有更多的选择机会,满足他们的个性化需求。

(三)细化改造标准,实现全流程专业化

完善的制度标准是适老化改造的支撑。西方发达国家对于适老化改造的组织管理、财政支持、服务路径等方面做出了规定,形成了专业化的标准体系。然而比较之下,我国适老化改造的有关标准体系并没有得到细化和完善。适老化改造的全过程标准化至关重要,从发现需求到最后的投入改造是一个完整的产业链,这就需要政府及有关权威人士在改造的标准认定方面建立起相应的行业标准,促进行业合规、理性发展,提升合作沟通的效率。例如,中央各部委和地方政府有必要对相应的法规、部门规章及指导意见进行补充,细化出符合适老化无障碍环境建设与改造的规范、标准及操作指引,明确适老化无障碍环境建设的目标和内容,再完善、细化并满足全龄型无障碍空间与设施的标准尺寸。②

---

① 何文炯,王中汉.论老龄社会支持体系中的多元共治[J].学术研究,2021(08):73-80,188.

② 刘彬,杨翠霞,田涛.适老化无障碍环境建设政策法规及完善对策[J].中国老年学杂志,2022(09):2300-2303.

(四) 设立专项资金，开发多元化的融资渠道

除了标准细化和市场化建设之外，适老化改造的推进还需要有充足的资金支持。就目前我国的情况而言，资金的来源主要是财政拨款或者自行出资。然而在适老化改造过程中，老旧小区人口密集、住宅密度大，拆建比相对较低导致收支不平衡，老旧小区需要改造的成本也较高，改造建设面临很大的资金缺口。[①]

因此，一方面，各级政府应当考虑有针对性地设立适老化改造专项资金，增加有关适老化改造的财政支出金额，为适老化改造提供资金保障；另一方面，还应当积极拓展融资渠道，依靠政策支持、税收减免等措施鼓励企业等其他主体参与到适老化改造中；同时，也需要积极鼓励家庭进行适老化改造，依靠政府、家庭、社会多方共同承担责任。

(五) 明晰职责定位，形成一体化的服务流程

推进适老化改造，还需要建立完善的服务体系，包括从中央到地方政府部门的职责、政府部门与社会组织间的有效协作及改造服务的操作流程。因此，需要打通各级政府部门之间的壁垒。在纵向整合上，应当克服行政组织、政策、资金等要素的限制，将健康和社会化服务整合在以国家卫生健康委员会为中心的行政系统下，赋予老龄健康司统一调配资源的实权，由地方层面的照护管理者对需要服务的老年人进行评估、分类和协调，以期提升养老服务的行政效率，逐步促进养老服务的纵向整合。[②] 在横向整合上，要打通同级部门之间的信息障碍，畅通信息沟通渠道，促进资源和信息的高效率流通，实现资源的有效配置，更好地推进适老化改造。同时，还需要充分挖掘专业人才，对适老化改造的每一个流程进行监督和评估。

[①] 赵立志，丁飞，李晟凯. 老龄化背景下北京市老旧小区适老化改造对策[J]. 城市发展研究，2017 (07)：11-14.

[②] 谷甜甜，李德智，徐萍. 国外养老服务管理体制对比及启示：以典型福利国家为例[J]. 经济体制改革，2019 (05)：149-157.

(六) 网络适老化改造的措施

适老化改造不仅仅只包括居家适老化和社区适老化，数字鸿沟同样值得重视。推进网络适老化，消弭数字鸿沟，还需要通过以下的措施来实现。

一是要加强顶层设计、完善政策制度，将数字适老化纳入我国老龄化事业建设和信息技术事业发展的规划当中。首先，需要进一步提高对于数字适老化的关注度，提高对于科技适老的投入和研发，政府需要将科技和适老相结合，增加对此方面的关注度和资源投入。其次，要优化数字适老的社会环境，加大宣传力度，倡导公共利益和社会责任，提高社会对于数字适老的关注度。最后，需要进一步完善政策环境，根据信息技术的更新迭代即时调整科技适老的相关政策。

二是需要构建政府主导、社会多方共同参与的老年数字鸿沟社会支持体系，提升老年人自身的数字素养，缩小老年群体和年轻群体之间的数字鸿沟。首先，需要加强数字信息的基础设施建设，将数字信息服务纳入基本公共服务中，推进互联网信息普及工作。其次，要鼓励社会成员积极参与数字适老行动，动员家庭和社会的力量帮助老年人更好地融入信息社会。

三是需要鼓励老年人继续学习，不断提高自己的能力。以经济欠发达地区为重点，依托老年学校和社会组织等，开设激发老年人兴趣、符合老年人学习特点的课程，为老年人提供互联网和数字科技教育，帮助其提高信息化技术应用能力。①

四是需要切实保障老年人的网络信息安全，增强对于弱势群体的包容性。建议加强互联网信息安全知识宣传，开展信息安全讲座，完善相关法案，提高老年人的互联网信息安全意识。

---

① 黄晨熹. 老年数字鸿沟的现状、挑战及对策[J]. 人民论坛，2020 (29)：126－128.